宋太宗
顯允太宗
重光御世
修德弭災
仁民圖治
節重山林
功畢宮寺
太平之政
蔚然可紀

集古像贊〔明〕孫承恩編撰 嘉靖十五年刊本

宋太宗赵光义

王立群 著 下册

王立群读宋史

东方出版社

目录

二十八 雍熙北伐	战前准备很充分	001
	开局进展很顺利	006
	固守待援与往返折腾	011
	兵败如山倒	015

二十九 杨业之死	兵败陈家谷	019
	巨星陨落	023
	据说有三个责任人	027
	背后有那么一双眼睛	033

三十 到底谁的错	战后处置	038
	不同的声音	040
	谁该负责	044

三十一 大势已定	君子馆之战	055
	土磴寨之战	061
	心理变化	064
	鲜血换来的经验	067

三十二 痛定思痛	众说纷纭	074
	终有定论	080
	历史的评说	089

三十三 李继捧献土	在夹缝中竟然茁壮成长的一个特殊政权	093
	一段蜜月期	096
	堡垒都是从内部瓦解的	101

三十四	李继迁叛宋	李继迁其人	109
		逃往地斤泽	112
		卷甲重来未可知	115
		一心要一统江山垂青史 也难免身后骂名千夫指	119

三十五	最初的较量	智斗　试探	123
		屡战屡败　败而不亡	126
		我李继迁又回来了	130

三十六	难啃的骨头	军事打击：打不死	138
		政治劝降：劝不成	143
		经济封锁：困不死	147

三十七	永远的遗憾	两面三刀遇上狡兔三窟	153
		左右逢源撞上举棋不定	159
		几个致命失误	167

三十八	东山又起	宋太宗摊上事了	170
		步子不能迈得太大	173
		坚决打击结党　谨慎对付党项	179

三十九	赵普走了	一步步走了，正如他一步步来	189
		鞠躬尽瘁	193
		赵普死了	198
		善后事宜	202

四十	西蜀乱起	山雨欲来风满楼	208
		据说都是茶叶惹的祸	211
		人祸甚于茶祸	214
		灾难来了	219

四十一	风起云涌	均贫富	224
		杀贪官	227
		王小波死了	230
		李顺接棒	232

四十二	官兵来了	大蜀立：一个草根建立了政权	238
		主帅定：一个宦官带兵平叛	244

四十三	风流云散	大门敞开了	254
		耗不起啊	257
		天平倾斜了	260
		头儿哪里去了	262

四十四	余波未息	残兵成了气候	269
		必须先定个调	272
		最可怕的麻烦还是出现了	274
		指挥变调了	278

四十五	尘埃落定	来了个行家	284
		必须变个调	294
		还是留下了隐患	298

四十六	太宗驾崩	病死无疑　病因不一	302
		史书中的线索	305
		太宗的表现	308

四十七	步步惊心	赵元僖的三步走	318
		离奇的暴毙	323
		可疑的处决	326

四十八	立储风波	第三人选	332
		终立太子	336
		微妙的动荡	342

四十九	赵恒登基	谁能保驾护航	349
		潜流暗涌	358
		吕端大事真不糊涂	363

五十	太宗一日	一份作息表：满负荷安排	370
		乐此不疲　乐在其中	376
		不是只有掌声	379
		拼命三郎的坚持	382

五十一	全能皇帝	诗文	387
		书法	389
		琴法	394
		围棋	398
		射箭蹴鞠　样样在行	399
		双重身份　双重心理	401

五十二	寡人无疾	历史的争议	407
		六宫粉黛	408
		绯闻女友	413
		真相何在	418

五十三	历代评说	宋人评宋太宗：风景这边独好	424
		元人评宋太宗：功大于过	426
		明人评宋太宗：抓主要问题	432
		清人评宋太宗：批评渐多	436

五十四	千秋功过	造假	442
		超越	449

雍熙北伐

〈二十八〉

纠结了七年，多方搜集情报，瞅准辽国东征的时机，宋太宗终于在雍熙三年(986)决意再次北伐。这次北伐既有雪洗前耻的决心，又带着对第一次北伐失败的恐惧，还交织着收复失地的雄心，种种复杂的情感集结到一起，让宋太宗格外谨慎、分外小心。为此，宋太宗为北伐的顺利进行做了大量的战前准备，制订了详细的作战计划。但是，战争是瞬息万变的，并不会完全按照预设的轨道发展，看似完美的战略计划与战场指挥，在辽人的从容应对下，瞬间失去了作用。那么，宋太宗是如何确立北伐决策的？战争的进程为什么与他的设想出现了偏差呢？

战前准备很充分

为了使再次北伐的决策顺利通过，为了保证北伐进展顺利，宋太宗进行了一系列战前准备。

第一，保证师出有名。

幽燕地区是中原王朝一道天然的防护线，宋琪曾经断言，收复幽燕地区之后，只要在古北口、松亭关、野狐门三个地方派驻军队，就可以抵御住辽国的侵扰。但是，幽燕地区在五代时已成为辽国的领土，经过了数代易权之后，宋朝要收复它，必须有一种能让人信服的说法。辽国就曾批评宋太宗征讨幽燕属于名不正言不顺，是师出无名。怎样才能师出有名呢？

一是收复旧地。

幽燕本属中原政权，出征幽燕就是将自己丢失的东西拿回来。宋太祖在位时，将收复幽燕地区作为江山一统的必要步骤，明言"幽燕未定，何谓一统"。宋太宗亲征北伐，也是以"欲收中国旧地"《续资治通鉴长编》卷二十三为理由，将幽燕地区视作中原政权的固有领土。第二次北伐，宋太宗又进一步强化这种说法，即幽燕本属中原政权，大宋王朝北伐，是要收复旧地。所以说，幽燕地区虽然不是从宋太宗手中失去的，但是他有责任将其收回来，只有如

> 古北口及松亭关、野狐门三路并立堡障，至今石垒基堞尚存，将来平定幽朔，止于此数处置戍可也。——《续资治通鉴长编》卷二十四

> 太宗绍登宝位，于有征之地，才定并汾；以无名之师，直抵燕蓟。——《续资治通鉴长编》卷一三五

> 幽、蓟之地，本被皇风，向以晋、汉多虞，戎丑因而盗据。《诗》曰：'我疆我理，南东其亩。'今国家照临所及，书轨大同，岂使齐民，陷兹胡虏。——《宋太宗皇帝实录校注》卷三十五

此，方可实现国家一统。

再则拯救百姓。

不管幽燕地区的百姓在辽国统治下生活得如何，大宋政权打出的是拯救幽燕百姓的旗号，出征幽燕是要拯救处于水深火热之中的幽燕百姓。

三则求和不得。

宋方在辽景宗去世之后曾主动求和，没承想竟遭到辽方的拒绝。对大宋而言，这是一个耻辱，也是一个理由。既然不能通过和平方式解决领土问题，只有战场上相见了。而且，大宋主动求和遭拒，在道义上占了上风。

这是大宋王朝北伐的三点理由。

第二，广结统一战线。

联合周边其他政权，共同对付辽国是宋太宗一以贯之的策略。大宋联合的国家，大多是临近辽国的周边小国，经常受到辽国的压迫。宋太宗意图通过多种力量夹击的方式战胜辽国。

例如，雍熙三年(986)二月，就在宋太宗出兵之前，他派遣使者出使高丽国，寻求北伐盟军，奉送《北伐遣使谕高丽诏》《宋大诏令集》卷二七三。宋太宗邀请高丽国国王出兵的主要内容，分为三个层次：

其一，高丽深受辽国压制。

其二，抓住时机共击敌国。

其三，战后共分胜利品。

宋太宗认为，宋朝与高丽国有着共同的敌人，有着共同的目标，也有着共同的利益，所以，两国可以联合起来，共同对辽。为了打动高丽国国王，《北伐遣使谕高丽诏》写得层次井然，针对性强，具有一定的诱惑力。

第三，增加投入。

宋太宗此次北征，调动了一切可以动员的力量，在运输人员、士兵数量方面都创了历史新高。运输军需物资的人员从七十个州府调集，参战的士兵数量在二十万左右，真正实现了全民备战。

> 遂使七十州生聚，困于馈运之劳。二十万师徒，翻作迁延之役。——《宋大诏令集》卷九十四

第四，制订计划。

宋太宗对再次北伐是志在必得，所以从一开始就不敢大意，多次与最高军事机构枢密院细密讨论作战谋略、路线、将领、粮草等诸多问题，甚至一天六次与枢密院商谈。

> 初议兴兵，上独与枢密院计议，一日至六召。——《续资治通鉴长编》卷二十七

第五，力避杂音。

高梁河战败后，国内反战言论比较盛行，宋太宗也采纳了休养生息的策略。虽然经过了一段时间的休养生息，但是对于再次出兵，朝中还是有不同声音。

中书门下的李至、宋琪皆是反对北伐的代表人物。为了杜绝悠悠之口，在北伐前后，宋太宗针对不同情况，对有反战言论的代表人物进行了处置。

> 上初以契丹渝盟来援太原，遂亲征范阳，欲收中国旧地。既而兵连不解，议者多请息民。——《续资治通鉴长编》卷二十三

一是谁反对罢免谁。

宋琪前后三次对宋太宗的北伐表达了不同意见。

第一次是在太平兴国八年(983)，时任宰相宋琪说"国家不须致讨，可坐待其灭亡"《续资治通鉴长编》卷二十四，语气委婉地将不赞成的态度表达明了。

第二次也是在太平兴国八年，宋太宗再次提起收复幽燕之事，宋琪亦是顺着宋太宗的意思说了一番好话之后，提出可以以奚族为外御，不需要朝廷出兵讨伐。

第三次是在雍熙三年(986)，宋太宗确定了北伐大计之后，宋琪又上《论复幽燕疏》《复幽燕十策》。此时宋琪已被罢宰相之职，但依然不赞成出兵，认为两国通好，停止战争实为上策。宋琪为什么一而再再而三地阻止太宗北伐呢？

宋琪为燕地人，"生居边土，习知兵事"《续资治通鉴长编》卷二十七，曾经担任过辽穆宗的侍读，对辽国的情形极为熟悉。宋琪在宋朝宰相中以熟知边防事务著称。对宋辽双方的军事、政治、经济等诸多方面的情形，在宋初没有人比宋琪更熟悉，所以，宋琪的主张有极大的影响力。

宋琪的影响力既然巨大，就先从他开刀。雍熙二年年底，宋太宗毫不犹豫地罢免了宋琪的宰相职务。宋太宗给出的理由是宋琪"素好诙谐，无大臣体"《宋

况奚族是契丹世仇，倘以恩信招怀之，俾为外御，自可不烦朝廷出师矣。——《续资治通鉴长编》卷二十四

然则兵为凶器，圣人不得已而用。若精选使臣，不辱君命，通盟结好，弭战息民，此亦策之得也。——《续资治通鉴长编》卷二十七

国朝宰相，惟宋琪与齐贤知边事。——《欧阳修全集》卷一三○(中华书局2001年版)

史·宋琪传》，意思是说宋琪不够严肃稳重。宋琪是晋邸成员中出任宰相的第一人，在相位仅仅两年就被罢免。表面的理由冠冕堂皇，但在宋琪被罢相之后不久，宋太宗即大举用兵，其中的因果联系，耐人寻味。

雍熙三年(986)正月，参知政事李至也因上书反对北伐被罢，给出的理由是"目疾"《宋史·李至传》，就是眼睛有病，这当然也不是根本原因。

二是谁反对孤立谁。

在雍熙北伐这件事情上，大宋中书门下的意见相当一致，几乎全部持反对态度，宋太宗的处置首先是罢免，罢免宋琪，罢免李至。除此之外，还采取了另一种对策——孤立，即杜绝反战之人参与军事会议。

宋太宗在商定北伐策略等重要问题时，并没有让以李昉为首的中书门下参加，因为李昉对北征也是持明确反对态度的，而仅让掌管军事的枢密院参加。宋太宗如此做，是为了避免不同意见干扰北伐事业的顺利进行。

第六，作秀亲征。

第一次北伐，宋太宗亲征，中箭而归，心中的惧怕让他从此不敢也不愿意亲征。然而面对同样的敌人，如果再次北伐不亲征，他会被认为畏惧辽人，内心的胆怯会被看破，所以再次北伐时，宋太宗还是做了一下表面文章，说自己要御驾亲征。

对于御驾亲征之事，参知政事李至立即加以反对，

> 初议兴兵……中书不预闻。——《续资治通鉴长编》卷二十七

认为宋太宗不能离开京城，以此显示大宋对辽战争用不着劳烦皇帝大驾，以此显示大宋对辽作战的信心与轻松之意，以此安定天下百姓之心。李至的上书让宋太宗找到了一个比较体面的理由，于是不再坚持（也不敢坚持），这场作秀也就结束了。

恐惧亲征，作作秀就可以避免了；但仗还是要打的，幽燕还是很想收复的，这个不能作秀，必须认真对待。为此，宋太宗是如何部署、规划的呢？

开局进展很顺利

作战计划在整个战争过程中发挥的作用是举足轻重的，是战争成败的关键。第二次北伐，宋太宗派出了精英部队，商定了目标明确的战略意图，确定了清晰的战略部署，前期进展很顺利。

第一，意图明确。

兵分三路：东路、中路、西路。其战略意图可以概括为：东路佯动，中路、西路鏖战，然后三路合围。具体而言：

东路佯动：东路大军有兵力十万，是主力。战争伊始，他们的任务是稳扎稳打、步步为营，佯动吸引敌人，将辽军主力吸引在幽州地区，不敢大批抽调兵力增援西部战线。此路要求稳。

京师天下根本，愿陛下不离辇毂，恭守宗庙，示敌人以闲暇，慰亿兆之瞻仰者，策之上也。——《续资治通鉴长编》卷二十七

中路、西路鏖战：东路吸引住辽军主力的同时，中路、西路在最短时间内完成任务。这两路要求快。

　　三路合围：中路、西路完成任务后，向东路靠拢，会集兵马，共同挺进幽州。此阶段要求集中、统一。

　　宋太宗指派给三路大军的任务不同，一路求稳，两路求快，然后会集，协同作战，统一步调，共同击败敌人，也就是中国传统兵法中的"声东击西"之策。这个战略意图很完善，具有全局性眼光，战略意图本身不存在任何问题。

　　第二，部署详尽。

　　在此战略意图指导下，宋太宗对三路大军的将领及路线进行了详细的战略部署：

　　三路大军的前线总指挥是曹彬（幽州道行营前军马步水陆都部署）。

　　东路人马又分为两路：一路以曹彬亲为主帅、崔彦进为副帅，取道东北方向，率军从雄州（今河北雄县）出发，经固安（今河北固安县）至涿州（今属河北涿州市），直逼幽州，即雄州—固安—涿州—幽州线路。另一路以米信为主帅、杜彦圭为副帅，取道西北方向，从雄州出发，经新城（今河北高碑店市）至涿州，与曹彬会合，共同挺进幽州，即雄州—新城—涿州—幽州。东路大军在雄州兵分两路，到涿州再次会合，目标为幽州。

　　中路以田重进为主帅，袁继忠为都监，由定州（今河

上手诏赐普曰："朕昨者兴师选将，止令曹彬等顿于雄、霸，裹粮坐甲，以张军声，俟一两月间，山后平定，潘美、田重进等会兵以进，直抵幽州，共力驱攘，俾契丹之党远遁沙漠，然后控扼扼险固，恢复旧疆，此朕之志也。"

——《续资治通鉴长编》卷二十七

北定州市)取道飞狐口（今河北涞源县），进击蔚（yù）州（今河北蔚县），阻击辽军西援人马，帮助西路夺取目标。

西路以潘美为主帅、杨业为副帅，取道雁门关，占领山后诸州。

中路、西路完成既定任务后，立刻向幽州战线集结。

第三，统帅给力。

宋太宗选定的将帅，都是当时战功累累、久经沙场的资深名将。现将其主要军事履历罗列如下：

曹彬：讨伐后蜀，平定蜀乱；南伐南唐，北征北汉，功绩卓著。

田重进：自宋太祖时即以"忠诚"著称；伐辽国；从征太原。

潘美：招抚袁彦，平叛李重进；征南汉、讨南唐，大败敌军；平北汉，镇守边关要地。

崔彦进：担任王全斌的副手，参加平定后蜀战争；镇守关南，屡挫辽军。

米信：少勇悍，以善射闻名；宋太祖时为殿前都指挥使；参加伐北汉战争，有战功。

杨业：人称"杨无敌"；刀斩萧多罗，生擒辽国将领李重诲，令敌人闻风丧胆，辽军见其旗帜就躲。

主帅皆为资历深厚、战功卓著之人，副帅均为骁勇善战之辈，亦有忠肝义胆、智勇双全之特点，所以宋太宗将此六人作为重点任用对象。

第四，时机恰当。

事实上，辽景宗刚刚去世之时，对大宋而言也是一个不错的时机，但大宋并没有接着兴兵北伐，这个时机转瞬即逝，因为辽国在萧太后的统领下迅速稳定了政局。四年以后的雍熙三年(986)正月，宋太宗下令出征，以为这是一个比较恰当的进攻时机。为什么呢？

辽国此时正在用兵。雍熙二年九月，辽圣宗命耶律斜轸率军攻打鸭绿江中上游的安定国。雍熙三年正月，耶律斜轸率军取得胜利，并将发动征伐高丽的战争。一来辽军经过一番征讨，已近疲乏；二来辽军军力分散。这种情况下，宋军出征，可以说是一个比较恰当的时机。在宋朝出兵的情况下，辽国被迫抽调讨伐高丽的东征大军，南进应对宋朝的北伐。

第五，初战告捷。

七年准备、士气高昂、目标明确的宋军与辽方驻守边境的耶律休哥部相比，在战争初期占尽优势。于是，三路大军一路凯歌，都取得了大捷，形势一片大好：

雍熙三年三月，西路潘美大军率先取得了雁门关大捷，既而驱逐败兵至寰州（今山西朔州市北），最终经过鏖战，寰州刺史赵彦辛举城投降，之后愈战愈勇，接连又收复朔州（今山西朔州市）、应州（今山西应县）、云州（今山西大同市）。

东路曹彬部攻占涿州。米信与敌人进行了激烈的拼杀，最终占领新城。

> 三月，潘美出雁门，自西陉入，与敌战，胜之，斩首五百级……庚辰，刺史赵彦辛举寰州降。——《续资治通鉴长编》卷二十七

> 三月，潘美出雁门，自西陉入，与敌战，胜之，斩首五百级。逐北至寰州，斩首五百级……——《续资治通鉴长编》卷二十七

> 曹彬进壁于涿州东；复与敌战，李继隆、范廷召等皆中流矢，督战愈急，敌遂败，乘胜攻其北门，克之。辛巳，取涿州。——《续资治通鉴长编》卷二十七

中路田重进收复飞狐，挺进蔚州。

第六，百姓参战。

在田重进攻打蔚州的过程中，除了大宋正规军之外，还出现了一支极为重要的辅助力量，边境百姓中的骁勇善战者纷纷参与战斗，袭击敌人，有的在深夜潜入蔚州城内，斩取敌人首级而归。边境百姓的加入，无疑增加了胜利的筹码，宋太宗听闻之后，赞赏有加，决定进一步利用好边境百姓娴于战斗的优势，下诏招募百姓，并根据在战斗中的不同表现，如聚集起来接应援助军队、擒拿敌军将领、俘获敌方士兵马匹等给予一定的奖励，而且在平定幽州之后，会尊重不同人从军或归农的愿望，并给予一定的安置奖励。宋太宗的诏书下达之后，边境响应招募的人员越来越多。如此一来，宋太宗通过及时鼓励，增加了队伍的有生力量，增强了战斗力。

三路大军按照宋太宗的战略部署取得了重大收获，也基本上取得了预想的结果。东路大军成功地吸引了辽军的主力部队，使其派不出援兵，保证了中路、西路的战果累累。

三路大军一路高歌，取得阶段性胜利。如果事态按照预想的发展，那么，宋太宗收复幽燕地区的梦想或许可以一朝实现。但是，收复幽燕地区要速

田重进围飞狐，令大鹏翼至城下，谕其守将，定武军马步军都指挥使、郢州防御使吕行德尚欲坚守，重进急攻之。辛卯，行德乃与其副都指挥使张继从、马军都指挥使刘知进等举城降。——《续资治通鉴长编》卷二十七

上闻而嘉之，曰：『此等生长边陲，娴习战斗，若明立赏格，必大有应募者。』——《续资治通鉴长编》卷二十七

战速决注定是很难实现的,战争进入第二个阶段,宋辽双方军队皆出现了一定的变化。大宋的第二次北征,就像一个美丽的肥皂泡,在呈现了最初的美丽之后,忽然间就爆破了,消失得无影无踪。这一切是怎么回事呢?

固守待援与往返折腾

首先,辽军避免交锋,集结援兵。

战场上的节节失利,并没有让辽国统治者慌乱。大敌当前,萧太后与辽圣宗果断做出了四项决定。

第一项决定:遣使南下,共议对策。

派遣主管军事的使臣迅速赶赴幽燕地区,与在幽燕驻守的耶律休哥会合,共同商议东线的应对措施。

第二项决定:征召军队,增援耶律休哥。

萧太后招募的援军,一是留守东京(辽宁辽阳市)的耶律抹只部,一是诸部落征集的人马。

留守东京的耶律抹只部是常备军,可以立时出发,需要的只是地域转移。诸部落的人马,则需要时间来集合。但是,辽国军民主要是游牧民族,他们有两个突出的特点:"马上生活""马上转变"。"马上生活",是指食宿行进皆在奔驰的马背之上;"马上转变",是指他们平时是放牧的百姓,一旦有战争便可以"武装到牙齿",成为骁勇善战的士兵。因为这两个特点,诸部落召集的

> 诏宣徽使蒲领驰赴燕南,与休哥议军事;分遣使者征诸部兵益休哥以击之;复遣东京留守耶律抹只以大军继进,赐剑专杀。乙亥,以亲征告陵庙、山川。
> ——《辽史·圣宗本纪二》

人马，在短时间内从大草原的不同方向向幽州奔去，速度之快，绝对出乎宋朝君臣的意料。

第三项决定：御驾亲征，鼓舞士气。

为了安定军心，萧太后与辽圣宗决定御驾亲征，同时，与他们一起出发的还有御林亲军。忠心于皇帝、服从于皇帝的御林亲军，是辽国装备最先进、战斗力最强的精锐部队。

第四项决定：调集援军，阻击西路。

萧太后与辽圣宗将东路宋军作为主要攻击对象，所以，派遣的援军大部分奔赴幽州。同时，为了避免侧翼受到进攻，任命耶律斜轸为山西路兵马都统，率军抵御西路的潘美部。

从这四个方面的安排，可以看出萧太后在危急状况之下的应变能力，她不愧是辽国有名的政治家、军事家。正是这些决策使得辽军最终创造了转危为安、转败为胜的辉煌局面。

在萧太后的明确指挥下，镇守幽州的耶律休哥也采取了四项有效的应对措施。

第一项措施：避免正面交锋，等待援军。

耶律休哥在援军未到之时，坚守城池，闭门不出，以保存实力。

在宋军主动出击不得不迎战的情况下，如果不能取得胜利，便采取拖延时间的迂回策略。比如，米信攻

时北南院，奚部兵未至，休哥力寡，不敢出战。——《辽史·耶律休哥传》

打涿州之时，两军相持不下，辽军首领便派遣使者诈降，以待援军到来。

第二项措施：昼夜虚张声势，使宋军疲敝。

为了最大限度地发挥幽州驻军的力量，耶律休哥在昼夜采取不同措施来给宋军施压：晚上派军击杀部分宋军以增加恐怖气氛；白天则以精锐部队虚张气势，使对方疲于应对。宋军白天、晚上都处于极度戒备状态，战斗力有所下降。

第三项措施：伺机设置伏兵，断宋粮道。

耶律休哥在援军未至之前，采取了弹性防御措施，收缩兵力，派出轻骑精锐拦截宋军粮道。

第四项措施：抓住有利时机，该打就打。

当然如果有机会，耶律休哥也不会放过，派行动迅疾的士兵去靠近对方队伍，趁着对方睡觉、吃饭的时机，攻击脱离大部队的士兵，并能做到随机应变，边打边退，保存实力。

其次，宋军的胜势隐藏着失败的因子。

东路大军捷报频传之时，在距离前线千里之外的开封，在地图上玩得热火朝天、遥控指挥的宋太宗开始心神不宁。宋太宗在担心什么呢？主要有两点：一快一慢。一是行军速度太快，一是粮食供应太慢。

按照宋太宗的筹划，东路曹彬十万大军无

须狂飙突进，前期主要作用是牵制住敌人，以保证三路大军的协调一致。而且十万大军的军粮供应亦需大量的运送队伍，一旦运粮队伍被截，那么，对整个北伐就是致命的打击。

宋太宗可不是担心过度。中国有句古话叫："是福不是祸，是祸躲不过。"最担忧的事情还是发生了。

第一，断粮。

曹彬部攻取涿州之后十余日，粮食就已经吃尽。无奈，曹彬带领军士放弃涿州，退还至雄州，来援助军粮供应的队伍。这一情况传至宋太宗处，宋太宗极为紧张，认为这是极为不明智的失策之举，这是宋军自己折腾，白白消耗战斗力。所以宋太宗立即命令曹彬部停止行进，与米信队伍会合，养兵蓄锐，以逸待劳。

第二，争功。

东路大军的佯战任务，与中路、西路攻城斩将的功绩与所获战利品相比，实在是逊色很多。于是，东路大军中有些争功心切的军士便有了出兵之心。一时间，军中便有了不同意见，军心不稳。作为主帅的曹彬，对于队伍中的这些骚动情绪不能及时制止，对出兵争功的举动也不能制止，最终，东路大军再次出兵攻打涿州。

第三，天热。

东路大军再次攻打涿州之时，已是炎暑时节。虽然经过二十余日的奔走、拼杀，又进驻涿州城，然而天公不作美，加之军粮被耶律休哥断了，辗转奔波、奋力拼杀的将士饥渴交加、身心疲乏。

在辽国集结兵力的过程中，作为大宋主力的东路大军已经往返折腾得人困马乏。宋军的来回辗转给了辽国足够的时间派置援兵，萧太后率领大军与耶律休哥部会合之后,已经疲惫不堪的宋军全无抵抗之力。岐沟关一战宋军大败,并引发一系列连锁反应。

兵败如山倒

曹彬再次攻占涿州之后,东路大军外无援兵,内无粮草,且听闻萧太后率领的援兵已到,只能将辛辛苦苦打下的涿州城再次放弃,曹彬率军带领着涿州百姓往南撤退。扶老携幼的队伍行进速度自然要大打折扣,至岐沟关北面之时,宋军便被辽军追上,一场激战后惨败。剩余人马刚逃至拒马河,辽军又至,双方的战争变成了辽军单方面的屠杀,惊慌失措的宋军已经失去了战斗力,溺死者、人畜相践踏而死者不计其数,以致河水都因之而断流。最后,曹彬退至沙河,听闻辽兵又至,军士心理防线彻底崩溃,争渡沙河,溺死者过半。

东路是宋太宗北伐过程中最重要的一路,前期是为中路、西路服务,后期是攻打幽州的主力。所以,宋太宗在三路大军出发之前,特别叮嘱曹彬,令其明确目标,不要因为争功贪利而与敌人拼杀。但是,行军过程中,东路大军在战功面前忘记了宋太宗的嘱托,轻举冒进,不但折腾得身心疲惫,而且留给辽军足够的喘息时间,最终被辽国的两股力量合力击败。

至此,宋太宗再次北伐的美好愿景烟消云散,也带走了宋太宗的壮志豪情。

宋军东路溃败,萧太后没有穷追猛打,而是采取"各个击破"的战略,转战中路、西路,先后派出两部突击队增援蔚州,以图扭转山

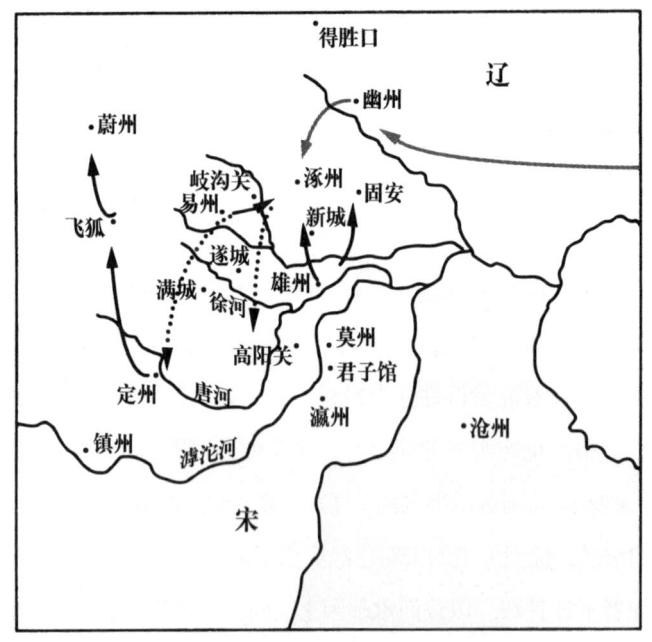

曹彬攻取涿州及师溃岐沟关略图
（选自曾瑞龙《经略幽燕：宋辽战争军事灾难的战略分析》）

后的被动局面。

宋太宗得知东线全面溃败之后，马上下令退兵，田重进退还定州，潘美退还代州（今山西代县），进入全面防守阶段。

宋太宗在防守阶段，进行了两大安排，以应对敌人的进攻，维护大宋的尊严。

第一，起用老将。

宋太宗在东线溃败后实施了积极的防御策略，但是，他还是担心辽国会趁机大肆入侵，造成新一轮的掠夺、残杀，所以再次起用久被罢官的老臣宿将：张永德、宋偓、刘廷让、赵延溥，分别让他们主管沧州、霸州、雄州、贝州，形成新的战略防护网。

第二，迁徙百姓。

两次北伐皆是宋太宗发起，本是想借助北伐确立其君主权威、稳定其君主地位，然而两次皆大败而归。失败的结果对宋太宗来说，不仅仅是损兵折将那么简单，他脸上太没光了，于是，他想尽办法要多少挽回一点脸面。

考虑良久，他想到了之前的一件事情。在东路军溃败后，西路的潘美派人将应州、朔州的一些将吏、老人送到京城参见宋太宗。宋太宗不仅对他们加以安慰劝抚，还赏赐给他们衣服冠带等。宋太宗的举动，让边陲之地的老人深受感动，直呼"重睹日月"《续资治通鉴长编》卷二十七。

边陲老人的呼喊声似乎唤醒了宋太宗近几日疲惫混乱的思绪，他想来一个"昨日重现"，通过收买边境百姓来平息国内的不满声音。于是，他对西路潘美部下达了一项新任务，即护送寰、朔、云、应四州的百姓迁至内地。

这次任务，并不像上次潘美送人入京那样简单；这次任务，使得潘美部成为敌人重点攻击的目标；这次任务，让北伐败况更加悲惨；更为可惜的是，这次任务，让宋朝折损了一员骁勇善战的大将。

那么，这员大将是谁？他是怎么死的？他的死对宋朝有什么影响？

> 上虑契丹必入寇，命左卫上将军张永德知沧州，右卫上将军宋偓知霸州，右骁卫上将军刘廷让知雄州，蔚州观察使赵延溥知贝州，廷让等皆宿将，久罢节镇，上欲令击敌自效，故与延溥并命。——《续资治通鉴长编》卷二十七

杨业之死

《二十九》

雍熙三年（986），宋太宗派出三路大军再一次北伐幽燕。结果，主力东路曹彬部在岐沟关、拒马河、沙河节节败退，西路的潘美、杨业部在连拔寰、应、朔、云四州之后，不能实现与东路大军的会合。辽军一路直下，以主力阵容一路向西，逼向潘美、杨业部。在此情况下，宋太宗决定军力回撤，召东路的曹彬、崔彦进回朝，中路的田重进退回定州。但是，太宗却命令西路潘美、杨业掩护百姓内迁。在这一过程中，曾被辽国人称为"杨无敌"的一代名将杨业不幸遇难，雍熙北伐的最后一根稻草就这样消失了。那么，有勇有谋的杨业是怎么死的？谁该为他的死负责呢？

兵败陈家谷

在辽军大举压上、势头正盛之际,想安然无恙地护送诸州官民成功入关,绝非易事。为了完成这一艰巨的任务,杨业苦思冥想,想出了一条"分流而出、声东击西、一举破敌"的计策:

所谓"分流而出",即根据实际,分先后遣送百姓,基本按照先远后近的原则,先云州,后朔州。这一撤军方案符合军队的撤离实际,如果先近后远,往往失去照应,很容易被围剿。

所谓"声东击西",即以军队吸引辽军主力,趁机遣送百姓入关。

所谓"一举破敌",即在朔州南五十里一个叫石碣谷的地方,埋伏三千弓箭手,并辅以骑兵之援助,必能成功击退辽军。

杨业的计策是在综合考量宋辽双方军事力量、军队士气的优劣盛衰之后制订的,可以说是思路周密、有的放矢,在当时情形下是比较合适的。这一计策目的很明确,就是保证完成太宗下达的任务:保证已经拿下的诸州的民众顺利入关,并且能做到以最小的代价换取最大的成功,这是一个军人服从命令的体现,同时亦是一位优秀将领果断明智的体现。

但是,这样一条本该成为战争史上的典范与标杆

> 今寇锋益盛,不可与战。朝廷止令取数州之民,三州之众,保万全矣。——《续资治通鉴长编》卷二十七

的计谋,却遭到了两个人的反对:

第一个出来反对的是监军、西上阁门使、蔚州刺史王侁(shēn)。

王侁是监军,主要监督大将的军事行动。他给杨业准备了两顶帽子:一是胆小怕事;二是心怀不轨。他先是拿"畏懦"之名压杨业,坚持让杨业率兵前往雁门北川,击鼓行军、大张声势地直奔马邑。其次,王侁打出了杀伤力极强的一张牌——"他志",也即叛国的异心别志。

第二个出来反对的是军器库使、顺州团练使刘文裕。刘文裕极力赞同王侁正面出击的主张。

杨业主张避实就虚,转移百姓,偷袭敌人;王侁则是大张旗鼓,一往无前,两人用兵观念不同,所以,即使是说杨业畏惧、懦弱,也不足以让谋深虑重、经久沙场的杨业改变主意,杨业直接以"不可,必败之势也"否定了王侁的提议。但是王侁所用的"他志"招数,却是杨业无法承受的,因为这顶帽子太大、太重,杨业实在是不敢戴也戴不起。叛国投敌的罪名对于太宗时代的将领来说都是一个极大的威慑,更不用说降臣杨业了。可见,王侁亦是擅长"直捣黄龙"的能手,四两拨千斤,直击杨业的痛处,也成为杨业计谋未能得以施展的最大阻力。

在王侁与刘文裕的反对与挑衅之下,杨业怒而

> 领数万精兵而畏懦如此,但趋雁门北川中,鼓行而往马邑。——《续资治通鉴长编》卷二十七

> 君素号无敌,今见敌逗挠不战,得非有他志乎?——《续资治通鉴长编》卷二十七

出战。

虽然有不满,虽然有恼怒,但是杨业这时并没有丧失理智。出战是不可避免了,那么,在这样的情况下,有没有别的办法可以避免伤亡过多,或者可以一搏成功呢?杨业终归是杨业,他又想到了一条计谋,即让潘美、王侁等人在陈家谷口(今山西朔州市西南三十里处)埋伏强弩手、步兵,等杨业转战陈家谷口时,可以两相夹击,阻击敌人。临行前,他哭着对潘美说:这次出战一定不利。我作为北汉降将,早就该死了,皇上不杀,授我军权。我并非不想杀敌,只是想为国立功以报君恩。现在,大家都责备我不敢出战,我只有先行报效国家了。于是,杨业指着陈家谷口说:诸位在此设伏,等我转战至此,请诸君两面夹击。否则,我们一个人也活不下来。

带着重重担忧,带着表白自己的决心,杨业领兵奔朔州而去,与耶律斜轸在朔州东部遭遇,经过半天的浴血奋战,死伤多人,但终于冲出重围,杀至陈家谷口。精疲力竭、饥肠辘辘的杨业军队,本以为到了陈家谷口就有了希望,但没想到希望却让自己人断送了:谷口空无一人。

原来,在杨业率兵出击之后,潘美与王侁即刻率领麾下兵士布阵于陈家谷口。王侁派人在托逻台观察战场动态,一直没有动静。根据时间推测,王侁以为杨业已经出师大捷,杀退敌军了,于是,争功心切的他为了

"此行必不利。业,太原降将,分当死。上不杀,宠以连帅,授之兵柄,非纵敌不击,盖伺其便,将立尺寸功以报国恩。今诸君责业以避敌,业当先死于敌。"因指陈家谷口曰:"诸君于此张步兵强弩,为左右翼以援。俟业转战至此,即以步兵夹击救之。不然者,无遗类矣。"——《宋史·杨业传》

能谋得一份军功,不顾当初杨业的嘱托,领兵离开了陈家谷口。主帅潘美制止不了,便沿着灰河西南方向奔去,结果行进二十余里后,忽然听闻杨业兵败,随即指挥军队撤退。

美即与侁领麾下兵阵于谷口。自寅至巳,侁使人登托逻台望之,以为契丹败走,欲争其功,即领兵离谷口。美不能制。乃缘灰河西南行二十里,俄闻业败,即麾兵却走。——《宋史·杨业传》

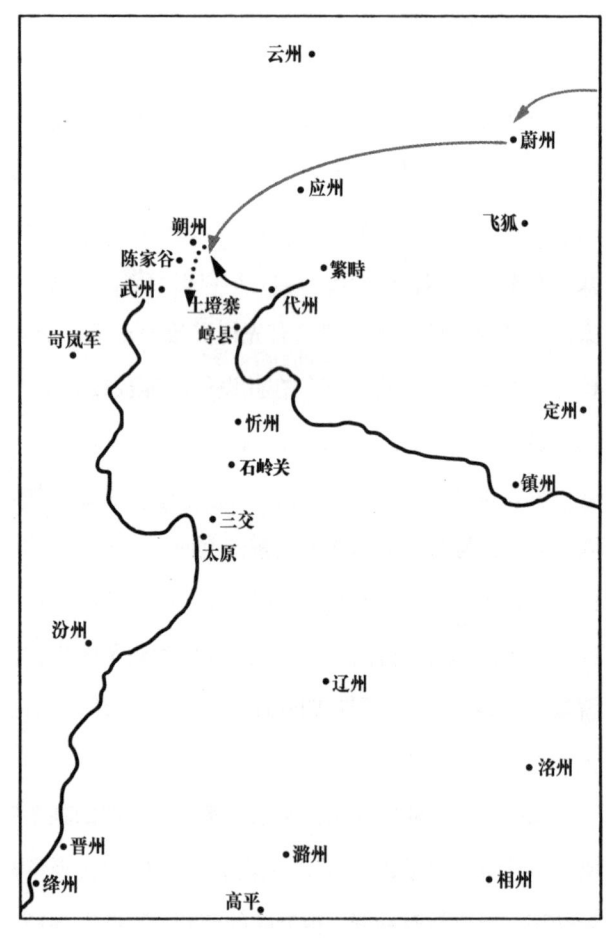

陈家谷战役要图
(选自曾瑞龙《经略幽燕:宋辽战争军事灾难的战略分析》)

到了陈家谷口的杨业，悲恸不已，然而追兵已至，只能再次号召军士奋起杀敌，"疲兵再战，一以当千"，但终因寡不敌众，几乎全军覆没。杨业身受十余处重伤，最后被辽军俘获。兵败陈家谷，杨业走向了他的末路，他死了。那么，杨业是怎么死的呢？

巨星陨落

一代英雄兵败死，多种故事随即生。对于这样一个"不知书，忠烈武勇，有智谋"_{《续资治通鉴长编》卷二十七}，令辽军闻风丧胆的战神一般的人物，其陨落亦有四种不同的说法。

第一，杨业是绝食而死。

这种观点以《续资治通鉴长编》为代表。杨业被俘之后，内心悲愤不已，百感交集，遂仰天长叹：圣上对我杨家恩宠有加，我本想通过捍卫边疆、击败敌人以报圣上知遇之恩，怎奈却被奸臣嫉恨，为奸臣所害，遂致王师败绩，我杨业还有什么面目苟活于这异国他乡！这悲叹，既有对太宗的感激，亦有对太宗的惭愧；既有报国杀敌的雄心，亦有壮志难酬的无奈；既有对奸臣的痛恨，亦有兵败被俘的不安。长叹之后，杨业似乎把内心的不满、不平都发泄出来，亦对自己的命运有了规划，以绝食来回报太宗对他的恩

业力战，自午至暮，果至谷口。望见无人，即拊膺大恸。再率帐下士力战，身被数十创，士卒殆尽。业犹手刃数十百人，马重伤，不能进，遂为契丹所擒。——《宋史·杨业传》

业既被禽，因太息曰："上遇我厚，期捍边破贼以报，而反为奸臣所嫉，逼令赴死，至王师败绩，何面目求活于异地！"——《续资治通鉴长编》卷二十七

情。最后绝食三日而死。

第二，杨业是箭伤发作而亡。

这种观点以《辽史·圣宗本纪》的记载为依据。《圣宗本纪》记载，杨业在与耶律斜轸的激战中，被飞箭所伤，从马上掉了下来，被辽军生擒。后来因为箭伤发作，不能进食，三日后身亡。

与《续资治通鉴长编》的记载相比，虽然都是三天没吃饭，但《续资治通鉴长编》是"不愿"吃，《辽史》是"不能"吃。"不能"的原因，在于箭伤发作得厉害。

第三，杨业是奋战而死。

这种观点以《读史方舆纪要》为代表。杨业转战至陈家谷口，潘美、王侁军队皆已逃离，且辽军追兵已至，激战到傍晚，在陈家谷战死。

第四，杨业是血溅李陵碑而死。

这种观点以元杂剧《昊天塔孟良盗骨殖》、明代熊大木的《杨家将演义》为代表。杨业与辽军鏖战不已，身上血映袍铠。因登高而望，见四下皆是劲敌，于是便暗想：在此生死未卜之时，若被辽军俘虏，实在是人生最大的耻辱。恰好后来看见一块石碑，上刻着"李陵碑"三字，汉代的李陵被俘投降，不忠于国，身背骂名。看见此石碑，杨业更加坚定了必死的信念，抛却金盔，撞碑而死。《杨家将演义》第十八回这一观点在

乃不食三日而死。——《续资治通鉴长编》卷二十七

遇斜轸，伏四起，中流矢，堕马被擒。疮发不食，三日死。——《辽史·圣宗本纪二》

业转战至暮，至谷口之托罗台死焉。——顾祖禹《读史方舆纪要》卷四十四（中华书局2005年版）

民间广为流传，此观点最大的亮点便是杨业未被辽军俘虏。

那么，这四种观点，哪一种更接近真相呢？

首先，战死说记载粗略，不明确指。

对于杨业之死，仅用"至谷口之托罗台死焉"交代，尚存在着很多想象、阐释的空间，有可能是自杀，亦有可能是他杀。

其次，"血溅李陵碑"不是历史事实。

民间百姓出于对杨业功绩的赞颂、对奸臣的痛恨、对维护国家统一的愿望，将种种希冀凝聚在杨业身上，拿投降匈奴的李陵作为对比，美化出一个拒不投降、以身殉国的忠臣良将形象。愿望很美好，虚构很生动，但这不过是一种理想，一种想象，终归不是历史事实。

再次，"绝食而死"亦是美好愿望。

杨业绝食而死见于《续资治通鉴长编》，该书的材料主要来源于宋代的官方资料。但是这则材料的真实性尚有可疑之处。历史是由史官记载下来的，当时的史官不可能参与陈家谷之战，况且当时杨业部几乎全军覆没，即使偶有幸存者，也与杨业一起做了俘虏，滞留辽国。那么，历史的亲见者并未回到宋营，又是谁把历史传递下来的呢？这应当是史官在写史之时，根据自己的想象，通过移情之法，塑造出了一个忠贞不贰、壮烈殉国的英雄楷模形象。

最后，"箭伤发作不食而死"比较可信。

对于这一观点，有人从辽人修建了"杨无敌庙"纪念杨业来予以否定，认为是杨业绝食而死的刚烈与对国家的忠诚感动了辽人。其实，作为一个游牧民族，辽人是以崇拜勇猛、顽强著称的。杨业的战斗力曾让辽军闻风丧胆,而且在战斗中辽人真实感受到了杨业的勇猛与坚韧,这与他们所推崇、颂扬的精神是一致的。辽国方面在战前亦曾下令军中,要求生擒杨业,以求杨业屈服之后可以为其所用。

开封市新建的天波杨府

开封市天波杨府内杨业像

箭伤发作而死见于《辽史》,《辽史》的史料来源是辽人的实录。在杨业之死这件事上,辽人作为亲历者,其说法应当较为可信。当然《辽史》也有溢美本国将领的可能,如《耶律斜轸传》为了凸显耶律斜轸捉拿杨业的功绩,在耶律斜轸指责杨业一番后,杨业连称"死罪"。但箭伤发作而死的记载不是在《耶律斜轸传》中出现的,而是见于《圣宗本纪》,且若辽人修建"杨无敌庙"是因杨业绝食而死的义举,则辽国上下皆已作如是观,那么,辽代史书还有什么必要加以避讳不写呢?

所以,杨业只能是箭伤发作不食而死。

作为一名军人,杨业因箭伤发作而死并不损害他的伟大,死并不是诠释一个人价值的最高标准,孟子早就说过:"可以死,可以无死,死伤勇。"《孟子·离娄下》

杨业死了。这是宋朝的一大损失,亦是一大悲剧。那么,谁该为这一悲剧负责?

> 继业为流矢所中,被擒。斜轸责曰:"汝与我国角胜三十余年,今日何面目相见?"继业但称死罪而已。——《辽史·耶律斜轸传》

据说有三个责任人

杨业死后,"天下闻其死,皆为之愤叹"《东都事略笺证》卷三十四,宋太宗亦极为痛惜。痛惜之余,他对主要责任人进行了惩处,被处罚的有三个人:潘美、王侁、刘文裕。

在这三个人中,史书记载刘文裕不过是附和王侁,没有过多的言语,是推波助澜者,王侁则直接导致了杨

> 刘文裕亦赞成之。——《续资治通鉴长编》卷二十七

业之死。

王侁作为直接责任人,主要表现在两件事情上:第一,刺激杨业出兵;第二,擅离陈家谷口。前者让笃定出兵白白牺牲士卒却不能建功的杨业率兵出征,走出了危险的第一步;后者使杨业部在关键时刻被"放鸽子",导致杨业的设伏陈家谷口、两面夹击的计划猝然破灭,兵败身死。

史书上记载王侁这个人刚愎自用,并将杨业之死与王侁直接挂钩,"侁性刚愎,以语激杨业,业因力战陷于阵"《宋史·王侁传》。胜则争功,败则不救,这就是王侁。宋太宗给他定罪的判词是:阻挠扰乱军事谋略的实施,羞辱刺激将领,恣意妄为,导致我大宋失去骁勇将帅,国土为人所占,百姓遭殃。宋太宗的责难基本上是正确的。不管对此有何理由,有何辩解,王侁终究难逃世人的口诛笔伐。

除了王侁与刘文裕,赵光义处罚的人,还有西路大军主帅潘美。

在后来的杨家将故事中,潘美也成为害死杨业的罪魁祸首。宋哲宗元祐四年(1089),苏辙奉命出使辽国时写了一首《过杨无敌庙》,诗云:"行祠寂寞寄关门,野草犹如避血痕。一败可怜非战罪,太刚嗟独畏人言。驱驰本为中原用,尝享能令异域尊。我欲比君周子隐,诔彤聊足慰忠魂。"《苏辙集》卷十六(中华书局2017年版)苏辙将杨业比

徒杀伤士卒而功不立。——《续资治通鉴长编》卷二十七

堕挠军谋,窘辱将领,无公忠之节,有狠戾之愆,违众任情,彼前我却,失吾骁将,陷此生民。——《宋大诏令集》卷九十四

作晋朝大将周处，将潘美比作迫害周处致死的主帅司马肜，认为应该杀潘美以谢忠魂。

潘美被看作杨业之死相关责任人，主要有以下七条理由：

第一，潘美人品不佳。

潘美的人品不佳表现在两个方面：一是为达富贵不择手段；二是杀人不眨眼。

第二，隐瞒杨业战功。

同样是记载收复寰、朔、应、云四州，《宋史·潘美传》只字不提杨业功劳，在《辽史》（《耶律斜轸传》《耶律奚底传》《萧挞凛传》）中，提到宋军将领则全是杨业的名字。《宋史》的记载是根据潘美的战报写成，《辽史》的记载是根据辽军将领的战报写成，两相对比，潘美的人品问题就显现出来了：歪曲事实，独享战功。这当然不是第一次。当初，宋太宗第一次北伐幽州失利引来辽方报复之时，在雁门关一战，杨业大获全胜，而主要功劳却被潘美独享。这一点前面已经讲过。

第三，涉嫌上谤书陷害杨业。

杨业自归宋之后，雁门关大捷使其一举成名，深得宋太宗信任，但在赞美声不断的同时，也招致了朝中老将的不满与嫉妒，羡慕——嫉妒——恨，故而有人暗地里上书宋太宗，斥责杨业的种种不是。在这些上书之人中，有人断定必会有潘美，甚至将上书之人坐实为潘

汉代将终，凶臣肆虐，四海有改卜之兆。大丈夫不以此时立功名、取富贵，碌碌与万物共尽，可羞也。——《宋史·潘美传》

主将戍边者多嫉之，或潜上谤书，斥言其短。——《续资治通鉴长编》卷二十一

美，其理由为潘美是镇守西北边防的唯一主将。

第四，默认王侁、刘文裕的进攻主张。

在确定作战方略之时，将领有不同意见属于正常情况，但是主帅是最后的定夺者。潘美也是久经沙场之人，他不会不明白此番出征的危险。但是史书记载，潘美在双方论辩的过程中消失了，没有参加论辩，亦未明确提出支持哪方。沉默亦是一种表态，而且沉默或许是之前早已设计好的，一个唱红脸，一个唱白脸，最终目的是陷害杨业。

第五，未制止王侁等人擅离陈家谷口。

潘美在王侁擅自离开陈家谷口之时未加制止，使得杨业深陷绝境。虽然史书中写的是"美不能制"，意思是说潘美不能控制局势，但实际上是出于对潘美的维护，真实情况是潘美根本没有阻止。行兵作战，军令如山，主帅未发令，谁人敢擅自行动？在王侁带队离去之后，潘美也带军离开，这就不是能不能控制的问题，是主动离开的。

第六，杨业话语透露信息。

杨业奋勇杀敌而终被擒，在被擒之后，杨业将自己的命运结局归结为"为奸臣所嫉，逼令赴死"《续资治通鉴长编》卷二十七。有人认为此奸臣不光指王侁，还包括当时沉默不语的主帅潘美。

第七，有敢于陷害杨业的原因。

潘美之所以敢肆无忌惮地陷害杨业，主要得力于他与宋太宗的亲密关系。

一是故友旧交。

潘美战功卓著，是宋初享有盛名的大将军，在太祖篡周而立、平定叛乱过程中发挥了重要作用，深得太祖、太宗信任。

二是股肱辅佐。

在宋初的重要战役中，都有潘美的身影。平李重进叛乱，灭南汉，平南唐，灭北汉，镇守北疆，抵御辽军，战功赫赫。

三是儿女亲家。

对此，史书中有两种不同的说法，一种说法为潘美的女儿嫁给了太宗的儿子真宗，也就是后来的章怀皇后；另一种说法是章怀皇后是潘美的儿子潘惟熙的女儿。《宋史·潘美传》明确指出潘美死后被封为郑王，是章怀皇后的缘故。

这种三合一的铁杆关系，还可以从杨业死后赵光义对潘美的处罚看出。宋太宗对杨业之死非常痛心，所以将一干责任人皆加以责罚，潘美被削秩三等，降为检校太保；王侁、刘文裕除名，一发配金州，一发配登州。但是，一年之后潘美即官复原职。

基于以上种种理由，潘美是陷害杨业的罪魁祸首这一千古骂名似乎是逃不掉了，但是，这一罪名对潘美来说，实在是不公允的。在杨业之

> 太祖遇美素厚，及受禅，命美先往见执政，谕旨中外。——《宋史·潘美传》

> 惟熙女，即章怀皇后也。美后追封郑王，以章怀故也。——《宋史·潘美传》

> 真宗章怀皇后潘氏，大名人，忠武军节度使美之第八女也。——《东都事略笺证》卷十三

> 明年，复检校太师。知真定府，未几，改都部署，判并州。加同平章事，数月卒。——《宋史·潘美传》

死这个问题上，潘美不能说没有责任，但他绝不是主要责任人，更非有意陷害杨业。理由如下：

第一，追求功名不是人品不佳的必要条件。

大丈夫追求建功立业，是人生积极向上的表现，不能单纯就此判定一个人的人品问题，这是两个不同的概念层次。

第二，《宋史》《辽史》记载的差异，应归于史书写作规范。

收复云、应等四州，《宋史·潘美传》列为潘美战绩，而没有记载杨业的功业，与《辽史》的记载有异。但《宋史·潘美传》的传主是潘美，当以潘美事迹为主，且潘美作为西路大军的主帅，收复四州当然是他的战功。同时，《宋史·杨业传》的传主是杨业，故表现其战功的雁门关大捷亦未提潘美之功绩。所以，这并不全是潘美假传情报、隐瞒事实的缘故。

第三，进谗言的不一定是潘美。

关于有人嫉妒杨业战功而潜上谤书，《宋史》与《续资治通鉴长编》中的记载为"主将多嫉之""主将戍边者多嫉"，两相参照，当是有多人，而非专指一人。而且当时镇守西北边疆的并非潘美一人。

第四，"奸臣"一词没有确指潘美。

杨业愤恨之语提到为"奸臣"所害，奸臣为谁并未明确指出。按照《宋史》《续资治通鉴长编》的记载，以语激杨业的王侁应当率先成为杨业的声讨对象，将"奸臣"锁定为潘美，实为臆测之词，失于先入为主。

第五，事后并非只有潘美官复原职。

王侁发配金州，后来被任命为均州团练副使，淳化五年(994)召还回京；刘文裕于一年之后即被召回，很快成为右领军卫大将军，后又迁为容州观察使。

第六，潘美"被奸臣化"与文学作品传播相关。

从元代开始，杨业之死开始被纳入忠奸对立的叙事模式中。为了凸显杨业之忠、战死之悲，人们将历史进行了一定的想象与虚构，将潘美设定成杨业的对立面，出现了一系列潘杨对立的文学作品。随着这些作品的日益传播，真实的历史日渐模糊，潘美亦"被奸臣化"、被丑化。

对于杨业之死，潘美的责任在于没有及时制止王侁不合理的进攻主张、擅离陈家谷口，但是这一问题并不是他主观上有意为之，而是有客观限制存在。那么，这种限制是什么？到底是谁造成了这种限制？

背后有那么一双眼睛

王侁的任意妄为、潘美的不作为，并非单纯的"阴谋论"可以概括的。在这些行为背后，有一双无形的眼睛、一种无形的力量。也正是这双眼睛、这种力量使得潘美主帅不像主帅，王侁监军不像监军，杨业明知白白送死还是决然前行。

> 岁余，上知业之陷由王侁，召文裕还。俄起为右领军卫大将军，领端州团练使……逾月，文裕迁容州观察使，出为镇州兵马部署。——《宋史·刘文裕传》

> 会赦，移均州团练副使。淳化五年召还，道病，至京师卒。——《宋史·王侁传》

这双眼睛就是宋太宗的眼睛。也就是说，宋太宗是杨业之死的幕后导演。

宋太宗没有出现在战场之上，而且对杨业信赖有加，在面对守边将领中伤杨业的小报告时，他都搁置不论，甚至每次杨业出征之前，还会要给予丰厚的赏赐。杨业死后，太宗不仅惩罚了责任人，而且还对杨业及其家人有所赏赐以抚沉痛之心。太宗有什么理由要害死杨业呢？为什么说他是杨业之死的幕后导演呢？

其实，太宗并非故意害死杨业，但杨业却因他而死，正是"我不杀伯仁，伯仁却因我而死"。

首先，好大喜功，不顾实际。

曹彬的东路大军失败后，如果宋太宗能够看清形势及时收兵，尚能减少一些损失。遗憾的是，雍熙北伐是他提倡并制订了周密计划的战争，如若就此而归，势必脸上无光，所以，为了挽回颜面，在中路大军退还定州之后，他命令潘美、杨业再出雁门。这一命令极其危险，将西路数万军队置于辽军主力的火力之下。

其次，任命监军，掣肘将帅。

宋代实行监军制度，借以分散将帅独断专行的权力，以防拥兵自重的将领重现陈桥兵变的场景。作为军队的监军，一般情况下都是由皇帝信任的亲近之人担当，听命于皇帝，对皇帝负责。与宋太祖相比，太宗赋予监军更大的权力。在宋代与监军争论是需要勇气的，因为，监军地位尊贵，权限很大，一旦得罪，轻则贬官，重则处死。郭进因为不能忍受田钦祚的欺压，愤而自杀；雍熙年间柳开因为与监军争辩是非而被贬官；潘美亦曾亲为监军，监督备受宋太祖怀疑的保义节度使袁彦，并被授命可以随时收拾袁彦。在这样的制度约束之下，王侁的独断专行与潘美的不作为也就可以理解了。

王侁在太宗朝被视为"早膺任使，久侍轩墀"《宋大诏令集》卷九十四的亲贵，在西路大军中可以与主帅潘美分庭抗礼，仗着监军的权力，既无视主帅、副帅，又刚愎自用。潘美做过监军，明白其中的利害得失，所以在事关杨业及整个军队的生死关头，犹豫之后选择了沉默。

最后，表面信任，实则威胁。

宋太宗将边将所上谤书尽数送与杨业，表面上看是对杨业的信任，然而也传达出一个信息，即杨业须安分守己、恪守臣道，如若不然，不仅一举一动皆在其掌握之中，而且还能时时加以反制。

在宋太宗"眼睛"的监督之下，杨业也做出了"冲动是魔鬼"的举动。作为北汉降将，虽然被委以重任，然而"降将"的身份使杨业在宋太宗面前一直谨言慎行，唯恐引起太宗的怀疑与不满。监军代表的是皇帝，

> 开以殿中侍御史知贝州，坐与监军忿争，贬上蔡令。——《续资治通鉴长编》卷二十八

王侁刺激杨业的"有他志"之语，亦是杨业最忌讳的痛处，这样的罪名是他万万担当不起的，所以赶紧表白自己，欲以死明志。

杨业之死，是各种因素综合作用的结果，幕后导演宋太宗，直接责任人王侁、刘文裕，间接责任人潘美以及主角杨业共同促成了这一悲剧。如果其中任何一人改变一下，历史或许就不是这样的。但是，或许这就是历史，历史就是各种因素相互制约、相互均衡的过程。

杨业死了，据守云州、应州等地的宋军都因惧逃亡，宋军的雍熙北伐至此以大败告终。

宋太宗的第二次北伐最终又一次以惨败收场，由此大宋国内对北伐的不同声音再次响起。那么，宋太宗该如何处理战败后的事宜呢？

> 自是宋守云、应诸州者，闻继业死，皆弃城遁。——《辽史·圣宗本纪二》

到底谁的错

〈三十〉

轰轰烈烈的雍熙北伐随着杨业之死彻底失败。面对同样的对手，一再战败，这样的结局对于宋人，特别是宋太宗来说，是很难接受的。物资消耗巨大、军队死伤严重、士气极度消沉，国内的舆论压力很大。面对北伐造成的后果，北伐结束之后，宋太宗开始问责，开始反思。但是，就在宋太宗处罚相关将领的同时，国内对宋太宗的不满声音也开始出现。那么，宋太宗是怎样反思的？朝臣们又是如何反思的？

战后处置

雍熙北伐失败了,作为北伐的发起人,宋太宗需要做出点儿努力以堵住悠悠之口。为此他采取了以下三种手段:

第一,问责惩罚。

宋太宗认为北伐的战略部署是正确的,错就错在出征作战的将帅,他们不遵守战前嘱托的指令,各执己见,既不能达到协调作战的要求,又使得将士疲惫不堪,因此被敌人袭击。所以,他明确地将北伐的责任归到主将身上。

> 奈何将帅等不遵成算……此责在主将也。
> ——《续资治通鉴长编》卷二十七

在宋太宗的授权之下,贾黄中等人将北伐将领的过失一一罗列,涉及的人有:曹彬、郭守文、傅潜、米信、崔彦进、杜彦圭、蔡玉、陈廷山、薛继昭。

这些将领,不仅仅有东路、中路的主帅、副帅,还有其他相关人员,他们各有过失,各有罪责。从罗列的过失来看,曹彬等主帅的罪过最大,违背宋太宗的诏令,对军士失于约束,导致军中将士多有死亡;米信、崔彦进因违背战前部署,不控制行军速度,自行设计行军路线,被敌人击败。两个问责的条目都有"违"字,意在显示宋太宗军事部署的高明之处。潜台词便是:如果按照我的部署

> 违诏失律,士多死亡。
> ——《续资治通鉴长编》卷二十七

> 违部署节制,别道回军,为敌所败。
> ——《续资治通鉴长编》卷二十七

去做，怎么会失败！

其他人的过失表现在战争的具体过程中，有的是治军方法不对，有的是临阵脱逃，有的是不遵守时间。按照贾黄中等人的看法，这些人的过失依据大宋律法都应该被处斩。但是，宋太宗最终将他们或者降职，或者发配，或者除名，并没有处以极刑。

西路将领方面，在杨业死后，宋太宗将西路的主帅潘美贬职；监军王侁、将领刘文裕皆被发配。

第二，安抚善后。

惩罚是为了追究责任、摆脱责任，安抚则是想着收买民心。宋太宗安抚的对象有两类：

一是军士。军中将士有在战争中阵亡，或者被辽国人抓住的，国家一律加以优待照顾。优待照顾的具体情况可以从对杨业一家的安抚措施看出。《续资治通鉴长编》记载杨业死后，宋太宗追赠他太尉、大同节度使的荣誉称号；赐予布帛一千匹，粮食一千石；将杨业的几个儿子录在官籍，使其全部成为国家公职人员。军中其他将士的安抚措施或许比杨业一家要略低一点，但基本内容是相同的。

二是百姓。参加运送粮食而被杀的百姓，免除每家各种赋税、徭役两年，并赐予粮食三石。

> 百姓有运粮不还者，给复二年，家赐粟三硕。——《续资治通鉴长编》卷二十七

第三，自我检讨。

战前的战略谋划，是宋太宗与枢密院王显、张齐

贤、王沔等人敲定的，所以，在战败之后，宋太宗又召集以上几人，研讨北伐之败。宋太宗悔恨不已，极力说明自己以后不再会犯同样的错误。宋太宗的悔过之言，使得参与谋划的枢密院诸人惊惧不已，愧疚不已，无地可容。

宋太宗的政策实际上是太宗版的"大棒加金元"，再赠送一剂"后悔药"。通过"大棒"政策，宋太宗向百官及百姓昭示了谁为战败责任人；借由"金元"与"后悔药"，宋太宗在国人面前呈现的是宽厚爱人、严以自律的形象，不论百姓是否认为他是战败责任人，一番"推诚悔过"，总是能为自己捞得一定的支持率。

这就是战败之后宋太宗的复杂心声！

不同的声音

但是，对于雍熙北伐以及战败问题，朝中大臣还是发出了自己的声音。

赵普是最先发声的。

雍熙三年（986），赵普为武胜节度使、兼侍中，并没有参与雍熙北伐的战前谋划，他是在宋太宗发布征讨辽人的诏令后才知道北伐计划的。

赵普在宋太祖时期就不主张攻打幽燕，在他看来，攻打幽燕是不具备条件的。至雍熙北伐时，赵普仍认为北伐并非明智之举。在东路曹彬部败军之后，赵普先后两次上书，陈述自己对北伐的观点：

第一，以史为鉴，陈说不伐辽国之缘由。

赵普援举汉武帝时主父偃、徐乐、严安及唐玄宗时姚崇的上书，意图说明，戎狄属于居无定所的游牧部落，很难寻得行踪加以制伏，所以自古以来，帝王将相都不主动去招惹他们，随其在草原上逐水草而居。古之帝王都采取了避免交锋的措施，自然有其合理性与可行性，所以进行北伐有悖于历史传统。

> 自古帝王，置之度外，任其随逐水草，皆以禽兽畜之。——《续资治通鉴长编》卷二十七

第二，追根究源，追究煽风点火之罪责。

在追究北伐开始之原因时，赵普将责任对准谗佞小人，认为这些人虚言诳语，蒙蔽圣听，宋太宗正是被这些人迷惑了视听。赵普这一说法很巧妙，是一箭三雕之举：

> 此必邪谄附会，蒙蔽睿聪，致兴不急之兵，颇涉无名之议。——《续资治通鉴长编》卷二十七

一来可以为宋太宗找到开脱之词；二来可以找到替罪之羔羊；三来可以显示自己的虑谋深远，间接表明自己在国家中的作用：就是因为他没有参与北伐前的活动，所以才有了北伐，才有了东路的大败，才有了北伐的惨败。

所以，有错必须追究责任，赵普认为应当早日找出罪魁祸首以正视听，只有这样才能消除国内的诈伪之心，才能使忠良得以尽心尽力，才能显示法律的威严，才能维护大宋基业。

> 昨来议取幽蓟，未审孰为主谋？虚说诳言，总应彰露，愿推首恶，早正刑章。——《续资治通鉴长编》卷二十七

第三，陈说厉害，条陈大军北伐之弊端。

赵普作为宋初的重量级人物，对于宋朝的政治、军事及辽国的情形是比较了解的。他比较宋辽双方的国力及具体的战争态势，认为应当速议抽军。

首先，北伐是有百害而无一利的，是得不偿失的举动，给百姓与农业生产都会造成一定的破坏。

其次，继续北伐会有损太宗的帝王形象，降低号召力。

再次，继续北伐会有变乱发生。如：百姓为避徭役而逃亡；宋军人疲师老，丧失斗志。

赵普有关雍熙北伐的评论，从远古的历史，到失败的现实，又到不定的未来，既有对现实的批判，又有对未来的思索。

赵普之论是在北伐初显败象但并没有全军溃败之时发出的，虽然用词比较慎重，但是他从根本上否定了宋太宗的再次北伐之举，而且认为对战争责任人必须加以处罚，暗含着对宋太宗的不认可。同时，赵普还对战争失败的原因提出了自己的看法。

继赵普之后，李昉等人也相继上书表明立场、发表观点。

李昉也是不赞成雍熙北伐的一员，但是，战败之后，国家急需稳定，百姓急需安抚，作为一朝之宰相，李昉还是比较有大局意识的，他的言说着眼于稳定当下。

> 兹所谓以明珠而弹雀，为鼷鼠而发机，所失者多，所得者少。——《续资治通鉴长编》卷二十七

第一，太宗北伐的目的是解救幽州苍生。

李昉虽然不赞成北伐，但是在国内民心动荡之时，如果再对宋太宗发动战争表示不满，则会进一步加重动荡局势。所以，李昉首先指出宋太宗的北伐事出有因，而且这"因"并非为一己之利，而是出于对天下苍生的爱护之心。幽州百姓遭受辽国的压制，等同于奴婢，宋太宗对此深怀哀痛，意图通过北伐来解救处于水深火热当中的幽州百姓。

第二，三军大败的主因是将帅非才。

战略谋划是宋太宗亲自参与制定的，一旦否定了战略谋划的正确性，也势必会否定宋太宗的能力。所以，李昉认为战略谋划没有问题，问题恰是出在没有遵循战略谋划。没有遵循战略谋划的将帅最终将一幅大好图景葬送殆尽。

第三，当务之急为息民休战。

败局已定，多说无益，唯有着眼于当下，才是上策。李昉的策略是针对内外局势提出的，一为息民，二为屈己（忍让），息民可以安内，屈己可以和外。

赵普与李昉等人的上书，可以代表北伐失败后朝中大臣的态度。虽然他们的话语有着顾及宋太宗形象的成分，但从他们上书的共同点可以看出：战后北伐失败的责任应由作战的将帅来承担。

大臣们对战败的处理意见与宋太宗的措施是大体

> 伏思用兵北伐，盖有其由。良以晋朝生灵仅逾百万，遭摧否运，役于北戎，迫其凶威，畜为奴婢。陛下内怀痛悼，将图拯救。——《续资治通鉴长编》卷二十七

一致的。但是，曹彬等人是不是要承担战败的所有责任呢？宋太宗需要为这场战争负责吗？

谁该负责

这需要从战败的原因中来寻求答案。

战争并不是只靠一个人就可以决定胜负的，战争的胜负应该是众多因素集结到一起共同作用的结果。

首先看曹彬。

曹彬是三军主帅，在战争中具体统领作用重大的东路大军，但正是他的失误才将大宋军队的大捷瞬间破坏。"违诏失律"这条罪名对于曹彬来说确实不为过，他既违背了临行前宋太宗的三番叮嘱，又不能约束军队，最终导致全军败溃。

宋太宗的战前部署，吸取了高梁河战役孤军挺进的教训，采取主力佯动、侧翼包抄的策略，应该说是考虑比较全面也比较可行的，并非纯为向壁虚构之物、空洞无物之策。宋军战争初期的一路高歌，就是因为比较好地贯彻执行了战略部署。曹彬部吸引了敌军主力，才使得中路、西路有足够的优势来战胜对手。

既然战略部署总体上是不错的，而且曹彬作为三军主帅，也是久经沙场的老将，为什么不继续遵循宋太宗制定的战略部署呢？

这里面有客观原因，亦有主观因素。

客观原因就是辽军的变化、宋方军粮的缺乏以及中路、西路的突击猛进，使得战争形势发生了变化。

主观原因就是曹彬的避嫌思想。

原来，曹彬在太平兴国八年(983)曾经因为弭德超的诬陷而被罢免了枢密使职务，任天平节度使，兼平章事。虽然后来宋太宗得悉事情的真相而宣告曹彬无罪，晋封鲁国公，但是，宋太宗对大臣的猜忌心理使曹彬心生畏惧。当初弭德超谗言中的"枢密使曹彬秉政岁久，能得士众心"深深刺痛了宋太宗，手握重权并且受到将士的拥戴，无疑是对皇权的最大威胁。此事之后，生性谨慎的曹彬更加谦恭，以免再让宋太宗心生猜忌。

雍熙北伐过程中，曹彬再次手握重权，统领三军。罢免事件的阴影一直在困扰着他，他也在时时避免引起宋太宗的猜忌。但是，战争过程中，东路大军将士贪功冒进，群情骚动，这实在是给曹彬出了个大难题。按照常情，作为一军之主帅，对于军中的骚动情绪，曹彬应当及时加以制止。但是，宋太宗所造成的压力，使得曹彬在关键时刻选择了沉默。

其次看宋太宗。

宋太宗在朝中大臣那里是极力要撇开的战败责任人，但是，近代以来的学者则多将雍熙北伐的责任与宋太宗挂钩。他们的理由主要有以下七点：

第一，北伐的实力不具备。

宋太宗发动的第一次北伐以及持续不断的小战役，让国内经济衰败、军士疲敝、百姓不满，虽然在第二次北伐之前进行了一定的积淀，但是整个国家并没有实现非常大的跳跃发展，应继续休养生息，再寻时机。所以，雍熙北伐是宋太宗轻举妄动、自以为是之举。

第二，战争时机不对。

宋太宗是雍熙北伐的最终决定者，引发其北伐之心的是辽国的变故。辽景宗死后，辽国政局不稳是最好的攻击时机，但是，宋太宗优柔寡断，贻误时机，没有立刻发兵，而是在辽景宗死后数年、辽国局势已经稳定的时候才出击，实在是错上加错。

第三，战略计划不合理。

宋太宗采取的是间接迂回的方式，并没有把幽州作为直接的进攻目标，只能取得中路、西路暂时的成功，并不能将此战略优势发展为决定性的胜利。

战前宋琪曾上书陈述北伐之策。宋琪熟知地理、军事以及宋辽双方情况，他提出的战略计划与宋太宗最终实施的不太一样。他很明确地将幽州作为直接的战略目标，要求集中主力部队全力夺取幽州，而反对中路、西路的先攻。

宋琪的战略目标与战略手段比较一致，如果宋太宗采纳宋琪的观点，或许就不会失败了。

第四，阵图遥控指挥。

宋太宗发兵三路，任用曹彬、潘美等人出征辽国。虽然自己不敢再亲征，然而鉴于陈桥兵变之事，又忌讳将帅拥兵自重，不想完全放权给将帅。所以，在出征之前，宋太宗自制行兵布阵图，告诫将领不得更改，遥控指挥战争。宋太宗名义上不亲征，但实际上却如同亲征

鉴陈桥之已事，惩五代之前车，有功者必抑，有权者必夺。——王夫之《宋论》卷十（中华书局2003年版）

一般发号施令。

宋太宗制定行兵布阵图，存在着两个弊端：

第一个弊端，行兵布阵图的制定与参战将帅无关。行兵布阵图不是参与征战的将领相互商讨出来的，而是宋太宗与枢密院诸人设计出来的，征战的将领根本没有参与的权力，参战的将帅在战争过程中需要边学习边打仗，边领会边指挥。这就造成了行兵布阵图的先天不足。

第二个弊端，行兵布阵图不得更改。战争瞬息万变，不会完全按照预定的轨道发展，作为主帅应当拥有根据具体情况决定具体路线、作战计划的权力，正所谓"将在外，君命有所不受"。但是宋太宗明确提出违背阵图就是违背圣旨。在当时的冷兵器时代，交通、通信等传递途径，根本无法及时、迅速地实现皇帝与主帅之间的沟通。传递信息的时间成为宋军战场上的空白期，只能维持现状无所作为，等到皇帝的指令传来，或许已经不适应战场的实际了。这就造成了行兵布阵图的后天不良。

> 专断则是违上旨。——《续资治通鉴长编》卷三十

纸上谈兵、按图索骥为用兵之大忌，却是宋太宗为求安心的良药妙方。但正是这良药妙方导致了宋军在具体作战时的被动局面，终至全线撤退。

阵图的弊端早在太平兴国四年(979)的满城大战中就已经体现出来了。宋太宗在战前也是给诸将颁发阵

图，曹翰等人按照阵图布置，大军分为八个阵，八个阵之间间距很大，极易让敌人冲进阵营，各个击破，士兵对此阵的有效性产生了怀疑、恐惧情绪，没有斗志。后来在赵延进、李继隆的坚持下，将太宗的"八阵"变为"二阵"，将士大喜，最终士气大振，大胜辽军。满城大捷，将帅的变通是极为重要的，镇州监军李继隆明确提出："兵贵适变，安可以预料为定！"所以，恪守阵图，军心涣散；变通布阵，大获全胜。

第五，更戍法导致军纪涣散。

更戍法是自宋太祖时就开始实施的军事措施，只不过，宋太祖实施得比较灵活。到了宋太宗，则实行了一刀切的更戍法。更戍法的基本内容是"兵无常帅，帅无常师"，"将不知兵，兵不知将"，将帅没有对士兵的绝对领导，也不知道士兵的勇怯情况，而且各个队伍之间不相互约束、相互牵制。

端拱二年(989)，张洎上书言说曹彬大败原因时，就明确提到更戍法所造成的各自为政弊端。各自为政造的恶果便是战场上的无所适从与混乱局面：有的人去拿兵器，有的人则忙着迁移队伍，将令不一，喧嚣不已，整个场面就是一团乱麻，哪还有什么战斗力！

第六，后勤保障不给力。

"兵马未动，粮草先行"，粮食保障是战争进行的

> 先是，上以阵图授诸将，俾分为八阵。大军次满城，敌骑至至，右龙武将军赵延进乘高望之，东西亘野，不见其尾，翰等方按图布阵，阵相去百步，士众疑惧，略无斗志。——《续资治通鉴长编》卷二十

> 阵场既布，或取索兵仗，或迁移部队，万口传叫，嚣声沸腾，乃至撤乱尘惊，莫知攸往。——《续资治通鉴长编》卷三十

必备条件，而后勤保障问题一直是宋太宗时期军事行动的弱项，也成为雍熙北伐失败的一大原因。

在雍熙北伐之前，持反对意见的朝中大臣相继提出了这一问题。主客员外郎李惟清认为"兵食未丰，不可轻动"《宋史·李惟清传》，参知政事李至也表示了对于军粮供给的担心，认为北伐人员众多，必须广备粮食。

宋太宗对雍熙北伐中的粮草问题极为重视，采纳李至"假令一日克平，当为十旬准计"《续资治通鉴长编》卷二十六的提议，任用张去华、张延信、柳开等经验丰富的官员负责，发动代州、镇州、上蔡（今河南上蔡县）、邓州（今河南邓州市）、祁州（今河北安国市）、易州（今河北易县）、保州（今河北保定市）、定州、邢州（今河北邢台市）、赵州（今河北赵县）等地的百姓运送粮草。

但是，宋太宗时的后勤保障系统与军队系统是平级的两个机构，不属于上下级隶属关系，所以，在实际战争中有时会出现矛盾或脱节的情况，以致总是在粮草供给上出问题。同时，由于战线太长，且需求量太大，很难实现持续供给。曹彬两次退守，都是由于军粮不足；田重进奋力夺下的蔚州，也是因为粮草欠缺而最终被耶律斜轸攻克。

第七，盟国假惺惺。

"以夷制夷"是宋太宗一直以来的对外政策，他希望通过联合辽国周边的国家，以求形成夹击之势，实现自己的战略目的。然而，由于宋辽两国暂时还没有哪一国显现出绝对的优势，周边小国多持多一事不如少一事的观望态度。

太平兴国六年（981），宋太宗决定联合与辽国接壤的渤海国、安定国,大举出击辽国。但渤海国、安定国慑于辽国的威力,不敢发兵。雍熙元年(984),宋太宗派遣的使者至高昌国,欲联合高昌国共同对付辽国,但被辽国使者破坏。

雍熙三年,宋太宗在北伐之前派使臣至高丽国,要求高丽国出兵支持。外交书写得很有鼓动性,但是,再美的文辞也不能代替真实的现实考虑:如果出兵,能否成功?这是最为关键的问题。如若不能成功,高丽国是搬起石头砸自己的脚,得罪辽国之后,烂摊子不好收拾。如若成功,自己或许又得依附宋朝,与之前的境遇相比,是换汤不换药。所以,劳师动众不可取。

以上诸多观点都是将战争中出现的种种问题直接与宋太宗挂钩。宋太宗作为雍熙北伐的最后决定者,作为雍熙北伐的实际指挥者,对战败有着不可推卸的责任。但是,如果将所有的责任都归结到宋太宗身上,认为雍熙北伐是宋太宗野心与尊严的牺牲品,这种观点也是很不客观的。

第一,选择的时机不算很差。宋太宗选择北伐的时机并非主少国疑,而是选择辽国讨伐高丽国之时。宋太宗没有在辽景宗驾崩之后立即出兵,是因为当时国家实力尚不足,所以,雍熙北伐是在大宋进行了大约五年的积聚之后一次针对性很强的

上将大举伐契丹,遣使赐渤海王诏书,令发兵以应王师……然渤海竟无至者。
——《续资治通鉴长编》卷二十二

时有契丹使者来,谓师子王曰:"闻汉遣使达靼而道出王境,诱王窥边,宜早送至达靼,无使久留。"
——《续资治通鉴长编》卷二十五

战争。

第二，时机的选择与战争的成败不构成必然的因果关系。在宋朝本身已有一定积淀的情况下，只要能统筹规划、处理得当，也可能会取得成功。军事史上这样的战例也不少。

第三，不能因为最终的失败就否定战略谋划。批评宋太宗的人认为，雍熙北伐失败了，就意味着宋太宗制定的战略谋划是不好的，如果用宋琪的战略方针，或许就成功了。这样的观点是想当然的猜测之词，也是事后诸葛亮的心理。历史不可能穿越，我们也无法检验宋琪的战略方针是否正确，但是，北伐前期宋军的节节胜利就足以证明宋太宗制定的战略方针还是有效的。

第四，盟国不是必要的依靠力量。宋太宗最先确实是有与高丽国共同夹击敌人的想法，但是，从其战前谋划来说，并没有把高丽国作为必须依赖的力量。也就是说，高丽国出兵自然很好，如果不能出兵，自己也可以打。

第五，猜忌心导致的制度问题是战败的原因，但不是唯一原因。宋太宗对于武臣一直存在着极强的猜忌心，但这种猜忌心以及由此制定的诸多制度，在雍熙北伐之前业已存在，而北伐之前的诸多战争有胜有负。

战争是不稳定的现象，战争是诸多因素的交织，宋太宗有他克服不了的弱点，但是，在雍熙北伐这一影响宋辽关系走势的关键一环，宋太宗为此做了很多准备，态度也很谨慎，对战争走势也有一定的预见性。唯有一点，宋军可以听他指挥，但是人家辽军可不听他那一套。

最后看辽国。

辽国在雍熙北伐前期一度处于劣势，这也是宋太宗预设计划当中的一幕。

辽国迎敌有法，处理得当，导致曹彬部大败，这是宋太宗预设计划当中绝对没有的一幕。

预设的一幕出现了，然而，意料之外的一幕也出现了，并且最终意料之外的一幕让历史定格。

宋太宗的战前谋划不可谓不美，然而他的战前谋划是有两个双重假设存在的：

第一个假设，宋军三路能够步调一致，协同作战，夺取幽州。

第二个假设，辽军主力被曹彬部牢牢吸引住，无力抽身，最终被围歼。

第一个假设由于宋军自身的原因而消失了，第二个假设的消失则是缘于辽国的应对得当。

萧太后与耶律休哥在战争过程中对两件事情的处置至关重要，使得自身摆脱了战争初期的劣势而咸鱼翻身。

一是最短时间内集结到大量的援兵。

二是切断了东路宋军的军粮运输线。

宋太宗对这两件事情有担心，也有提防，但是他对游牧民族的军事防御系统还是不怎么了解，辽军的速度之快超出他的想象；虽然之前也"忧敌断粮道"，但显然保护措施还是不够。

两军对决，任何一方都无法完全左右战争走势，战争走势是双方不断角逐抗衡的结果。所以，单纯将战争责任完全归咎到宋太宗身上，是不太客观的。但是，宋太宗的失败也是情理之中的事情：在对手足够强大的情况下，首先要保证的是自身别出错，否则，只会给对手足够的机会打败你！

原因有种种说法，历史有众多解读，但是雍熙北伐失败了是一个不争的事实。雍熙北伐的失败，不仅仅是单纯的一次战争失利，它的影响是巨大的，打击了宋军的战斗士气，以致在对辽作战中无法取得决定性胜利，并最终影响到之后宋朝的外交政策。那么，雍熙北伐后宋辽之间的战争情况如何？宋太宗确立的宋辽关系原则如何？

大势已定

〈三十一〉

大宋王朝的雍熙北伐再一次以失败告终。辽军在与宋军的军事角逐中不仅打出了声势,一战掌握了战争主动权,大获全胜,而且陆续对宋朝发动了一系列报复性战争。面对辽军的进攻,宋太宗一开始竭力想扭转雍熙北伐造成的负面形象,陆续在君子馆(今河北河间市北)等地派军奋力迎敌。然而,经过这又一轮的较量,宋辽之间的军事实力对比最终显现,宋军已经无力进行大兵团正面进攻式的战争了,宋辽之间的军事胶着状态最终被打破。那么,宋辽之间在君子馆战役之后的新一轮战争较量,其战况如何?宋太宗对此进行了怎样的政策调整呢?

君子馆之战

岐沟关战役大败，对宋军来说是重创，然而宋太宗在大臣们的质疑声中，依然高调筹备边防，并放言如果辽军胆敢来犯，定让其全军覆没。宋太宗的豪言壮语或许有些心虚的意味，但是，他确确实实进行了一系列的人员调整，采取了一些切实的措施，以应对辽军的报复与袭击。

第一，任用老将守边。

宋太宗以防御辽军为目标，起用久罢节镇的宿将，加强边防安全，稳固将帅阵营。太宗这样做，有多重考量。岐沟关大败后杨业捐躯沙场，王侁等被发配，有作战经验的将军所剩不多。当然，也有对现任将领的不满和猜疑。

第二，整合有效战争资源。

雍熙北伐失败，军队伤亡惨重，但仍保留下了部分精锐部队。东路虽大败，但李继隆率部完整撤回，这是一个传奇。所以，李继隆后被任命为马军都虞候。中路的田重进在东路失利后直接撤回定州，军队实力保存较好，这又是一个传奇。田重进被任命为马步军都虞候，此职已经二十五年未设了。西路的杨业率兵与敌力战而全军覆没，但他所带领的只是西路的部分士兵，王侁、潘美率部逃走，亦保留了一定军力。对直接参与雍

> 边防之事，已大为之备，将来敢肆侵挠，必当尽歼族类。——《续资治通鉴长编》卷二十七

> 上虑契丹必入寇。——《续资治通鉴长编》卷二十七

熙北伐的人员，宋太宗进行了相关的整合处理，以求提升军队的战斗力。

第三，充实战略决策层。

任命文武双全、尤善于箭术的辛仲甫为参知政事。根据文莹《玉壶清话》的记载，辛仲甫在宋太祖时便名声大显，被视为"武勇兼济""才勇有文"者，曾跟随郭崇学习箭术，后因悟性颇高，超越郭崇，竟然连他的师父郭崇也跟随他学习。宋太宗将文韬武略兼备的辛仲甫列入战略决策层，是为了避免对敌作战时出现战略失误。

不管宋太宗采取的一系列人员调整是否有效，但是他对辽军必然来犯的预料是极为准确的。雍熙三年（986）十一月，辽军乘大胜之余勇，大举南下，以报宋太宗发动雍熙北伐之仇，并希望乘宋军惊魂未定之时扩大胜利果实。萧太后亲率三军誓师南征，耶律休哥为先锋都统，主动发起了攻势。

辽军具体的军事部署与雍熙北伐中的策略大体相当，主力部队还是集中在幽燕地区，另派一路进攻代州以防山西。主力部队又分为两路：东路以瀛州为目标，西路以满城、望都（今河北望都县）为目标。

既然已在预料之中，在得知辽军大举进犯的确切消息之后，宋太宗马上调兵遣将，命令瀛州都部署刘廷让、沧州都部署李继隆、高阳关部署杨重

> 丙辰，以御史中丞辛仲甫为给事中、参知政事。——《续资治通鉴长编》卷二十七

> 太祖问赵韩王："儒臣中有武勇兼济者何人？"赵以辛仲甫为对，曰："仲甫才勇有文，顷从事于郭崇，教其射法，后崇反师之。辨宏博，纵横可用。"——《玉壶清话》卷一

进、知雄州贺令图、御前忠佐神勇指挥使桑赞等人率部投入战斗，希望能够绝处逢生，挽回败北的影响。因为，宋太宗太需要一场胜利来证明自己的能力了。

但是，战争尚有宋太宗预料不到的事情。交战初期，辽军并没有急切地发动进攻，只是在泰州（今河北保定市清苑区）、望都等地与宋军发生了小规模的遭遇战，其目的在于试探宋军的动向，观察宋军的军事部署，寻找制胜的有利时机。

在此情况下，求胜心切的宋太宗命令军队相机而动，主动出击。

奉命御敌的主力是瀛州都部署刘廷让部。为了确保作战"出则有利，败则有路"，刘廷让于战前进行了两项战略部署：

第一，集结兵力。刘廷让与益津关（今河北霸州市）守将李敬源相约会兵，率领数万骑兵主动出击辽军，扬言要夺取幽燕之地。

第二，设置殿后援兵。刘廷让与沧州都部署李继隆约定，在情势危急之时，李继隆将率军前来支援。为了保证李继隆的援军及时到达，刘廷让将自己手下的一部分精锐骑兵临时划拨给李继隆。

面对宋军的主动进攻，辽军先锋都统耶律休哥也有的放矢地制定了四条应对策略：

> 时宋将刘廷让以数万骑并海而出，约与李敬源合兵，声言取燕。——《辽史·耶律休哥传》

> 廷让先以麾下精卒与沧州都部署李继隆令后殿，缓急期相救。——《续资治通鉴长编》卷二十七

第一，控制险要之地，严阵以待。

第二，增兵。耶律休哥为保证完胜宋军，待萧太后的大军到达后才开始合攻宋军。益津关守将李敬源战死。

第三，断宋军粮道，切断供应线。

第四，诈降。诈降的对象便是雍熙北伐前挑起宋太宗兴趣的贺令图。

作为雍熙北伐的始作俑者，贺令图为人好大喜功，轻率无谋，这在雍熙北伐前后已经显现出来，而他的这些特点也被耶律休哥摸得一清二楚。

为了打开战争的胜局，耶律休哥派人送书信给贺令图，诈言自己在辽国获罪，希望贺令图可以帮助自己归顺大宋。收到耶律休哥书信的贺令图窃喜不已，要知道耶律休哥这样的军事天才，在宋辽两国都有着绝对的声望，若能将耶律休哥招降，那不仅可以堵住雍熙北伐失败后众人的批评之声，还可以奠定自己在朝廷的地位，更可以赢得高官厚禄。如此天上掉馅饼的好事，求之不得呀！但是，天上掉下来的馅饼，不见得就能吃到，不见得就能吃。

对未来充满美好想象的贺令图根本不曾考虑过其中是否有诈，并且还怕别人抢了自己的功劳，便私底下与耶律休哥联系，并赠送给耶律休哥十两上好的丝织品。

休哥闻之，先以兵扼其要地。会太后军至，接战，杀敬源，廷让走瀛州。——《辽史·耶律休哥传》

令图性贪功生事，复轻而无谋。于越素知令图，尝使谍给之曰：『我获罪于契丹，且夕愿归朝，无路自投，幸君少留意焉。』令图不虞其诈，自以为终获大功，私遗于越重锦十两。——《续资治通鉴长编》卷二十七贺令图的礼物让耶律休哥安心了，他已经看到了胜利的图景。

耶律休哥派人告知贺令图，说是想见雄州贺使君。得知消息的贺令图兴奋不已，以为耶律休哥真要归降大宋，想与他商议归降的具体事宜。对此深信不疑的贺令图仅带着手下数十名骑兵至耶律休哥的大营赴约，颇有踌躇满志之态。结果等他走到耶律休哥大帐之外，却传来了一阵怒骂，他瞬间蒙了，心情一下从天堂降到了地狱。这怒骂正是来自耶律休哥：贺使君之前喜好管理边境军事，今日居然前来送死，天助我也！话音刚落，贺令图手下的数十名随从已经被耶律休哥麾下士兵全部杀掉，而他自己也被捆得结结实实。

> 至是，于越传言军中，愿得见雄州贺使君。令图先为所给，意其来降，即引麾下数十骑应之，将至其帐数步外，于越据胡床骂曰：『汝尝好经度边事，今乃送死来耶！』麾左右尽杀其从骑，反缚令图而去。——《续资治通鉴长编》卷二十七

大战尚未开始，雄州刺史贺令图已经被耶律休哥诱捕。

由于以耶律休哥为主将的辽军谋划得当，两军对垒的最终结果是，宋军在君子馆被耶律休哥击败。高阳关部署杨重进力战而死，张思钧被俘。

其实，除却耶律休哥的应对得当外，宋军的失败还有两个原因：

第一，天公不作美。

战争发生在十一月，正是隆冬时节，天气严

> 雍熙三年，边人寇河间，刘廷让会战君子馆，命思钧翼从。时天大寒，弓不得彀，援兵不至，于是败绩，陷留军中数年，役役不得还。——《宋史·张思钧传》

君子馆战役要图（选自曾瑞龙《经略幽燕：宋辽战争军事灾难的战略分析》）

寒，宋军的弓都拉不开。强弓硬弩本是宋军作战中的利器，但因天寒地冻，失去了作战优势。与其相反，辽军常年生活在北部，对于严寒天气有着一定的适应性，反而越战越勇。

第二，援兵失约。

刘廷让在君子馆苦战不利，本来约定的援兵李继隆部不仅没有如约而至，反而退守乐寿（今河北沧州市境

> 都部署刘廷让，与战于君子馆，会天大寒，我师不能彀弓弩，敌围廷让数重。——《续资治通鉴长编》卷二十七

内),以致刘廷让部全军覆没,数万名军士战死,刘廷让换马而逃,仅以身免。

其实,耶律休哥的应对策略与宋军雍熙北伐策略并无太大的差异,用的招数如出一辙,但在面对宋军之时总能取得理想战绩。不知是耶律休哥太强大,还是宋军将帅太没记性!

土墱寨之战

辽军在君子馆再次完败宋军,这次胜利对辽军来说无疑是再一次的巨大鼓舞。备尝甜头的辽军决意乘胜追击,尽歼驻扎在其他边防线上的宋军。

第一,东路攻打博州。

当时,博州(今山东聊城市)的监军为东头供奉官马知节。马知节听闻刘廷让部大败,担心辽军乘胜入侵,于是派人修缮城墙,整治兵器,收集粮食,做好战斗准备。后来辽军果然来至城下,但发觉博州已有防备,便引兵离去。

第二,西路攻打代州。

辽军迫近代州城下,神卫都指挥使马正率部在代州城南门外御敌,然而因为兵力不足,不能成功。副部署卢汉赟畏懦敌军阵势,保壁自固。

在此危急情形之下,知代州张齐贤率领两千名

> 廷让全军皆没,死者数万人,廷让得麾下他马乘之,仅脱死。
> ——《续资治通鉴长编》卷二十七

> 东头供奉官马知节监博州军,闻廷让败,恐敌乘胜复入寇,因缮完城垒,治器械,料丁壮,集刍粮,十有五日而具。始兴役,官吏居民皆不悦其生事。既而敌果至,见有备,乃引去,众始叹伏。
> ——《续资治通鉴长编》卷二十七

地方厢军（宋代地方军）出击，在土磴寨大败辽军。土磴寨之战一方面体现出主帅计谋得当，一方面也可以看出宋太宗的心理变化。

当初张齐贤与驻守并州的潘美约定会合两军，协同作战，不料在两军之间传递消息的使者被辽军俘获。张齐贤料定两军会合的消息以及会合的具体时间已经泄露，十分担心潘美部的安危，害怕潘美部会在行军途中遇到辽军的埋伏。正在张齐贤忧心忡忡之际，潘美派来使者告知新情况。原来，潘美部按照约定已经从并州出兵，行进四十里至柏井（今山西平定县东）之时，宋太宗的密诏传来，因为东路刘廷让部在君子馆大败，要求潘美的并州军慎守城池，勿得出战。遵从宋太宗的命令，潘美部马上原路返回并州城内。

潘美的援军不会到来，但是敌军仍然围攻代州，张齐贤临变不乱，思索良久，认为辽军已经知道他与潘美部会师的约定，但并不知道潘美部已经撤回并州的新情况，因此决定将计就计，虚张声势。

首先，封锁消息。将潘美派来的使者暂时安置在密室之中，以防再次出现使者被俘，泄露军情给辽军的情况。并且使者带来的消息也未在军中传开，以此安定军心。

其次，伪作援兵。夜间派遣精兵两百人，每人手

> 俄而美有候至，云师出并，师行四十里至柏井，忽奉密诏，东路王师衄于君子馆，令并之全军毋得出战，已还州矣。——《续资治通鉴长编》卷二十七

持一杆旗帜，背负一捆干草，在代州城西南三十里处列旗燃草。辽军远远看去，火光中有旗帜，以为是潘美的援兵到了，惊慌之下向北逃去。

最后，设置伏兵。张齐贤料定辽军必定会北逃，于是在他们的必经之地土磴寨预先设置了伏兵两千人。仓皇北窜的辽军行至土磴寨恰好进入了张齐贤的埋伏圈，只有挨打的份儿了。最终成功击退辽军，保证了西部战线的安全。

辽兵败后再次南侵，张齐贤预先将厢军分为两部，分别在繁畤（今山西繁畤县）、崞县（今山西灵石县西南）防守，预先埋伏，以逸待劳。如果辽军从代州西部入侵，则驻扎崞县的厢军出兵迎战；如果辽军从代州东部入侵，则驻扎繁畤的厢军出兵迎战，拖住敌人，等待两军交战之际，大部队就会迅速赶到。正是靠着预先安排好的军队防御策略，张齐贤大败辽军。

宋军在博州、代州的防御是君子馆战役之后的直接策略表现，从中可以看出君子馆一战对宋军战略决策层、领导层的影响。宋太宗在岐沟关、陈家谷、君子馆等战役连续失利之后，变得相对谨慎起来，不再妄自冲动，而是以保存有生力量为主要任务，所以才有诏书让并州的潘美部不得出战。潘美弃战，让代州知州张齐贤压力陡增。幸而张齐贤善于用兵，两次击败辽军。

虏又自大石路南侵，齐贤豫简厢军千人为二部，分屯繁畤、崞县，下令曰："代西有寇，则崞县之师应之"；代东有寇，则繁畤之师应之。比接战，则郡兵集矣。"至是，果为繁畤兵所败。——《东都事略笺证》卷三十二博州监军马知节的积极防御、张齐贤在代州的积极防御更是此种心理的表现。也就是说,连续的战争败局已经让朝野上下的作战心理出现了很大的变化。

心理变化

雍熙三年(986)相关战争的连续失败,对宋朝君臣来说是沉重的打击,更是灾难性的记忆,所带来的变化也是从未有过的,并最终导致了宋辽关系的变化。

先来看辽军的变化。

第一,大肆侵扰百姓。

与宋军的消沉情绪相对,辽军在经过了一系列胜利之后,士气高涨,长驱直入,侵犯宋朝边境,肆意杀害官吏,掠夺百姓。若遇到不能攻取的都邑,则烧杀抢掠,魏州(今河北大名县东北)、博州一带的百姓,对此苦不堪言。

第二,频繁发动战争。

在君子馆与土磴寨战役之后,辽军并没有放松对宋朝的侵扰,从端拱元年(988)至宋太宗去世(997),相继在易州、益津关、长城口等地大败宋军,攻陷涿州、满城、新乐等地,长驱直入,欲摧毁宋朝设置的北部边防线。

再来看宋军的变化。

第一,军民丧失斗志。

宋太宗前期,经历了一系列的战争,也经历了一些

敌势益振,长驱入深、祁,陷易州,杀官吏,卤士民。所过郡邑,攻不能下者,则俘取村墅子女,纵火大掠,辇金帛而去。魏、博之北,咸被其祸。——《续资治通鉴长编》卷二十八

失败，但是无论是高梁河战役还是瓦桥关之战，虽然军事力量遭受了一定的损伤，国内也有一些弭战言论，但是士气并没有出现极度消沉的局面，并没有用兵无力的恐惧感。

雍熙北伐及君子馆之战的相继失败，对宋朝军民的影响是极大的，"河朔震恐"，举国上下对此败局都深感震惊；同时所产生的影响也是极为可怕的，因为它们所带来的不仅仅是将帅的死亡，更为重要的是直接挫伤了宋军的斗志，宋军再无对辽作战的信心与勇气。

> 初，曹彬及刘廷让等相继败覆，军亡死者，前后数万人。缘边创痍之卒，不满万计，皆无复斗志。——《续资治通鉴长编》卷二十八

多次战争的失败，导致宋军的军事力量大降，所以只好集结乡间百姓，将不曾经过军事训练的百姓转为士兵来守城。因为不懂战事，新集结起来的士兵只能是坚壁自守，不敢出兵抵御。

这一情形在端拱元年(988)也有体现。

端拱元年，辽国再一次发兵入侵。从八月开始，辽军在易州、益津关、长城口(今河北保定市徐水区西北)等地大败宋军，长驱直入，目的是摧毁大宋太行山东麓的防线。十一月，辽军铁骑推进到徐河北岸，与定州城隔河相望。

定州北有唐河之阻，西有太行之险，南有胡卢河、滹沱河，沼泽湖泊密布、纵横交错，不利于辽骑兵大规模作战。

当时，战场已推进到唐河北面，与定州隔岸相对。面对蜂拥而至的辽兵，守城诸将想按照上面传来的诏

> 悉料乡民为兵以守城，皆白徒，未尝习战阵，但坚壁自固，不敢御敌。——《续资治通鉴长编》卷二十八

书应对这次入侵，诏书传达的旨意便是：坚壁、清野、勿战。

定州监军、判四方馆事袁继忠认为囤积重兵而不能打击兵临城下的敌人，会加重敌人的嚣张气焰，从而继续侵略其他郡县，提议要出击迎敌。袁继忠一番慷慨陈词之后，中黄门林延寿等五人拿出诏书极力阻止袁继忠的出兵决定。

从宋太宗的诏书，到守城诸将的两次不战主张，可以看出坚守不出、避免作战的思想已成为君子馆战役后的主导思想。

第二，风声鹤唳，草木皆兵。

宋军的恐辽情绪在战败之后成为挥之不去的噩梦，有一典型事例可以说明这一现状。

雍熙四年 (987)，雄州、霸州等地被告知辽军即将来犯，驻守边将连忙安排防备措施。这本属正常的军事防备，但比较夸张的是，驻守河北的宁边军（今河北蠡县）知军柳开竟然在几天内收到了八十余封文书。

一般情况下，如此频繁且紧急的军事指示只有在极度危急的战争中才会出现。雍熙四年宋军的不寻常举动，足见宋朝风声鹤唳的高度紧张状态，以致一听到敌军进犯便心生惧意，顾不得对情报进行验证，结果敌军将至的报告到最后被证实是情报人员妄加揣猜之词。

斗志与自信是影响战争成败的心理因素，是支撑

是月，雄、霸等州皆相告以敌将犯边，急设备。宁边军数日间连受八十余牒，知军柳开独不信，贻书郭守文陈五事，言敌必不至，既而果谍者之妄。——《续资治通鉴长编》卷二十八

军队拼杀的动力。军队没有了斗志，战争便已经输掉了一大半。

宋军的恐辽情绪是在一系列战争挫败之后的必然结果，而这一结果直接导致了宋朝在对辽作战中的整体劣势，最终导致宋朝收复燕云诸州一统天下梦想的破灭，更为深层的影响是宋朝在对辽关系上的战略转向，即积极进攻不是明智之举，应该由进攻转入防御。

鲜血换来的经验

君子馆之战之后，宋军相继在土磴寨之战、唐河之战、徐河之战、子河汊之战、雄州之战中取得了对辽作战的阶段性胜利。

但是，这些胜利与之前的战争相比，有着一定的不同：

一是战争人员投入量大减。

二是属于局部性胜利，不能影响大局。

三是只能将敌人赶出宋朝边境，却不能再进行纵深追击，歼灭敌人。

从这种变化可以看出，饱受战争之苦的宋朝，已经没有足够的实力夺回战争的主动权。

当然，以上战争虽不足以打开新的战争局面，但是在宋辽关系史上是极为关键的，至少与君子馆战役一起，从正反两个方面证明了战略防御的必要性和有效性。

第一，君子馆战役的教训。

君子馆战役虽然在岐沟关大败之后出现，但在朝野上下还是以积极进取为主导倾向。

在战争过程中，宋太宗策划新的攻势，命令刘廷让主动出击是最为明显的信号。

贺令图招降耶律休哥之举，为的是建不世之功。虽然带有个人因素，但从中亦可看出宋朝的意图。如果整个国家都不积极奋进了，一个轻率无谋的官员怎么可能会做出如此举动？

在战略部署上，与之前的雍熙北伐并无太大的转变，还是通过大规模集团军正面作战，以运动战与辽军进行生死角逐。

积极迎战，大军锐进，结果却是大败而归，那么，战争过程中的大规模正面积极进攻的策略是不是已经不适合宋辽战争了呢？宋军在对辽战争中应该采取怎样的手段呢？

第二，五大战役的经验。

雍熙三年（986）土𰽤寨之战、端拱元年（988）唐河之战、端拱二年徐河之战、至道元年（995）子河汊之战、雄州之战，五战皆胜，胜利的原因何在？

原因之一：将帅应对得当。

将帅是战争的核心灵魂，他们的决策直接决定着战争的走向。五大战役中的宋军将帅皆能抓住有利时机，采取灵活的战法击退敌人。

端拱元年的唐河之战，袁继忠、李继隆力排众议，敢于承担责任。

下令将以骁勇善战著称的易州静塞军骑兵调到定州，不惜让易州陷落，一任骑兵在易州的妻子儿女被俘。

李继隆为防生变，本打算将这些骑兵分散到各军，监军袁继忠否决了这个建议，说分散后实力也就分散了，只有给这些骑兵加官厚赏，才能激励他们为国尽忠。李继隆听从，不分散骑兵，给他们加官厚赏。结果，这些骑士很感动。

李继隆以"阃外之事，将帅得专焉"的理由，没有听从宋太宗要求坚壁清野一味防守的命令。

定州军队与静塞军骑兵联合作战。静塞军骑兵作为宋军的先锋，作战勇猛，首先攻入敌阵并冲垮辽军阵形。辽军大败，宋军追击到曹河，斩首五千。《续资治通鉴长编》卷二十九

辽军在唐河之战后，遭受挫折，但进攻的势头并未衰减。第二年（端拱二年）七月，在侦知宋威虏军（今河北保定市徐水区西）粮草不足后，又准备发兵攻取，并采取惯用的先断宋军粮道的战术。

李继隆亲自率军护送辎重车队从镇、定二州出发，辽数万骑兵就开始运动迎候，途中遇到大宋崇仪使、北面缘边都巡检尹继伦千余人的巡行部队，辽军视而不见，不击而过。尹继伦抓住战机，尾追其后。

在唐河与徐河之间，尹继伦利用敌人的失误，在敌人出战前的吃饭时间，出其不意，偷袭敌军，并在随即赶来的宋军护粮大军的协助下，将辽军击溃。

敌方会食，既食，则将进战，继伦出其不意，急击之。——《续资治通鉴长编》卷三十

原因之二：依托地势，防御有方。

在五大战役中，依托地势，提前做好防御的有三次。

土墱寨之战。张齐贤带领军队取得了土墱寨之战的胜利，靠的不仅仅是临危不乱，关键是方法得当。

张齐贤最初设置疑兵、伏兵，吓跑敌人。在敌人再次南侵之际，张齐贤预先将厢军分为两部，分别在繁畤、崞县防守，预先埋伏，以逸待劳。正是靠着预先安排好的军队防御策略，张齐贤才大败辽军。

子河汊之战。至道元年 (995) 正月，辽军入侵府州（今陕西府谷县），辽大将韩德威诱使大宋西北党项一些部落（勒浪鬼族等）从振武（今内蒙古和林格尔县西北）入侵府州，又亲自率一万余精兵为援助。

府州是宋朝边境的要害之地，此处囤积了精锐兵力。辽军当时未寻求正面攻击，而是沿着山中小路潜入，意图入侵劫掠。但是，辽军的举动已经被永安军节度使折御卿的情报人员提前探知。

获得消息的折御卿，先是在辽军的归路上设置伏兵，接着便是率兵正面迎击，打得辽军仓皇逃窜，结果却进入了折御卿的埋伏圈，死伤无数。

折御卿在子河汊之战大败敌军，辽军将领号突

> 谍知之，遣人邀其归路，因纵兵大击，败走之，人马坠崖谷死者相枕。——《宋史·折御卿传》

厥太尉、司徒、舍利的死了有二十余人，并擒住吐浑一人，此战使得辽军甚感畏惧。

雄州之战。至道元年，子河汊捷报传至河北，知雄州何承矩将胜况招贴，告谕州民，辽边军知后为之愤愧，于四月九日出动数千骑夜袭雄州。

何承矩为人真诚，与士兵同甘共苦，对传递信息的百姓礼遇有加，所以对于辽军的动向皆能了然于胸。

辽军进犯之前，何承矩已经获得了相关情报，并提前采取了完备的应对措施。辽军本想来个出其不意，夜袭雄州城。不料何承矩已经整饬队伍，严阵以待，给辽军来了个迎头痛击，在心理战中首先占据了优势，最终击退敌军斩杀甚众，并擒获敌军主将铁林相公。

原因之三：谍报工作给力。

从以上战例的分析可以看出，谍报工作是战争极为重要的组成部分，在防御战中显得尤其重要，子河汊之战、雄州之战皆是因为谍报工作出色，才能打敌人个措手不及。没有准确的情报，便不可能采取及时迅速的防御应对措施。

君子馆之战与此后五次对辽战役的胜利，从正反两个方面说明，继续采取主动出击策略已经是铤而走险的下策，任用智勇双全的将帅、搜

> 契丹将号突厥太尉、司徒、舍利死者二十余人，擒其吐浑一人，自是契丹所畏。——《宋史·折御卿传》

> 承矩推诚御众，同其甘苦。边民有告机事者，屏左右与之款接，无所猜忌，故契丹动息皆能前知。——《宋史·何承矩传》

> 至道元年，契丹精骑数千夜袭城下，伐鼓纵火，以逼楼堞。承矩整兵出拒，迟明，列阵酣战久之，斩馘甚众，擒其酋所谓铁林相公者。契丹遁去。——《宋史·何承矩传》

集及时有效的情报信息、依托地理优越打好防御战则是经过实践检验过的有效措施。这也为宋太宗以后处理对辽关系提供了新的思路。

或许，这就是以上众多战役的意义吧！

雍熙北伐以及之后的诸多战役，或胜或败，都成为宋辽关系发展过程中的重要一环。正是这些接连不断的战役最终导致宋朝对辽政策的改变：多次失败后的恐惧心理，使得弭战言论、防御策略逐渐抬头，并成为主导思想；五大战役的胜利，为宋军提供了可供参考的具体措施，使得防御策略成为切实可行之举。但是，国家战略目标的转移、战争策略的形成不是一蹴而就的，是需要反复权衡才能最终确定的。那么，这样的策略转移在宋朝上下是如何形成的？宋太宗又为此采取了什么措施呢？

雍熙三年十一月的君子馆之战后,宋辽双方又进行了多次交锋,宋军在五次战役中取得了局部性的胜利,这一系列的战役成为宋辽关系史上重要的拐点。从此,宋朝逐渐失去了抗衡辽军的优势与信心,从主动出击开始变为被动防御。这一战略转移是在宋太宗时代完成的,宋太宗也因此成为备受争议的人物,招来了许多非议与骂名。那么,宋太宗是在什么情形下最终确立这一决策的?支撑这一战略转移的具体方针有哪些?宋太宗真的是千古罪人吗?

三十二

痛定思痛

众说纷纭

君子馆大败之后,朝中大臣对于宋辽关系问题开始了新的思索,面对不断侵袭的辽国军队,究竟该何去何从?这是关系到大宋边境安宁乃至整个国家军事安全的问题。

在这个问题上,朝中大臣最初并没有形成一致的意见,反而是争论不断,众说纷纭。

争论一:进攻还是息兵?

柳开是主战派的代表。

雍熙年间,柳开向宋太宗上书直言,认为辽国未灭,始终是宋朝的祸患,因此希望能领兵至河北之地,出生入死,收复幽蓟,以死报答太宗的知遇之恩。由于柳开的强烈要求,宋太宗将他派往河北,任命为宁边军知军。

柳开上任之后,积极为讨伐辽国做准备。柳开经过观察打听,了解到一个重要信息,发现了一个关键性人物,并决定利用这个关键性人物打开收复幽蓟地区的通道。这一关键性人物叫白万德,是辽国的一名高级将领,统率辽国边境军七百余帐。白万德本是河北真定(今河北正定县)人,与柳开所管辖地区的一位豪杰有姻亲关系,两人经常走动。

柳开得知此事之后,马上联系辖区内的这名豪

> 今契丹未灭,愿陛下赐臣步骑数千,任以河北用兵之地,必能出生入死,为陛下复幽蓟,虽身没战场,臣之愿也。
> ——《宋史·柳开传》

> 有白万德者,真定人,为契丹贵将,统缘边兵七百余帐,宁边有豪杰,即万德姻族,往往出境外见之。
> ——《续资治通鉴长编》卷二十八

杰,由他牵线,与白万德达成了友好盟约:白万德为内应,把幽州城献给大宋;柳开承诺给对方裂地封侯之赏。最后,这个筹谋许久的计划因为柳开的调离而搁浅了。

柳开的计划到底能不能实现,这还是一个历史的疑问;但是,柳开为收复幽蓟、攻打辽国所做的努力,足见他在宋辽关系问题上的立场、态度与主张。

主战派要求必战,主要有三点理由:

第一,戎狄部族的劣根性。

辽人本性狡黠无常,贪得无厌,阴谋多诈,对他们施行"以德服人"之策,无异于"对牛弹琴",只有依靠强力打击才能将其制服。

第二,战败并不代表不能战。

之前宋朝的战败只是一时的小挫败,况且辽军得胜后骄傲情绪滋生,正所谓"骄兵必败",如果能够制定正确的对敌决策,任命勇猛将帅,统率三军,必定能大败敌军,使其臣服大宋。

第三,不战为畏懦之举。

堂堂大宋王朝,与小小的戎狄部族相比,地域辽阔,人才济济,如若息兵求和,必会被敌人视为懦弱可欺,此风不可长!

柳开有一篇《代王昭君谢汉帝疏》,假借王昭

> 柳开因使说万德为内应,挈幽州纳王师,许以裂地封侯之赏,万德许诺,来请师期。使未及还,会诏徙开知全州,事遂寝。——《续资治通鉴长编》卷二十八

> 黠敌之性,荒忽靡常,贪而无厌,狡而多诈,终难德服,必须力制。——《续资治通鉴长编》卷二十八

> 一时王师小衂,蕃兵正骄,使议通和,事涉畏懦,须是别施庙算,申命虎臣,总万旅以濯征,俾六骡之宵遁,方可迄使介之命,降咫尺之书。——《续资治通鉴长编》卷二十八

君的口吻，讽刺朝中大臣的无能，"以此安危系于臣妾一妇人"，安国家、定社稷、息兵戈、静边戍之事，本是朝中大臣的职责范围，却将国家安危系于一女人身上，真是朝中无人啊！柳开此文颇有辛辣诙谐之风，"皮里阳秋"手法所体现出的哀痛之情，便是对朝中大臣和戎态度的批判与哀痛。

主战派要求维护大宋尊严的情绪是极为强烈的，并且像柳开等人也确实为讨伐辽国做出了实际的努力。但是，从当时的现实来说，主战派的主张还是情感大于理智，在当时就被人称作"近樊哙之空言"《续资治通鉴长编》卷二十八。

与主战派相比，主张弭兵息战的朝中大臣占多数。京东转运使、主客郎中李惟清，宰相李昉等，开封尹、陈王赵元僖，殿中侍御史赵孚，户部郎中张洎，右拾遗、直史馆王禹偁，知制诰田锡等人都曾上书表明己见。

这些大臣中有的原本就反对雍熙北伐，有的是从雍熙北伐等战争中吸取了教训，有的是从历史上找依据，但有一点是相同的，即大宋不可再主动与辽国进行硬碰硬的大规模作战。

主张息兵的一派，其观点主要有三个支撑层面：

第一，不具备再次大规模作战胜利的条件。

户部郎中张洎总结雍熙北伐失败的原因，归结为"盖中国失地利，分兵力，将从中御，士不用命也"《续资治通鉴长编》卷三十。如果说由于制度等原因造成的君主专权、将令不行等情况，只要宋太宗愿意，还是可以做出改进的话，那么，地理优势的丧失却是不能改变的现实了。宋朝与辽国的对峙，宋朝所依靠的应是地形优势，深山大谷，连亘万里，地势险阻，成为阻隔北部对手入侵的天然屏障。但是这样的天然优势已经为辽国所有，幽蓟以南的地区，平川占了绝大部分。况且宋太宗怎么会将好不容易拢到手的权力拱手让出呢？

除了张洎提出的几点之外，军队的恐辽情绪以及不敢出战的心理，成为阻挠战争胜利的不可控因素，也是战争不能再度深入的深层原因。

第二，再战会引发连锁问题。

雍熙四年(987)春，宋太宗派人招募黄河南北诸州壮丁入伍，增加在编军队人员数量，准备再次发兵征讨辽国。在此情况下，京东转运使、主客郎中李惟清多次上书劝阻，开封尹、陈王赵元僖和宰相李昉等人纷纷上书言说利害。他们的劝阻之词皆是从战争对于农业生产的破坏立意的。仲春时节，正是农事渐动正勤之时，点兵出征，扰乱正常的农耕，而且还会引起百姓的叛逆情绪。多年的战争下来，百姓已经不堪其扰，为了躲避征兵，他们或许会四处逃窜，也可能会群起作乱。

第三，息战有利于国内发展。

殿中侍御史赵孚认为弭兵息战之事，不仅是当下明智的选择，还是利在千秋之事，是以百姓心为心的圣人之举。

> 自飞狐以东，重关复岭，塞垣巨险，皆为契丹所有。燕蓟以南，平壤千里，无名山大川之阻。此所以失地利，而困中国也。
> ——《续资治通鉴长编》卷三十

> 上以契丹频岁入寇，将大发兵讨之，遣使往河南北诸州，募丁壮为义军。
> ——《续资治通鉴长编》卷二十八

> 臣愚以为不用干戈，不劳飞挽，为万世之利者，敢献其说，惟明王择之。
> ——《续资治通鉴长编》卷二十八

息战派立足当时的具体情况，认为再战不具备地利、人和的条件。这些论说所提到的问题皆是当时无可辩驳的事实，与主战派颇带情感色彩的论说相比，更具有现实针对性。

争论二：主和还是主守？

息战派在人数上、在论证观点上都较主战派有优势，代表了当时宋朝上下的主流思想。但是，在其派别内部，也非众口一词。在不主动作战的前提下，如何维系宋辽之间的关系？这是息战派内部主要争论的话题。

息战派的争论主要有主和、主守、和后再战三种。

主和指的是要与辽国建立友好关系。代表人物主要有殿中侍御史赵孚。赵孚认为应当与辽国互派使者，结交通好，商议划定两国之间的疆域，确定好边界，永远停止战争讨伐。赵孚理想的宋辽关系可以归纳为"八字方针"：和平友好，互不干涉。

主守指的是加强自身实力，防御敌军来袭。代表人物有开封尹、陈王赵元僖，右拾遗、直史馆王禹偁。

赵元僖认为辽国退出边塞，边境已经暂时没有大事，但尚需要对其进行防御。在此基础之上，

> 议定华戎之疆，永息征战之事。立誓明著，结好欢和。——《续资治通鉴长编》卷二十八

> 内修战备，外许欢盟，各有收资，两无相碍。——《续资治通鉴长编》卷二十八

赵元僖提出了比较关键的对辽原则，即"来则御之，去则勿逐"《续资治通鉴长编》卷二十八。

王禹偁认为，必先自强，才能御敌。达到自强的具体方法是"外任其人，内修其德"，总共"十大原则"。《续资治通鉴长编》卷三十

和后再战是在前两种观点上的进一步发展，着眼于未来。代表人物有户部郎中张洎。张洎提出的是"两个阶段"的方针。初级阶段不能挑衅辽国，要忍辱负重，与其结好，赢得一个稳定的发展环境。高级阶段即实力足够强大之时，则要伺机应时而举兵。

息战派三种主张都提出了不同的应对原则、实施方针，虽然各有侧重，略有差异，但是这些主张确实为大败之后的宋廷处理对辽关系提供了具体可行的方法。

另外，息战派与主战派的争论后来基本决出了胜负，基本确立了对辽关系原则的三级层次：

最高层次为"来去有法"。

第二层次为"屈尊求和"。

最低层次为"一决胜负"。

以上参与宋辽关系方针论争的大臣有文臣，也有武将，他们的上书，代表了当时百姓的心声、将士的心愿，成为宋太宗确立最终决策的重要参考。

> 夫御戎之道有三策焉，前代圣贤论之详矣。缮修城垒，依凭险阻，训戎，聚谷，分屯塞下，来则备御，去则勿追，策之上也。偃革囊弓，卑辞厚礼，降王姬而通其好，输国货以结其心，虽屈万乘之尊，暂息三边之戍，策之次也。练兵选将，长驱深入，拥戈铤而肆战，决胜负于一时，策之下也。——《续资治通鉴长编》卷三十一

终有定论

宋太宗先后于雍熙四年(987)、端拱二年(989),两次主动向群臣询问御戎之策,集思广益,对于宋辽关系采取了诸多应对措施。面对众多的建言献策,同样是面对战败,同样是在思索出路的宋太宗,作为国家战略的最高制定者,亦有着自己的思考,有着自己的声音,并有了切实的行动。

宋太宗的行动是从对内、对外两个方面进行的。

对内:打铁还需自身硬。

在群臣建言献策的过程中,已经出现了"先内后外,以内为主"的倾向,右谏议大夫、权御史中丞王化基做了形象生动的说明。他认为治理天下的道理与植树是一样的,最重要的是根基牢固,只要根基牢固,横七竖八的枝干根本不足为虑。

第一,下罪己诏。

雍熙北伐后,辽军不断侵扰,让宋朝百姓深受其害,宋太宗对于边境军民的苦难处境极度痛心。

多次败仗下来,之前追究将帅战败责任的宋太宗开始反思自己。后来在端拱二年,宋太宗最终颁布了《契丹攻劫罪己宽恤边州诏》,承担起战争的全部责任。宋太宗罪己诏的内容如下:

> 人欲理身,先理心,心无邪则身自正;欲理外,先理内,内既理则外自安。——《续资治通鉴长编》卷三十

> 治天下犹植树焉,所患根本未固,根本固则枝干不足忧。今朝廷治,边鄙何患乎不安。——《续资治通鉴长编》卷三十

朕居上不明，御戎无策，保障虽设，蔑闻藩篱之固，庙堂非远，曾乏樽俎之筹，□□得以无厌，赤子以之并命，责躬罪己，不敢遑宁。痛心疾首，莫斯为甚！《宋大诏令集》卷一八七

罪己诏是帝王对自己错误言行的检讨、反省，宋太宗的罪己诏将自己视为"不明""无策""无厌"之君，因为自己的贪心，因为自己的策略不当，令天下将士为自己的不明之举埋单，所以，宋太宗深感自己罪责深重，甚感痛心。

对于宋太宗的罪己诏，有人认为是出于舆论压力，有人认为是出于作秀，这种解说如果是评论宋太宗早年的行为还非常恰当，但是，此时的宋太宗面对节节败退的现实，已经耗尽了雄心壮志，确实开始检讨自己。端拱二年(989)八月，赵普上书提到宋太宗因为天空出现妖星征候，归咎于己。罪己诏与见妖星自责的事情出现在同一年中，这绝对不是巧合，而是宋太宗长期思索、愧疚的体现。

宋太宗从我做起，承担责任，加强了凝聚力，在朝野上下形成了一股反省谋发展的清新之风。

第二，文臣参与军事。

在群臣的建言献策中，对于雍熙北伐失败的原因亦有所探索，其中，将帅无能、文臣被排挤出战略的制

八月辛亥，赵普上疏言：『陛下昨为妖星滴见，深自引咎。』——《续资治通鉴长编》卷三十

定也是极为重要的一点。

知制诰田锡言辞激烈地对两件事情提出批评：雍熙北伐的战略制定排除了宰相李昉等人；招置义军，宰相赵普等人不曾闻见。他认为宰相不参与讨论边疆安全、派遣军队等事务，是极为荒唐与不可理解的。宰相是文臣的代表，田锡的质问实际是对宋太宗军事制度的不满。

其实，宋太宗也了解，自从五代以来，军队皆是武将当家，而武将多数不能通晓政事，军队的发展及作战亦受到一定制约。但是，宋太宗初期并没有改变从五代以来形成的大格局，他自己选择将领时有两大原则：一是自我约束，二是刚健勇猛。将领如果不能自我约束，就不能得到部下的敬重，更别说驾驭部下，这样，即使是勇力如虎，也不会有用处。自我约束是为了确保君权的至高无上，其行为必须以维护君权为活动前提，这是人的品性问题，不涉及军事谋略；刚健勇猛在宋太宗的选将原则中是处于第二位的，但是在将帅自我约束的前提下，勇猛还是择将的主要标准。

为此，在群臣建言献策之后，宋太宗决定整改军队将帅队伍，提升其战争谋略水平，不再单纯以勇猛威武作为评价标准，而是令文臣武将共同组成军队领导层，将文臣中知晓兵法者更换职位。

> 若宰相非才，何不罢免？宰相可任，何不询谋？——《续资治通鉴长编》卷三十

> 上以五代战争以来，自节镇至刺史皆用武臣，多不晓政事，人受其弊。——《宋史·柳开传》

> 朕选擢将校，先取其循谨能御下者，武勇次之。若不自谨饬，则士卒不畏服，虽有一夫之勇，亦何用耶？——《续资治通鉴长编》卷二十五

> 欲并用文武，勘定寇乱，乃诏文臣中有武略知兵者许换秩。——《续资治通鉴长编》卷二十八

雍熙四年(987)，郑宣、刘墀(chí)、赵载、柳开、刘庆五人换秩为武臣，侍御史郑宣、户部员外郎赵载、司门员外郎刘墀并为如京使，左拾遗刘庆为西京作坊使，柳开为崇仪使、知宁边军。《宋史·柳开传》这宣告了宋太宗军队整改的开始。

宋太宗对于军队的整改是从直接参与战争的核心力量层进行的，文臣武将共同参与军队管理，取长补短，在一定程度上提升了军队的战斗力。

第三，制定平戎万全阵。

宋太宗素来擅长"以图示意"，在满城之战、雍熙北伐之时，绘制了多幅战争行进路线图。到了雍熙四年，为加强对辽国的防御，宋太宗未雨绸缪，召集潘美、田重进等人，集思广益，最终亲自绘制了"平戎万全阵图"。此图之所以如此命名，主要取一个美好寓意，即可以万无一失地平定敌国的进攻。

这一次的阵图与先前的阵图有两点不同：

一是此图以防御为主。之前的阵图主要指示的是在战争中如何调遣兵力、如何击退敌人，基本上是以进攻为主，雍熙四年的"平戎万全阵图"则是以防御为主要倾向。根据宋朝官修兵书《武经总要》的记载，其作用主要在于抵御驰突之精锐部队，可以显示坚定从容的气度。

二是此图为长线行为。之前的阵图是以具体战争

> 乃召将帅，胥议方略。时有边臣潘美、田重进及龙卫虎贲之臣，咸备咨访。——《五百家播芳大全文粹》卷一〇九（景印文渊阁四库全书本）

> 所以挫驰突之锐，明坚重之威，循明摘实，知神谋之有在矣。——《武经总要前集》卷七（景印文渊阁四库全书本）

为指挥对象的,"平戎万全阵图"则是以长期防御系统的建立为目的。

"平戎万全阵图"被视为宋太宗的得意之作。在绘制了具体阵法之后,宋太宗亲授潘美、田重进、崔翰等人,要求他们以此为据加以演练,投入实际战争防御系统中。

根据《武经总要》的记载,平戎万全阵的设置主要有以下特点:

特点一:规模大。

平戎万全阵规模很大,共用兵士十四万零九百三十人,分为前、后、左、右、中五个大阵,中阵又由三个方阵组成,所以平戎万全阵实际上由七个方阵组成。

特点二:配合好。

在五大方阵的四角设置望楼八座,观测敌情;在七大方阵的左右翼与前后阵分别设置兵力,相互配合支援。

特点三:兵种搭配。

七大方阵基本以步兵为主,左右翼及前后阵设置骑兵,作为步兵的辅助。

特点四:装备齐全。

军队的装备齐全,数量也多。步兵所执武器有拒马枪、床子弩、步弩、牌、椁刀、剑等武器。

宋太宗千辛万苦设想出来的平戎万全阵,在后来

> 庚寅,出御制平戎万全阵图,召美、重进及崔翰等,亲授以进退攻击之略,并书将有五才十过之说赐之。
> ——《续资治通鉴长编》卷二十八

也招致了批评之声,批评者认为平戎万全阵存在着巨大的缺陷:

缺陷一:地形限制。平戎万全阵对地形有苛刻的要求,只有在宽大平坦的地带才能安排好如此大规模的阵营。

缺陷二:灵活性差。阵形庞大沉重,一旦左右翼与前后骑兵被攻破,不能及时应对,就会陷入混乱及败亡状态。

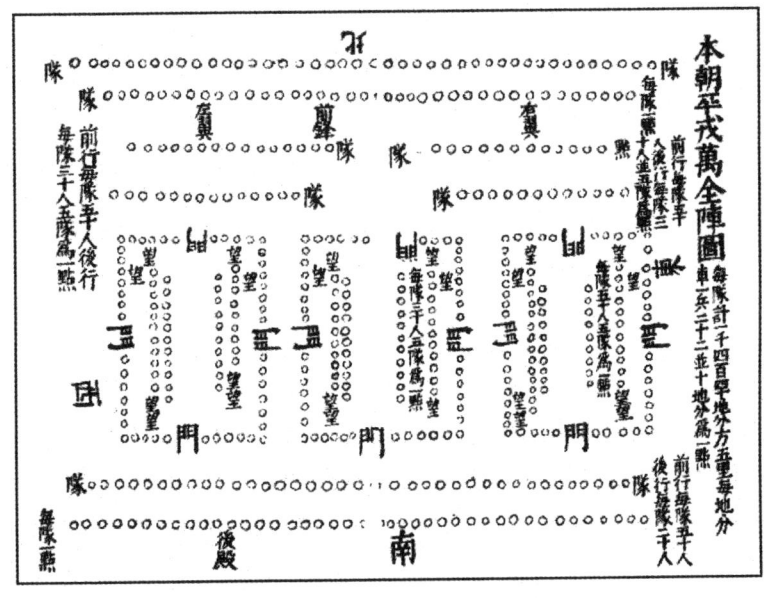

平戎万全阵图(选自《武经总要前集》卷七)

缺陷三:实战性差。设想很丰满,运作很骨感,五大阵之间间距较大,敌军可集中优势兵力各个击破。

这些批判的声音有一定的针对性,具体到平戎万全阵的设计,同时也是根据满城之战、雍熙北伐的教训提出的。但是,宋太宗的平戎万全阵并没有经过实战的具体检验,从其问世到宋太宗去世,宋辽之间并没有发生大规模的军事冲突，平戎万全阵虽然在河北一带的军队里进行了演练，但并没有在真实的战争中显示其优势所在。那么，平戎万全阵是否真的不堪一击，是否真的无法克敌制胜，我们也不好妄下结论。

平戎万全阵的御敌性无论好坏，它都显示了宋太宗为实现边境安宁、国家和平所做的努力，至少他在防御辽军的入侵方面努力了。

第四，修筑水上长城。

宋朝的河北防线，除却自雄州以东至于渤海有河流、沼泽等足以阻挡敌人入侵的自然环境之外，大部分地区，地势平旷，是辽军最易入侵的地带，也是宋朝边防线最薄弱的地区。

为了解决边防线上的致命缺陷，宋太宗决定在河北一带广泛修建方田，形成了较大规模的防御系统。防御系统由两大部分组成：

一是方田。翰林院天文官孙士龙提出了修建方田的建议，并绘制了相关规划图。具体来说，方田就类似于陷马坑，但坑内有水；方田长、宽都是五尺，深七尺；放眼望去，一个个方田就如同连锁一般；方田还设有寨栅作依托。

一是水田。修建水田由何承矩提出。河北一带经常有大雨，以致洪水淹了百姓的房屋，处处好像是塘泊一

自陶河至泥姑海口，屈曲九百里许，天设险固。——《续资治通鉴长编》卷四十四

翰林天文官孙士龙尝请于北边置方田，及令民疏沟塍，可以隔碍胡马。——《续资治通鉴长编》卷五十一

样,百姓的农业生产遭到了极大破坏。何承矩建议顺着水势将田地改为水田,种植水稻。淳化四年(993)何承矩被任命为制置河北边缘屯田使,具体负责改造事宜。

水田的建造有两个好处,一方面补充了军队的粮食供应;一方面加强了边防防御能力,对以骑射为主的辽军可以起到阻碍行进的作用。

宋太宗针对具体地势等情况采取了两种不同的措施,在边境形成了一道水上长城,成为战争防御的重要辅助手段。

对外:环境安定很重要。

外面的世界不太平,但安定的外部环境是一个国家发展的必需。宋太宗在大力加强国内发展的同时,也很注意同北部少数民族政权的交好。

第一,避免主动挑衅。

宋辽之间的战争,不能一味地归罪于辽人。宋朝守边将士为了获取战功,经常跑到辽国一边挑衅生事。为此,宋太宗做出明确要求,力戒边将生事。派遣沉静有谋、恭谨自处的郭守文为镇州都部署,镇守边防重地常山,取得了一定效果。在郭守文死后,宋太宗对继任人员斟酌再三方才确定,足见其对边将妄自生事的重视。

第二,恢复贸易来往。

宋辽长期交战,双方边境百姓之间的贸易往来

> 先是,将臣以重兵戍边者,多生事致寇,以邀战功,河朔诸州,曾无宁岁。
> ——《续资治通鉴长编》卷三十

> 上择将帅,可使代守文镇常山者,侍臣奏边防重寄,不宜轻授,上默然良久。
> ——《续资治通鉴长编》卷三十

也因此中断。为了表达对辽国的友好态度，宋太宗主动提出恢复边境百姓的贸易往来。

第三，遣使求和。

根据《辽史》记载，辽统和十二年(994)，宋太宗两次派遣使者至辽国求和，结果被辽圣宗拒绝。

第四，不管他人瓦上霜。

"以夷御夷"政策，是宋太宗早年一直坚持的政策，曾经多次试图联合高丽等政权征辽。这样的固有政策到了后来便成了一纸空文，先是高丽国在宋太宗的雍熙北伐中作壁上观，不真正帮忙。后来宋朝在多次战败之后，为了避免刺激辽国，对于曾经的盟友遵循了"事不关己高高挂起"的原则。

淳化二年(991)，盟友女真首领来求援。原来辽国因为恼怒女真向宋朝进贡，便在其必经之路上设置军队，要断绝两国的来往。面对盟友的请求，宋太宗只是下诏对女真加以安抚，并不曾出兵，以致最后女真归顺了辽国。

淳化五年(994)，盟友高丽国王来乞师。乞师的原因是辽国侵扰其边境。宋太宗认为大宋的北部边境刚刚安宁，不可轻易惹恼辽国。于是，赐予高丽来使优厚的礼物，并下诏以友好的态度回复高丽国王。宋太宗的不伸手和不援助，让高丽国王也大为恼火，从此不再向宋朝进贡。

> 八月……乙酉，宋遣使求和，不许……九月……辛酉，宋复遣使求和，不许。——《辽史·圣宗本纪四》

> 上但降诏抚谕，而不为出师。其后遂归契丹。——《续资治通鉴长编》卷三十二

> 上以夷狄相攻，盖常事，而北边甫宁，不可轻动干戈。——《续资治通鉴长编》卷三十六

历史的评说

经过大臣们的讨论,经过宋太宗的具体实践,对辽防御成为宋朝君臣的共识,成为宋太宗后期极为重要的战略原则。但是,就是这一原则,为宋太宗招来了很多非议,宋太宗的身上也因此被贴上了"懦夫""罪人"的标签。

"懦夫说"认为,宋太宗对少数民族政权防御、示好,让大汉民族颜面扫尽,是软弱无能的表现,大宋王朝也被他们称作中国历史上最软弱的朝代。

"罪人说"认为,宋太宗的这一原则,直接开启了宋辽之间的不平等关系,造成了大宋王朝屈辱可耻的历史。

对于历史事件、历史人物的评价,最客观的方法是回到那个时代,从当时的社会情况、个人表现来看其是否具有必然性,是否具有功效性。如果有,那就是符合历史潮流的选择;如果没有,那就是可以进行批评的对象。

宋太宗在宋辽关系上选择的防御策略,是在当时历史条件下的必然举措,后人应避免自作多情地以置身事外的旁观者的眼光苛责当事人。因为很多时候,旁观者只能是旁观者!

第一,迫不得已之举。

宋太宗由攻转守的政策并不是懦弱的表现,而是在一系列军事较量之后做出的必然选择,是迫不得已之举。

宋太宗最初也是壮志在胸,力图实现他的宏伟梦想,然而经过多次较量,宋军已不可能在短时间内收复幽燕,并逐渐在对辽战争中处于下风，最终落得个无奈与不甘。

但是，即使宋军雍熙北伐失败，连连的败局也没有改变宋太宗的对辽策略。这可以从两个方面表现出来：

表现一：派兵出击。从雍熙三年(986)秋冬宋军的主动出击可以看出其战略意图。

表现二：意欲亲征。在雍熙北伐之后，宋太宗先后两次都要亲征，一次是在雍熙四年，一次是在淳化元年(990)。

淳化元年，宋辽关系方面的防御策略已经基本定型，宋太宗进行了一系列调整，但即使在这种情况下，宋太宗亦有不甘。

宋太宗的对辽政策是在客观形势逼迫下做出的无奈选择，这一选择并不是一时心血来潮做出的，并且在做出选择之后仍然想冲破这种无奈的结局，但终是梦一场。

第二，长久发展之计。

国家发展需要和平，在战争纷扰的局面之下，宋太宗选择了以防御为主的对辽政策，这是从当时宋朝需要发展的实际出发的。

衡量历史事件进步与否的标准在于是否推动了生产力发展。在不损伤国家尊严的前提下采取防御措施，可以避免百姓生灵涂炭、生产遭到破坏，是符合人民愿望的举措，亦能推动国内生产力的提升。

第三，防御不是最终目的。

长期以来存在着一种观点，打就是英雄，不打就是狗熊。这种观点有着很大的局限性。

经过这种观点的投射，宋太宗的防御策略也被归入"狗熊"一派。但是，宋太宗的防御只是一种暂时之举，也不是以求和作为最终目的。宋太宗的防御不是消极防御，而是以退为进。

打是一种态度，是硬气的表现。

守也是一种态度，是无奈的结果，有时也是睿智的表现。

在条件不具备的情况下，一味冒进会招致更大的灾难。

所以，适时的妥协，更需要勇气。

雍熙北伐以失败告终，最终导致大宋王朝由主动出击转向了被动防御，不再主动发起攻击，促使这一转变的主要因素是辽国的军事力量。除此以外，在大宋西北的党项族占据的夏州（今陕西榆林市靖边县北）出现了动乱，这也是促使宋太宗重新考虑对外政策的一个重要因素。那么，夏州为什么会出现动乱呢？

李继捧献土

《三十三》

雍熙北伐以后,宋朝君臣经过多次反思、数次争议,最终达成初步共识,不再主动向辽国挑起事端,暂时求得和平相处。这种共识的形成,一方面是因为大宋政权两次主动北伐,两次"大获全败",除此以外,还有一个非常关键的原因,那就是兴起于西北的党项人出现内乱,也开始让大宋政权不省心。大宋的西北边境出现了不安定因素,这也迫使宋太宗不得不放下主动对辽国出击的想法,开始认真对待夏州的问题。那么,夏州是一个什么样的地方呢?那里到底出现了什么问题呢?

在夹缝中竟然茁壮成长的一个特殊政权

先说说夏州这个地方政权。

这个地方政权是由党项族建立的。一般认为,党项是羌族的一支,所以历史上经常称之为党项羌。较早的时候,这个民族居住在今四川西北、西藏、甘南和青海一带。唐朝贞观初年,唐太宗李世民以强大的军队为支撑,对邻近各族采取了"优抚"政策。在这一形势影响之下,党项开始降附大唐。在党项内附前后,地处青藏高原的吐蕃开始强盛起来,并不断攻击党项各个部落。党项族中的一些部落,如拓跋部,由于不愿继续受吐蕃的骚扰与控制,上表大唐朝廷,请求内迁,得到大唐朝廷的许可。于是,党项的一些部落迁到了今甘肃、陕西北部一直到长城以北的地带,内迁的这些党项人以姓氏、部落为单位,分散居住在这片广阔的地区。其中,在夏州东部居住的是党项平夏部,这个部落很有实力,拓跋思恭是内迁后平夏部的著名首领。

公元873年(唐懿宗咸通十四年),拓跋思恭占据了宥州(今陕西靖边县东),开始在今内蒙古和陕北一带培植势力。王仙芝、黄巢大起义沉重打击了大唐政权,但对党项平夏部却是天赐良机。什么机遇呢?发展壮大拓跋部、增强党项在大唐朝廷影响力的机遇。为了讨好大唐朝廷,拓跋思恭主动出兵镇压黄巢起义,同时,在帮助大唐朝廷镇压异己的过程中,获取战争成果,扩张自己的实力。

镇压黄巢起义的胜利,让大唐朝廷及党项割据势力双方都很满意,并取得了双赢的结果:大唐朝廷满意,因为黄巢起义被镇压,大

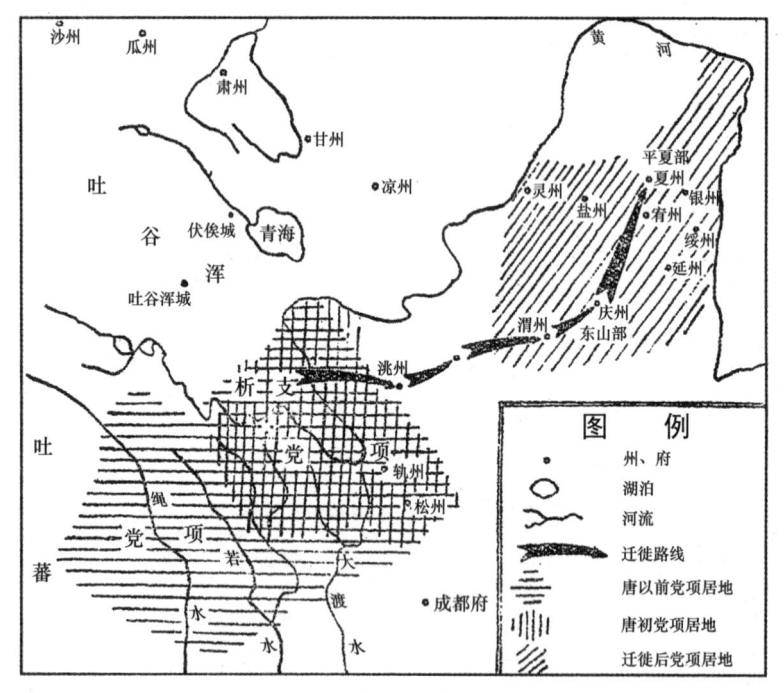

党项迁徙图(选自钟侃等《西夏简史》)

唐又获得了表面上暂时的安宁、稳定;党项人更满意,因为他们通过参加对黄巢起义军的剿杀,得到了大量的军事装备和俘虏,实力大增。更为重要的是,他们得到了大唐朝廷的首肯及此后发展自身力量的许可证:拓跋思恭被任命为夏州节度使,这个职位后来一直被世袭,并加太子太傅,封夏国公。他还被赐大唐朝廷的皇家姓氏"李",以示更大的褒奖与尊荣。从此,夏州拓跋氏自称李氏,这是李姓在西夏历史出现的开端。夏州地区也因此获得了"定难军"的名号,统辖银州(今陕西米脂县)、夏州、绥州(今陕西绥德县)、宥州四州。在党项的发展史上,这是一个标志，标志着夏州地方政权的正式建立。

五代时期，当中原王朝乱纷纷、你方唱罢我登场的时候，党项地方政权采取的是"两手策略"。而且由于策略正确，夏州党项地方政权竟然在乱世各种力量的夹缝中，进一步壮大发展起来。是哪两手策略呢？

一手是以不变应万变。

万变的是中原政权，不变的是党项对中原政权的策略。不管中原王朝如何变换，党项都向不断更新的中原王朝纳贡称臣，同中央政府保持良好的关系，而且积极帮助中央政府平叛。

一手是抓住机遇谋发展。

党项族抓住一切可能的机会，参与中原各割据势力的角逐，以此增加自身影响，发展壮大实力。党项族在帮助中原王朝平叛的过程中，在方镇混战之机，看风使舵，帮助一方消灭另一方，从中获取利益，军事力量不断增强，地盘也在扩展。同时，在自己的"一亩三分地"上，夏州地方政权自己任命官吏，征收租税，不断发展壮大。

从拓跋思恭被唐僖宗任命为夏州节度使、加封夏国公、建立地方政权开始，经过唐末五代，中间有七十多年的时间，夏州地方政权世袭六代，传至李彝殷的手中。在夹缝中成长起来的夏州李氏政权，虽然没有公开宣布建立独立的政权，但已经是一个地地道道、名副其实的地方王国了。

虽未称国，而王其土久矣。——《宋史·夏国传下》

公元960年，后周殿前都点检赵匡胤成了大宋王朝的开国皇帝。大宋王朝建立后，首要目标是统一，所以加紧进行统一战争，不断消除地方割据势力，到979年(太平兴国四年)，北汉灭亡，五代十国分裂割据、动乱的局面基本结束。在这个过程中，夏州党项地方政权也算是割据一方，它会遭遇怎样的命运呢？与中原王朝的这种名义上的附属关系会不会因此发生改变呢？

一段蜜月期

在此期间，党项李氏对外政策很稳定，一如既往地与新的中原政权——大宋王朝——迅速建立并保持了一种非常和谐的双边关系。主要表现在以下三个方面。

第一，主动遣使入贡。

赵匡胤于建隆元年(960)称帝的消息传到西北后，党项首领李彝殷立刻派遣使者，携带表书、厚礼，日夜兼程赶到京都开封，向宋太祖道贺，在第一时间向中原王朝称臣，建立名义上的附属关系。建隆三年，党项首领得知宋太祖即将发动统一战争后，立刻遣使进献良马三百匹。乾德元年(963)，党项向宋进献牦牛一头，牦牛是西羌特产。开宝五年(972)，党项得知宋太祖采纳了赵普的建议，着手罢免方镇节度使的兵权以后，内心不安，立刻派遣使者进京进献地方特产，并提出入朝觐见。

从这些记载可知，大宋王朝建立以后，夏州党项族不但立刻称臣，而且通过遣使入贡等多种方式，不断稳固强化这种名义上的臣属关系。

第二，自觉避讳改名。

大宋王朝建立的时候，党项的首领叫李彝殷，这与宋太祖的父亲赵弘殷的名讳相犯，所以，李彝殷在第一时间派遣使者入京道贺进贡的同时向大宋中央朝廷汇报了这样一个信息，李彝殷改名李彝兴。别小看改名这样看似微不足道的事情，它不但是表达对中原新政权的尊崇，更重要的是显示了一种臣属关系。因为如果没有这种关系，党项首领完全没有必要把名字改来改去，并大张旗鼓地上奏大宋朝廷。所以，党项首领的做法让宋太祖很高兴。

> 彝兴即彝殷也，避宣祖讳改焉。——《续资治通鉴长编》卷一

异曲同工的是，李彝兴死后，世袭夏州节度使（定难节度使）的是他的儿子李光叡，四年后，大宋王朝的第二位皇帝赵光义登基，为了避宋太宗的名讳，李光叡立刻把名字改成了李克叡。

第三，积极辅助平叛。

宋太祖登基不久，北汉的刘钧花言巧语，勾结代北（今山西代县）的军队，联合入侵黄河以西地区。太祖令各镇出兵平叛，定难节度使李彝兴派遣自己的一个弟弟率夏州军队前往援助，党项军队到达麟州（今陕西神木市）后，北汉军队退败。李彝兴立刻向大宋朝廷汇报战绩。

宋太宗即位以后，亲率大军征伐北汉，当时的党项首领李继筠为了配合太宗，命自己的两个族叔率军援

助,渡过黄河,进入北汉境内,以壮宋军声威。这次联合作战的结果我们已经讲过,就是太原古城从地球上彻底消失。

尽管夏州党项族从大宋建国伊始,就对大宋毕恭毕敬,不仅表面上的礼数一样不少,而且确实也有实际的行动,但是,不管怎么说,这个政权毕竟是一个割据政权,尽管它名义上臣服大宋。众所周知,宋太祖赵匡胤从当上皇帝那一天起,就采取各种手段,致力于统一事业,要彻底结束五代分裂动乱的局面。但对于夏州,宋太祖却一直没有动手,这又是为什么呢?

从夏州方面看,有两个关键因素。

第一,政权特殊。

前面讲过,夏州是党项族建立的一个地方政权。这个政权具备双重性质:地方割据、少数民族。这个政权长期雄踞一方,在西北少数民族中具有极高的威信。如果处理不当,有可能激化民族矛盾,引发危机。

第二,实力不差。

党项族长期割据西北一隅,经过唐末五代的发展壮大,实力雄厚,如果贸然使用武力,并没有十足的把握能够迅速拿下。

从大宋政权方面看,有两个主要原因。

第一,无暇顾及。

宋初,太祖与赵普等人反复讨论,最终确立了"先南后北""南征北守"的统一策略，远在西北的夏州政权暂时不在统一的考量中。所以，即使大宋有将夏州真正并入版图的想法，也是时机未到。说白了，就是还没轮到这个政权。

第二，没有理由。

大宋建国后，夏州党项一直表现得相当顺从，俯首称臣，该进贡时进贡，该出手时出手。即使宋太祖想统一这个地区，暂时还没有一个合适的理由、恰当的借口。当然这不是最关键的，从宋初的统一进程来看，一旦某个区域被纳入统一计划，找个理由并不是多么困难的事情。所以说，宋初的夏州地方政权能够继续存在，关键在于大宋政权还没考虑这盘"菜"。

在这种情形之下，宋太祖不但没有将夏州纳入当时的统一进程中，而且对党项采取了相当宽容温和的政策。什么政策呢？

宋太祖对西北夏州党项的政策可以概括为：一个根本原则，两项具体措施。

一个根本原则，是指夏州必须臣服大宋。必须臣服中央，与大宋政权是中央与地方的关系，夏州的最高长官虽然出自夏州，但必须经过大宋中央政府的认可与任命，必须维持这种形式。这是一个根本原则，不能动摇。

两项具体措施，一是允许首领世袭，二是不断示以恩典。允许首领世袭，具体而言，就是在夏州地方政权内部，允许他们自己推选首领，大宋朝廷予以官方承认与宣布，让他们世代沿袭。这就具备了相当程度的自治性质。示以恩典，就是说对夏州地方首领，朝廷不断加官晋爵，给予他们足够的荣誉。这在一定程度上，也是加强对其控御的有效手段。

举两个实例。

第一个例证。

建隆三年(962),党项首领李彝兴遣使向大宋贡献良马三百匹,在宋初即将开始统一大业的前夕,这次进贡令宋太祖很高兴。为此,宋太祖回赠了李彝兴一件重要礼物。什么礼物呢?腰带。当然这不是普通的腰带,是用大量的玉石装饰而成的,是玉带。宋太祖对此很重视,亲临现场,察看玉工的工作,并向前来进贡的夏州使者询问李彝兴的腰围,使者说他们的首领是个胖子,腰围大,宋太祖不失时机地称赞说:真是有福之人。玉带做好以后,宋太祖又亲派使者到夏州,将这一珍贵礼物赏赐给李彝兴。史书上说李彝兴"感服",感服就是感动、感激并心悦诚服的意思。一条腰带,尽管很珍贵,作为党项的首领,金银财宝应该是不会缺的,李彝兴为什么还为此感动得"眼泪汪汪"呢?

按照古代的礼制,出门坐什么车、穿什么衣服,戴什么配饰,都是有讲究的,尤其是朝廷官员,必须严格遵守规定,不是说有钱就能随心所欲的。玉带当然珍贵,更是一种级别、荣誉、身份、亲疏的象征。按照宋代的礼制,亲王才有资格佩玉带。中国古代的亲王多不是干出来的,而是生出来的。李彝兴能够干出来一个亲王,是个奇迹。对于割据一方的党项族首领,宋太祖赏

定难节度使李彝兴遣使贡马三百匹。上方命玉工治带,亲临视之,召其使问彝兴腹围几何,使言彝兴大腰腹,上曰:『汝帅真福人。』遂遣使以带赐之,彝兴感服。——《续资治通鉴长编》卷三

赐玉带，自然是高看一眼，给足了面子和荣誉。

第二个例证。

乾德五年（967），党项首领李彝兴卒。宋太祖为了表示哀悼，辍朝三日，并追封李彝兴太师、夏王的荣誉称号。太平兴国三年（978），李克叡卒。宋太宗也为此辍朝二日，追赠其侍中，以示哀悼。

由于宋初太祖朝以及太宗初年对夏州这个少数民族政权的这种特殊政策，宋初的二十二年内，大宋的西北边疆保持了和平安定的局面，这为大宋王朝统一南方、消灭北汉都起到了至关重要的作用。但是，这种和谐的局面，在太平兴国七年（982）以后，开始出现不和谐的情况。什么原因引发的呢？是宋太宗要吞并夏州引发的，还是夏州党项要摆脱与大宋的臣属关系引发的呢？

堡垒都是从内部瓦解的

两者都不完全是，但都有联系。

这要从夏州党项李氏集团内部的分裂说起。

太平兴国五年，夏州党项的第八代领导人李继筠去世了（《宋史·夏国传上》记载李继筠死于太平兴国五年，《续资治通鉴长编》则将此事系于太平兴国四年，他书大多作五年，此本无关宏旨，故不另作考证，姑且依《宋史》），他的儿子年幼，其弟弟李继捧嗣位，自立为留后。几个月后，大宋朝廷发文予以认可。这是夏州产生最高领导

以夏州衙内指挥使李继捧为定难军留后。——《续资治通鉴长编》卷二十一

人最通行的办法，大宋朝廷只是从形式上予以任命，至于夏州领导人怎么产生，一般不会干涉。但是，李继捧的嗣位却引起了夏州李氏政权内部的动乱。这又是什么原因呢？

李继筠有儿子，但因为尚未成年，弟弟李继捧即位，显然这不是根本原因。因为在夏州党项李氏集团的历史上，兄终弟及的世袭，李继捧不是第一个。那是什么原因呢？史书中对此并没有明确记载，只是借李继捧的叔父李克文向大宋朝廷上表时说"继捧不当承袭"《续资治通鉴长编》卷二十三。怎么才算"不当"？有的史书上说是因为李继捧是最小的弟弟，怎么轮也轮不到他。事实很可能是，李继捧缺乏足够的威望，他的嗣位并没有得到其他氏族首领的首肯；再者，则是他人对于最高权力的觊觎，这种欲望一旦寻找到缝隙，就会无孔不入。

总之，李继捧嗣位，并没有获得一些有影响力的氏族支持，尽管大宋朝廷从形式上予以承认，但在夏州内部还是引起了很多人的不满。后来，李继捧向宋太宗哭诉当时的情境时说，他的伯伯、叔叔、兄弟对他嗣位都很不满意，对他都颇有怨恨，愤愤不平。如果光内心愤愤不平也就罢了，一些人竟因此起兵。

比如，银州刺史李克远。这个人平日里就以凶暴强悍著称，这个时候更是按捺不住，联合自己的弟弟出兵夏州。按辈分，这两个人都是李继捧的叔辈。谁料，李

以季弟袭职，失礼诸父。——《西夏书事校证》卷三（甘肃文化出版社1995年版）

继捧自陈诸父昆弟多相怨怼。——《续资治通鉴长编》卷二十三

继捧事先得到了这个情报，早就埋下伏兵，结果叛乱的两个叔叔都被处死。如此一来，夏州内讧不但公开化，而且进一步加剧，党项李氏宗族内部离心离德的更多了，内讧升级了。

由于夏州党项宗族内部对李继捧的嗣位是否合适存有争议，并由此引发内讧，李继捧立刻将银州兵变的消息上奏朝廷，向大宋朝廷求助，希望得到大宋朝廷的干预与支持。宋太宗则下诏，令李继捧安抚好党项宗族，务必不能再生动乱。这就是李继捧的处境：内乱外压。李继捧在这样内外交困的处境下，焦头烂额，不过，还是有人看出了其中的玄机，看到了"乱中取胜"的机会。这个人是谁呢？

李继捧的另一个叔辈，绥州刺史李克文。他向大宋朝廷上了一份奏表。在奏表中，李克文解答了两个问题：

第一，夏州为什么发生动乱？

李继捧承袭是不正当的，是不合适的。这一点是讲夏州发生宗族内讧、发生叛乱的原因。

第二，怎样避免再生动乱？

表请大宋朝廷遣使诏李继捧入朝。

按理说，方镇节度使入朝觐见是常例，是节度使应该履行的职责，但夏州这个地方比较特殊。它

> 克远素暴悍，与弟克顺等率兵袭夏州，继捧侦知，伏兵以待。克远至，入伏败死。——《西夏书事校证》卷三

> 自克远死，李氏宗族携贰。——《西夏书事校证》卷三

> 太宗诏令抚绥属族，无使滋乱。——《西夏书事校证》卷三

> 绥州刺史、西京作坊使李克文，继捧之从父也，表言继捧不当承袭。——《续资治通鉴长编》卷二十三

> 请遣使与偕至夏州谕继捧令入朝。——《续资治通鉴长编》卷二十三

虽然隶属大宋政权，但仅仅是名义上从属中央，其本质是一个地方割据政权，就像陈洪进在漳州、泉州建立的漳泉政权一样，而且夏州更有特殊之处，这个政权是由少数民族党项建立的。正是因为夏州这个政权的特殊性，虽然它一直号称隶属中原政权，但从政权建立，历经唐末五代宋初，却一次都没有进京朝觐。也正是因为这个政权的特殊性，宋太祖开始剥夺方镇大权的时候，夏州的李克叡曾经上表要求进京朝拜，太祖没有允许。对这个政权一直没有进京朝觐，大宋政权也不以为意，不去过多地苛求。也就是说，夏州最高首领按时到开封朝觐，是地方政权应尽的职责，夏州之所以一次都没有朝觐，不过是权宜之事，是特殊问题特殊对待。那李克文为什么说让李继捧进京朝觐能够避免夏州再生动乱呢？

原因很简单，一是夏州党项宗族反对的是李继捧嗣位，他不在夏州了，动乱自然不会再有；二是通过进京朝觐，通过夏州的名义靠山——大宋中央政权——强化李继捧的政治地位，这只是一个比较冠冕堂皇的理由。而李克文的上表，很可能是包藏了私心。为什么这么说呢？

第一，他坚决反对李继捧嗣位。这在上表中已经明确表明了。

第二，他积极撺掇李继捧进京。李克文向大宋朝廷

节度使入朝，自是常职。夏州历唐五代，未尝亲觐。宋初，光叡表请，不许。以其边防重镇，故弗深求也。——《西夏书事校证》卷三

上表以后，宋太宗很快就按照李克文的请求，派遣使者到夏州，诏令李继捧进京。李继捧对于大宋朝廷的这个命令，很不情愿，非常为难。史书的记载是："继捧有难色。"《西夏书事校证》卷三 不去吧，就是违反中央的诏令；去吧，恐怕一去无回。这种心态是很正常的。当初漳泉的陈洪进、吴越国王钱俶都是这种心态。对于李继捧的左右为难，李克文与朝廷使者极力催促，李继捧不得已才入朝觐见。

第三，他是最大的受益者。大宋朝廷派遣使者前来下诏之时，同时任命李克文为代理夏州最高行政长官。

不管李克文是出于公心，为了夏州的稳定，还是出于私欲，为了自己的位子，李继捧到底是进京了。李克文可能根本就没有意识到，他的这一封上表，引发了一系列重大事件，成为历史的一个重大拐点，由此开启了大宋西北边境的兵燹战火，开启了有宋二百年的征讨之劳。这是怎么回事呢？

因为李继捧不但进京了，而且一不做，二不休，做了一件大事。

太平兴国七年（982），李继捧率领族人到达京城开封。宋太宗自然非常高兴，在崇德殿亲自接见了李继捧一行。宋太宗为什么如此高兴？

第一，心情好。

太平兴国七年的春天，宋太宗刚刚办完了一件大

> 继捧有难色，克文与诏使并促之，不得已率家属入朝。——《西夏书事校证》卷三

事，成功处理了赵廷美，完美地解决了传位难题。

第二，第一次。

党项夏州政权自从建立后，尽管一直宣称从属大宋王朝，并不断派遣使者进京纳贡，但夏州的最高领导亲率族人进京朝拜，李继捧是第一个。

第三，有意外收获。

李继捧这次进京，不想回去了，自己的夏州最高行政长官不干了，而且他也不想让反对他的人干，所以，李继捧将夏州土地双手奉上。

这才是最令宋太宗欣喜的。宋太祖在位的时候，夏州的最高长官李克叡虽曾向中央提出进京朝觐，但宋太祖考虑到党项的特殊情况，并没有应允。而这一次，李继捧不但亲自来了，而且亲自将党项李氏统治的四州八县图籍双手捧上。宋太宗登基以后，漳泉纳土，吴越献地，这一切都没有通过战争，都是轻而易举实现的，而这一次的李继捧献土，更是不费吹灰之力，甚至有那么一点点出乎意料。幸福来得这么突然，对于这种好事，不高兴那才是傻子。

那么，李继捧为什么要将夏州党项经营了百年的基业无偿奉献呢？

因为李继捧内外交困。

从大宋方面而言，宋太宗也有清除夏州党项割据的意图。

在夏州党项发生内讧之前，宋太宗清除这一割据势力的意图还不明显，或者说还没提上日程，没有抽出时间。而在夏州发生内乱、李克文上表朝廷以后，宋太宗的这个想法就明确起来。因为他在任命李克文代理夏州行政事务长官的同时，还派遣了一名知州。这是一个信号，是大宋朝廷开始插手党项内部事务，开始改变过去的羁縻、笼络政策，意欲清除割据的信号。李继捧不傻，他理解这个信号，况且他已经进京，在自己的发迹之地夏州尚且不受待见，身处京城的他又能有什么作为呢！献土是变被动为主动的唯一办法。

李继捧献土以后，宋太宗立刻派遣使者前往夏州，护送李继捧五服以内（缌麻以上）的亲属进京。李克文也在进京之列。他代理了几天夏州的最高行政事务，却没能保住党项的版图。

宋太宗派遣使者前往夏州，将李氏族属护送进京，这显然是要釜底抽薪，彻底清除这个地方割据政权。但是，大宋朝廷的这一移民政策，并不顺利，因为有人不愿意进京，不愿意就此将党项李氏经营了数代的基业无偿充公。这个人是谁呢？他会不会做出出格的举动呢？

叛李继宋迁

〈三十四〉

由于夏州党项李继捧的嗣位没有取得党项内部一些有影响的部落首领的认同，所以引发了党项人的内讧。李继捧的叔父李克文趁机上表大宋朝廷，请求诏令李继捧进京朝觐。内外交困的李继捧进京之后，索性将夏州党项掌控的区域双手奉献给大宋。宋太宗喜出望外，立刻遣使将李继捧的亲属护送进京。但是，在西北割据百年之久的党项政权成员，并没有因为获得进京的机会而高兴，相反，他们眷恋生存了数百年的土地，而大宋朝廷的命令又不能不遵从。在这种情况下，有人铤而走险，拒绝入京，逃离夏州，由此拉开了与大宋王朝对抗的序幕。这个人是谁？他为什么要违背大宋朝廷的旨意呢？

李继迁其人

这个人叫李继迁，是李继捧的族弟，二人的高祖（爷爷的爷爷）是亲兄弟。

在西北党项这片土地上，李继迁有很高的知名度。李继迁是个什么样的人呢？为什么从小在党项就很出名呢？

第一，生而有齿。

李继迁生于宋太祖建隆四年（963），史书上记载他"生而有齿"《宋史·夏国传上》，就是说一出生就有牙齿。所以说李继迁一出生就与众不同，在当时立刻传为奇闻。李继迁"生而有齿"的记载，有可能是无中生有。不管怎么说，李继迁后来成了党项族的一代领袖。在历史上，对一个国家或者一个民族的最高领导者的出生记录，无中生有地神化是常有的现象，例证不胜枚举，例如大宋王朝的宋太祖、宋太宗，哪一个不是一降落世间就伴随着奇异的现象。这是历史书写的问题。相比较而言，李继迁的"生而有齿"还仅仅是一个生理特征，而且有可能是真实的。这就是另外一种可能。根据现代的临床例证，约一千个新生婴儿中，就有一个"生而有齿"的，临床上称为"胎生齿"。所以，根据这种情况推测，李继迁的"生而有齿"也有可能是真实的。两种情况，不管哪种可能，都能使李继迁获得较高的知名度。

见者咸异之。——《西夏书事校证》卷三

第二，年少射虎。

李继迁很小的时候就擅长骑射，且有勇有谋。有一次他率领十余骑上山打猎，突然一只猛虎出现，他当机立断，命令从骑退入林中，自己则爬到一棵树上，引弓搭箭，一箭射中虎眼，虎不久死去。这件事，在党项民族中广为传颂，李继迁成为家喻户晓的英雄。历史上的一些游牧民族，推崇勇力，擅长骑射，李继迁具备这些才能，这一点也不奇怪。就是说，仅此一点，还不足以让其家喻户晓。让他闻名的一个关键因素是，这个时候的李继迁才十一岁。

第三，少年拜官。

因为上述这两件大事，李继迁名噪一时。当时的党项首领，定难军节度使李克叡，非常喜欢他的这个侄子，喜欢他的骁勇，于是任命李继迁为管内都知蕃落使。李继迁也因此成为党项历史上有记载的最年轻的将领。

生而有齿，与众不同；十一岁射杀猛虎，勇悍有谋；十一岁拜官，少年得志。这三件奇事，成就了李继迁在西北党项的声名。蕃落使的职务他一直干了十年。太平兴国七年（982），李继迁二十岁（《续资治通鉴长编》卷二十五说"时年十七"，误）。这一年五六月间发生的一件事，不仅改变了他的职务，还改变了党项民族的命运。这件事就是李继捧献土。这个时候，李继迁身在银州，对此一无所知。当时李继迁为什么在银州呢？

第一，与李克文不合。

在李继捧内外交困的时候，李克文上表大宋朝廷，请求召李继捧进京朝觐。不管李克文出于公心还是私欲，大宋朝廷同意了他的请求，同时任命李克文为党项的代理最高领导。李继捧入京后，李继迁与李克文之间也发生了摩擦，在许多问题的看法上很不一致。在这种情况下，李继迁带领自己的亲信旧部去了银州。这就是李继迁不在夏州而在银州的原因。他为什么选择银州呢？

> 自兄继捧入朝，与克文议不协，自率故部居银州。——《西夏书事校证》卷三

第二，银州是他的出生之地。

李继迁出生在银州，银州成就了他的声名，这里有他的根基，所以，当他遭遇困难之时，带领旧部去了银州。

因为李继捧身居银州，又与当时的领导李克文不合，所以，李继捧献地的事情，他一无所知。当大宋朝廷派遣使者前来，将李继捧缌麻以上的族属全部护送至京城的时候，李继迁才知道党项族经营了百余年的基业已经彻底充公了；并且，按照大宋朝廷的命令，他也必须离开这片生他养他的土地，前往京都开封定居。

> 县次续食。——《续资治通鉴长编》卷二十三

现在看来，大宋天子给你在京城盖好房子，派人把你接到京城居住，一路上吃喝住一切都安排好，到京城还给你官做，这是多么大的荣耀，这是求之不得、梦寐以求的事情！但是，李继迁却不这样看。对此，李继迁是什么态度呢？

逃往地斤泽

史书上这样记载:"独继迁不乐内徙。"《续资治通鉴长编》卷二十五"不乐"就是不愿意。这么好的事情,李继迁为什么不愿意呢?

好与不好,关键是从哪个角度看问题,关键是看从谁的立场出发看事情。

听闻此事,李继迁和他的弟弟李继冲(《东都事略》作李继忠)以及亲信张浦等人,聚在一起,紧急商量对策。

对此,他的弟弟李继冲提出了一个办法。他说:"虎不可离于山,鱼不可脱于渊。请乘夏州不备,杀诏使,据绥、银,可以得志。"《西夏书事校证》卷三 李继冲的意思很明确。就是说京城不能去,去不得。怎么办?一个字,反。就地起兵,趁着朝廷防范意识不强,做掉朝廷的使者,依仗绥州、银州,彻底独立。

对于这个办法,谋士张浦立即表示反对。反对的理由有三点:

第一,夏州动乱是李氏家族内讧引发的。

在这种情况下,党项其他部落处于观望状态,如果遽然起兵,他们能不能响应没有把握,可能不会即刻响应。

第二,大宋朝廷有重兵压境。

大宋朝廷派遣使者召李继捧进京的时候,同时派遣了一个知州尹宪,尹宪以重兵驻扎在边境。如果遽然起兵，朝廷军队会立马赶到。

第三，银州党项人素不习战。

李继迁的根据地是银州，但银州的党项人平素根本就没有进行什么专业军事训练，这种情况下，遽然起兵，朝廷大军一到，党项人拿什么来抵御朝廷的重兵？

张浦很冷静，不像李继冲那么冲动，他指出即刻起兵必定失败，接着提出了另外一个办法，简单说就是"走为上"。对未来的前景，张浦也做了简要设想：第一步远走漠北，第二步安定下来，第三步联络豪强，第四步卷土重来。

经过反复讨论，李继迁最终采纳了张浦的意见，立刻做出了三个决定：一是不进京城住大房子做大官；二是不在银州被动挨打；三是远走漠北，积聚力量，以备异日光复。做出决定以后，立刻行动，当务之急，就是迅速离开银州。

想想李氏兄弟这三个人的名字，也很有意思，可谓名副其实。李继捧，双手将西北党项土地捧上；李继冲，做事很冲动，看事情不好就要造反；李继迁，眼下任务就是迁离银州，他后来也一直在颠沛流离。不过，逃离银州并不容易，因为大宋朝廷派来的召他们进京的使者已经身在银州。如何平安地撤离银州呢？

史书中记载李继迁"勇悍有智谋"《续资治通鉴长编》

尹宪以重兵屯境上，卒闻事起，朝发夕至。——《西夏书事校证》卷三

银州羌素不习战，何以御之？——《西夏书事校证》卷三

吾闻小屈则大伸，不若走避漠北，安立室家，联络豪右，卷甲重来，未为晚也。——《西夏书事校证》卷三

他除了一身蛮力，还足智多谋，况且他还有个头脑清醒的谋士张浦。所以，李继迁做了"巧妙"的安排。

首先，放出消息，谎称乳母去世，要到城郊安葬；其次，令部下将兵甲器用藏于棺材之中；然后携带族人部下几十人，装作送葬的队伍出城；最后，当送葬的队伍离开城郊，避开宋朝兵士的监视之后，便直奔鄂尔多斯高原南部的地斤泽（今内蒙古巴彦淖尔市一带）而去。

李继迁虽然成功逃离，但老实说，这个安排实在算不上巧妙。这个场面，我们在数不清的影视剧中看过很多遍，当然也是每每成功，因为那是影视剧。在真正的现实世界里，李继迁能够成功逃离，只能说明大宋士兵、大宋使者、大宋皇帝宋太宗太大意、太疏忽了，被党项献土的意外惊喜冲击得有点不知所以，对党项献土的原因以及可能出现的问题没有深入思考。既然党项献土是因为李氏家族内讧引发的，那有人献土，自然有人会不满意。这是很简单的一个问题，但越是简单的问题越容易被忽视。正是因为大宋朝廷这一无意的疏误，西北边境的边患由此肇端。

地斤泽是个什么地方呢？李继迁为什么选择这里呢？地斤泽位于夏州东北三百余里，四面沙碛（qi），但这是一片湿地，是沙漠中的一片绿洲，水草丰美，非常适合放牧。李继迁逃往地斤泽，是党项族脱离大宋政权的开始。李继迁占据地斤泽这片湿地后，开启了与大宋王朝二十余年的对抗。

李继迁只不过是带着几十个部下、亲属逃离的，也就几十个人、几十条"枪"，他有条件、有能力与大宋对抗吗？

卷甲重来未可知

如果李继迁单纯依靠带着逃离的几十个亲属、部下，与大宋朝廷对抗，毫无疑问，那是以卵击石、异想天开，李继迁当然不会如此愚钝。他很清楚，当务之急是联合党项各个部落，形成一个反宋联盟，共同抗宋。对李继迁而言，实现这一点，有有利条件，也有不利因素。

先说不利因素。

第一，党项各部落处于分散状态。

从唐朝初年开始，内附的党项人基本按照姓氏、部落分散在各地。以血缘为纽带的党项族，经过若干代的繁衍发展，派生出许多支系，一个强宗大族往往包括若干个乃至数十个中小家族，其大小一般以帐为单位，多则数百帐乃至数千帐，少则几十帐。每个部落，甚至每个家族虽然都有军队，但一直很分散，没有一个统一的最高领导。夏州的李氏政权虽然是他们的最高首领，但也不过是名义上的，要真正控制这些部落难度不小。

> 此李氏异宋之始。——《西夏书事校证》卷三

第二,党项各部落处于观望状态。

一方面,当时的力量对比很明显,大宋实力强大,李继迁力量很弱小,不成气候;另一方面,党项的政局变化是李氏家族内讧引起的。面对复杂的局势,各个部落在跟李继迁走还是跟宋太宗走的问题上,犹豫不决,徘徊观望,甚至首鼠两端。

在这种情况下,想让党项族各个部落迅速团结在李继迁周围反对大宋政权,的确是一件很不容易的事情。不过,对李继迁而言,也不是没有任何有利的条件。

第一,党项李氏素有威望。

自从党项内附以来,李继迁所在的党项拓跋部实力最为强大,对其他部落素有恩德,威望很高。所谓恩德,可能是指在关键时候能够充当各部落的带头大哥,能够为他们谋取利益,能够充当保护伞。所以这些部落能够听从李氏政权的领导,尽管不能完全控御,仅是怀柔、笼络,不过这也从一个侧面说明党项李氏很有组织与领导才能。

第二,以民族复兴为号召。

党项建立的夏州地方政权,对大宋朝廷一向归顺,一向"无负于大宋"。虽然因为内讧,李继捧主动献地,但这并不代表党项大多数部落的意见,而且大宋朝廷有乘人之危的嫌疑。李继迁正是从此入手,不仅找到了反宋的借口,而且以复兴党项为旗号,具备了较强的号召力。

李继迁逃离银州以后，有两大任务摆在他的面前：一是建立一个根据地，二是联合其他力量。只有具备这两个条件，才有可能实现他光复夏州政权的梦想。第一个任务已经暂时完成，地斤泽是一个不错的选择。第二个任务，李继迁要做的就是，充分利用有利条件，化解不利因素，迅速充实自身的实力。为此，李继迁是怎么做的呢？

第一，利用祖宗威望，笼络戎人依附。

李继迁逃往地斤泽后，向当地的部落出示自己的高祖拓跋思忠的画像《续资治通鉴长编》卷二十五作李彝兴，误。史书上记载，戎人见到拓跋思忠的画像后，"皆拜泣"《续资治通鉴长编》卷二十五。这些分散的部落人员见到拓跋思忠的画像，不但立刻跪拜，而且激动得眼泪汪汪，这是为什么呢？

因为拓跋思忠是党项人的英雄，大名鼎鼎。在唐朝剿灭黄巢起义的过程中，他与兄长拓跋思恭一起在长安郊外的渭桥屯兵，抵抗黄巢。党项人崇尚勇猛，崇拜英雄，拓跋思忠是他们的民族英雄，所以他们见到拓跋思忠的画像，立刻拜泣。

李继迁是英雄的后代，是这些党项人偶像的后代，是"贵种"，血统高贵。党项人的习俗是尊奉出身高贵的人。史书上记载，此后各个部落开始归附，追随他的人逐渐增多。

族帐稍稍归附。——《续资治通鉴长编》卷二十五 从者日众。——《西夏书事校证》卷三

蕃部之俗，既宗贵种，又附强国。——《宋史·兵志五》

第二，利用祖宗恩德，笼络党项人依附。

李继迁除了利用祖上的威望来扩大自己的队伍之外，还利用祖上的恩德来聚合党项人。李继迁在最初与大宋王朝的较量中，是完全处于下风的。在雍熙元年(984)的一场较量中，李继迁损失惨重，妻子、母亲都被大宋俘获，自己则四处逃窜。就是在这样落魄的情况下，仍然有一些部落因为李氏对他们素有恩德，所以赈济困穷流离的李继迁。李继迁利用这些部落对李氏的感恩心理，对一些部落大族说：党项李氏世世代代生活在西边这块土地上，想不到今日竟然流离失所，你们既然不忘先祖的恩泽，能追随我兴复大业吗？众人纷纷表示响应。在李继迁的号召下，越来越多的党项人重新聚集在他的周围。这是李继迁在初次失败以后，利用各部落的感恩心态，重新聚拢起队伍。

第三，通过联姻，建立反宋联盟。

为了笼络党项民族中的一些大的部落，李继迁主动向这些部落求婚，以此建立反宋联盟。前面说过，李继迁名声在外，出身高贵，又是二十来岁的青年才俊，尽管当时他很落魄，那些大部落首领，仍看到了他的潜在价值，所以李继迁的联姻能如愿以偿。如，党项族中的野利氏等部落，"皆以女妻之"《西夏书事校证》卷四。李继迁通过与党项族中的这些大族联姻，几年内娶了几个妻子，势力渐趋强大。

第四，通过武力，征服不愿归顺的部落。

对一些不追随李继迁的部族，或者一些内附的部族，李继迁先是诱叛，诱叛不成，则动用武力征服。比如灵州（今宁夏灵武市）的睡泥族不服从李继迁，李继迁发兵征讨，一次抢掠其七百余帐。

以上这些措施，是李继迁在反宋的过程中，根据遇到的具体情况逐步采取的。尽管李继迁最初的反宋还不成气候，但他走出了反宋的第一步，最终成了大宋西北边境的最大威胁。对于李继迁的叛宋，后人将责任归咎于宋太宗，认为是宋太宗的决策失误酿成了这一边患。那么，宋太宗应该为此负责吗？

一心要一统江山垂青史　也难免身后骂名千夫指

宋太宗和平统一夏州党项割据势力的做法，在后来引起了非议，认为宋太宗不去调解夏州地方政权统治者的内部矛盾，而是采用取消夏州地方政权的做法，是完全错误的，由此开启了大宋西北边境的战争。这种观点的主要理由有以下三点：

第一，背离了宋太祖对夏州治理的方针。

宋太祖对待夏州的政策，是"因其酋豪，许之世袭"《宋史·张平方传》，意思是说，夏州是党项民族建立的政权，考虑到民族的特殊性，让他们自己选举部落首领，并允许他们世世代代袭位。既然允许其世袭，怎么能随意取消呢？

第二，大宋政权在道义上是站不住脚的。

夏州统治者世有战功，而且无负于宋，赵宋统治者乘人之危，取消夏州政权在道义上是站不住脚的。

第三，宋太宗的做法激化了民族矛盾，大宋西北边防从此再无宁日。

宋太宗取消夏州政权的做法，使党项内部的一些具有野心的首领叛宋自立，从此开启了北宋西北边境旷日持久的战争。

事实上，对宋太宗的这种批评是有失公允的。

第一，没有一成不变的政策。

虽然宋太祖对夏州的政策是允许其世袭，但这是在宋初先南后北的统一背景下实施的，宋太祖既然要实现统一，只要夏州还处于割据状态，早晚有一天还是要消除这个政权的。所以说，宋太宗清除夏州割据势力本身并没有错，正所谓"时移世易，变法宜矣"。

第二，统一是当时大势所趋。

从大宋王朝当时统一南方、消灭北汉，削夺藩镇、加强中央集权的大形势来看，统一是大势所趋。宋太宗乘夏州党项内部动乱，抓住机会取消这一割据政权的做法是顺应这种历史大势的。

第三，夏州是李继捧主动献出的。

夏州党项政权的最高领导李继捧虽内外交困，但他是主动将四州八县献给大宋的。对于李继捧的双手奉献，宋太宗没有理由拒绝，不能动不动就加上一顶"道义"的大帽子。

第四，宋太宗的步骤还算妥当。

夏州李克文上表，宋太宗遣使令李继捧入朝，令李克文与宋朝派去的知州联合管理夏州；李继捧献地，宋太宗遣使将李氏迁至京城。这是一种和平的方式，做法比较妥当，并没有过激的行为。

所以说，宋太宗取消夏州地方政权的做法本身并没有任何问题。宋太宗的失误在于，被突如其来的欣喜冲昏了头脑，因此对割据西北百年之久的党项势力严重低估，对夏州并入大宋后可能出现的问题没有深入考虑并及时调整对策。

正是因为错判形势及措施滞后，当宋太宗在幸福的喜悦中沾沾自喜的时候，在大宋的西北边境，李继迁点燃了独立的星星之火。那么，李继迁的反宋能成气候吗？它会对大宋政权造成什么影响呢？

最初的较量

〈三十五〉

大宋西北边境的夏州党项政权因袭位问题发生内讧,其首领李继捧索性将党项经营了百余年之久的领地悉数献给大宋朝廷。这一意外的收获让宋太宗狂喜不已,狂喜不已的宋太宗接着下令党项李氏缌麻以上的亲属全部进京,意欲借此从根本上彻底清除西北党项的割据势力。但是,李继迁拒绝入京,带领手下几十人逃往漠北的地斤泽,利用其自身有利条件,笼络党项各部落的力量,建立反宋联盟,开始了西北党项与大宋的对抗历程。李继迁的反宋能成气候吗?宋太宗对此会采取怎样的策略呢?

智斗 试探

李继捧进京后，大宋朝廷在派遣知州的同时，任命李继捧的叔叔李克文临时代理夏州最高行政长官。不过，李克文在这个位置上并没有待多久就被诏令进京，因为他也属于李继捧缌麻以内的亲属。李克文离开夏州不久，夏州党项各部落就蠢蠢欲动，不仅想脱离大宋的统御，而且都很想过把最高领导的瘾。大宋政权既然已经接手了这片土地，自然就应该保持该区域的稳定，当然不能让其发生动乱。所以，当时的知州尹宪率兵讨伐不安定势力，斩首数百，获牛羊上万，很快稳定了局面。

局面虽暂时稳定，但夏州动乱的消息传至地斤泽后，李继迁立刻率兵攻打夏州，想趁乱收复旧地。知州尹宪立刻向朝廷请求援助，宋太宗派兵支援。这时的李继迁人单势孤，羽翼未丰，他审时度势，知难而退。这次的较量虽然没有出现短兵相接的局面，甚至作战双方都未碰面，但仍然具有标志性意义，因为这是李继迁对大宋王朝的第一次正式出兵，这件事发生在太平兴国七年十二月。

> 继迁闻之，退。——《西夏书事校证》卷三

按照史书的记载，太平兴国八年(983)的春天，李继迁派遣部下到麟州向大宋朝廷进献马匹、骆驼等贡品，并向大宋朝廷上表，请求恢复党项旧地，让夏州回到从前的自治状态，他愿意永永远远做大宋忠诚的臣子。李继迁为什么主动向大宋朝廷示弱呢？

> 此继迁构兵之始。——《西夏书事校证》卷三

史书上讲，这是因为李继迁听闻李继捧等人都受到了大宋朝廷的妥善安置（俱受恩命）。这显然不是根本原因，因为宋太宗不费吹灰之力就获得了党项四州八县的土地，自然会对夏州李氏这些官员授予一定的官职，做出妥善的安排，这完全在意料之中。既然如此，李继迁为什么主动向大宋朝廷进贡呢？从表面上看，李继迁向大宋朝廷进贡貌似示弱，实际上并非如此，看看李继迁的要求就彻底明白了。李继迁请求让夏州回到从前自治的状态，所以他看似示弱，实则绵里藏针，真实的目的是试探宋太宗的态度，试探大宋朝廷的虚实，从而为自己争取时间，壮大力量。而且，这种看似主动妥协的方式，让他在道义上占了上风，在一定程度上能够增强党项各部落的凝聚力。所以，史书上对李继迁满肚子都是心计（饶智术）的记载，一点也不假。

李继迁不傻，宋太宗也不傻。对于一心要一统天下、名垂青史的宋太宗而言，夏州这块肉既然已经含在嘴里了，又怎么可能会吐出来呢！但对李继迁这种貌似示好的行动，他也需要有所表态，所以派遣了一个得力的使者，携带诏令，前往宣谕。在敕书中，宋太宗表达了八层意思：

第一，统一不会动摇。

我坐皇位，是上天的旨意，所以日月照临的地方都是我的地盘，不管是山边还是海隅，都要统一制度。言

朕恭迓天麻，懋昭皇极。山陬海澨，尽一车书；日照月临，罔非臣庶。——《西夏书事校证》卷三

外之意，必须紧密团结在以宋太宗为首的中央政权周围，夏州自然也不能例外。这是向李继迁表达统一天下的决心。

第二，李氏世代忠心。

党项李氏，久镇边疆，一向对中原朝廷忠心耿耿。这是拿党项的历史来教育李继迁。

> 尔河西李氏，世分疣锇，久任边疆，忠节著于前朝，丰功彰于昭代。——《西夏书事校证》卷三

第三，取消夏州割据是为了拯救党项。

党项李氏内讧，差点分崩离析，幸亏朝廷施恩，委曲求全，才避免了你们兄弟反目成仇。所以，取消夏州政权的目的是拯救党项。这是对李继迁的规劝。

> 属兹家庭多难，几化参商；幸逢恩诏曲全，无亏棣萼。——《西夏书事校证》卷三

第四，李继迁力量弱小。

现在党项部族都已归附，成为大宋的臣民，怎么能舍得你一人远居蛮荒呢！这是感化李继迁。

> 业经同族，共列王朝，何忍一夫远居荒俗！——《西夏书事校证》卷三

第五，谋叛是小人撺掇。

蛮荒部落之地，难免有小人撺掇，即使身边的亲近之人，也难保不受蛊惑。这是给李继迁台阶下。

第六，执迷不悟，后果很严重。

若一意孤行，执迷不悟，必定难逃天谴，不但宗族祭祀断绝，而且会身败名裂。这是警告李继迁。

> 敢行旅拒，难道天诛，不特宗祀忽焉，抑且身名两败。——《西夏书事校证》卷三

> 况夷落之内，或有跳梁，亲近之间，岂无煽动？——《西夏书事校证》卷三

第七，迷途知返，前途很美好。

归附大宋朝廷，加官晋爵，富贵不减，恩荣不失。这是诱惑李继迁。

第八，何去何从，早做打算。

两条道路，两种选择，一是福，一是祸，选择哪条路，尽早决策吧。这是催促李继迁。

宋太宗的这份诏令，虽然刚中有柔，恩威并用，但整体上居高临下，铿锵有力，威势、恫吓占据上风。李继迁的原本意图就是试探，结果可谓"如愿以偿"，他是彻底清楚了宋太宗的态度，他心存恢复党项从前的半割据半自治政权的那点幻想彻底破灭了。

开弓没有回头箭，幻想的破灭反而坚定了李继迁与大宋对抗、收复旧地的决心。李继迁由此开始了光复党项旧地的战争，不断侵扰银州、夏州诸地。李继迁与大宋的军队实力相差很大。在这种情况下，李继迁能打胜仗吗？能得到他想要的结果吗？

屡战屡败 败而不亡

事实正如之前所料。最初的几次战争李继迁多以失败告终，但也不是没有败中取胜的战绩。

一是葭芦川之战。

葭芦川在今陕西佳县境内，拥有一个很有诗意的名字，到处飘着芦苇花。在这个地方，李继迁与大宋朝廷发生第一次正式交战，结果大败，丢盔弃甲而逃。

二是三岔口之战。

三岔口在今内蒙古乌审旗西南。三岔口之战，先是李继迁在与宋军正面交锋中丧失七百余人马，安营扎寨后又被偷袭，宋军火烧李继迁营寨，李继迁毫无防备，死伤达千余人。

三是宥州之战。

宋太宗借着几次胜利的时机，诏令绥州、银州、夏州等州的官吏，利用钱财、粮食、免除三年赋税徭役的措施招引党项外逃、流散的民众回归旧地，安居乐业。这项措施抓住了李继迁的命脉，对李继迁的部下产生了巨大的瓦解作用。有些人内心开始动摇，甚至有些人离叛。对此，李继迁也很无奈，对谋士张浦道：我们离开旧地已久，土地荒芜，部民无食；现在宋朝利用钱财和粮食来招诱离散的部众，众叛亲离，恐怕要难以支撑下去了。张浦见此形势，劝道：宋朝在银州、夏州到处驻兵，目前确实很难与其争锋。但宥州富庶，又有横山作为屏障，如果劝诱诸部联合谋取，扼守险要以观形势之变，也是光复旧业的策略。于是，李继迁采纳张浦的意见，纠合其他部落共两万余人，进攻宥州，结果又一次被宋兵击败，被斩两千余人。

宥州之战，李继迁又一次失利，原因很简单，双方军力悬殊。但是，对李继迁而言，宥州之战也不是毫无意义，因为他找到并实践了一条增加兵力的新途径，所以，史书上对这次战争的意义分外关注，认为李继迁兵力不足，想出了诱使戎族部落联合加入的方式，为己所用，是"弱能假强""寡能假众"，是做大做强的开端与征兆。李继迁退回地斤泽后，便开始想方设法抓住部落之间的矛盾、戎族与宋廷的矛盾，招诱戎族部落，一些部落也开始主动向其靠拢。

四是王亭镇之战。

经过半年多力量的积聚，太平兴国九年（雍熙元年，984）秋天，李继迁取得了反叛后的第一次胜利。李继迁这次的目标是王亭镇（《西夏书事》作王庭镇），王亭镇在夏州西北，今内蒙古乌审旗西南。李继迁率众偷袭，轻取王亭镇，俘获万余人。

李继迁之所以能够成功轻取王亭镇，一是其自身力量有所加强；二是王亭镇是少数民族聚集之地；三是偷袭，大宋夏州知州尹宪带兵救援不及。但是，这次胜利也引发了李继迁的轻敌思想，更引来了宋朝的加倍还击。

五是地斤泽之战。

王亭镇的胜利让李继迁看到了希望，命令手下张浦等人率军四处出击抢掠，不管是汉族还是党项等少数民族族，皆深受其害。大宋派去夏州的巡检使曹光实与知州尹宪派人侦察到李继迁的根据地。二人仔细分析地斤泽的军事地理，四面是沙漠，大批军队很难迅速突进。于是，二人商定，选精骑兵数千人，深夜偷袭。对此，李继迁根本就没有料到，毫无防备，所以，这一次损失惨重，李继迁的根据地地斤泽被宋军给一锅端了。

一是被斩首五百级。二是被烧四百余帐（《西夏书事》记载为千四百余帐）。帐是游牧民族计算户口的单位，一般一户为一帐。可以说这次宋军把李继迁逃离银州后的家烧了个干干净净。三是李继迁的母亲、妻子被俘。四是宋军收获马匹、羊、器械上万。真是辛辛苦苦好几年，一夜回到反宋前。唯一值得李继迁庆幸的是，李继迁与其弟李继冲等人抛下队伍侥幸逃脱。

逃脱后的李继迁，唯恐再遭宋军偷袭，辗转各地，居无常所。一无所有的李继迁，借着党项李氏的恩德，通过与有影响部落的联姻，很快又聚集起一批人马，兵力复振，在夏州北部一个叫黄羊平（有的文献写作黄羊坪）的地方驻扎下来。

从太平兴国七年（982）六月李继迁逃离银州开始，到太平兴国九年（984）底止，两年多的时间内，李继迁与大宋之间，主要发生了五次交锋，一胜四败，且胜利的那一次很侥幸不说，还由此引来了灭顶之灾。两年的努力化为乌有，不过大宋政权并没有擒获、消灭李继迁。"留得青山在，不愁没柴烧"的李继迁，利用

> 是月，知夏州尹宪侦知继迁所在，与巡检使曹光实选精骑，夜发兵掩袭地斤，再宿而至，斩首五百级，烧四百余帐，获继迁母、妻及羊马器械万计，继迁仅以身免。——《续资治通鉴长编》卷二十五

党项李氏在西北的巨大影响力，很快又拉起了一支队伍。不甘心的李继迁重整旗鼓，开始了又一轮收复旧地的斗争。李继迁能够收复旧地吗？

我李继迁又回来了

李继迁暂时滞留在漠北积聚力量是可以的，但要收复旧地，不在原有的领地上开辟一块根据地是根本不可能实现的，何况他在漠北的老巢地斤泽已经被宋军给端了。所以，对李继迁而言，当务之急，不光是迅速扩展队伍，还必须寻找一块根据地。他在寻找时机。很快机会就来了。什么机会呢？

银州拓跋部首领拓跋遇派人联络李继迁，相约联合攻取银州。是什么原因促使拓跋遇谋叛大宋朝廷呢？

拓跋遇谋反的原因与李继迁正好相反。在李继迁离开银州之后，拓跋遇也想离开银州，到什么地方去呢？要脱离银州这个地方，到大宋朝廷的内地去，理由是银州的苛捐杂税太多了，强烈要求将本部落移居内地。结果宋太宗拒绝了拓跋遇部落的请求。拓跋遇无奈，于是率众叛乱，结果很快被大宋朝廷平息，拓跋遇则带着一帮人跑到山谷里藏了起来。拓跋遇势力太小，他很清楚凭他那么一点人马，不足成事，于是就派人去游说李继迁：银州是个四塞之地，易守难攻，西接夏州、

拓跋遇入诉本州赋役苛虐，乞移居内地，太宗不许。——《西夏书事校证》卷四

绥州，东邻麟州、胜州，当地人民仍然很怀念您家族的恩泽，如果派兵来攻，我和我的部众来支援您，到时候银州城一定能轻而易举地拿下。

银州是李继迁的发迹之地，他对此自然很熟悉，拓跋遇所言俱是事实。若能攻取，以此为根据地，逐渐收复旧地，的确是个可行的建议。不过，经过与宋军的几次战斗，尤其是地斤泽之败后，李继迁变得更加谨慎，绝不允许自己重蹈覆辙。所以，他召集手下亲信来商讨此事的可行性。

李继迁的一个族弟李延信，针对李继迁的担忧，讲了三点看法：

第一，分析了地斤泽失败的原因。

李延信认为，地斤泽失利，并非战斗力不行，主要原因在于防备、守御疏忽。这个分析在一定程度上能够消除地斤泽之败留下的心理阴影。

第二，漠北之地不足以成就大业。

在漠北之地，比如地斤泽、黄羊平，定居下来，安居乐业，与世无争，是可以的。但要光复旧地，成就大业，漠北只能是个暂居点，必须走出去。

第三，天赐良机。

现在拓跋遇率众归附，里应外合，这是天赐良机呀，如果我们不把握机会，以后后悔都来不及！

李继迁的亲信、谋士张浦在认同这是一个难得机遇的同时，强调攻打银州过程中会遇到的两个困难：一个是李继迁军队在地斤泽之战中遭遇重创，大败之后，风声鹤唳，心有余悸；另一个则是对手中有一个难对付的人物，即大宋任命的西北党项各州都巡检使曹光实。曹光实何许人，为什么让李继迁部如此忌惮？

曹光实是雅州（今四川雅安市）人，自幼勇武，有胆气，在宋太祖平定蜀地叛乱的时候崭露头角，擅长平定地方叛乱，被宋太祖誉为"蜀中之奇士"《宋太宗皇帝实录校注》卷三十二。宋初的几次重要战争都曾经参与，身经百战。张浦用四个字概括曹光实的特点："老将知兵。"《西夏书事校证》卷四有丰富的作战经验，而且通晓军事。这一点，地斤泽之战中他们是亲自领教过的。有曹光实这样的军事人才守卫银州，想顺利占据银州，那几乎不可能。不过，既然找到了症结所在，就有解决的办法。什么办法呢？

"诱之离城，攻其无备"《西夏书事校证》卷四，如此，则轻取银州不在话下。这的确是个好办法，但是否可行呢？能将曹光实引到城外吗？关键看用什么"饵"，这个"饵"的诱惑够不够大，那么李继迁抛出了什么"饵"呢？"投降"，当然不是真的归附，是诈降。不过，对身经百战的曹光实而言，他会上当吗？

后来的事实证明，曹光实不仅上了当，而且再也没机会第二次上当了。因为这一次，李继迁不仅成功地将曹光实引到城外，而且成功地将其除掉了。史书上说曹光实是"老将知兵"，他怎么会轻易上当呢？

第一，李继迁选择的时机比较好。

地斤泽一战，李继迁几乎全军覆没，母亲、妻子均被宋方俘获，李继迁"仅以身免"《宋太宗皇帝实录校注》卷三十二。此后，虽然李继迁在黄羊平又迅速集结了队伍，但宋方对其实力并不是很清楚。也就是说，宋方认为，地斤泽一战后，李继迁山穷水尽。在此背景下，李继迁抛出"投降"的诱饵，可谓恰逢其时。宋方，尤其是亲自策划地斤泽之战的曹光实，不会起很大疑心。当然，单凭这一点，还不足以彻底打消宋方的疑虑。

第二，李继迁很会装。

李继迁既然用计，抛出"投降"的诱饵，目的就是让曹光实上钩，所以必须把功课做足。李继迁用的方法也很简单，一个字："装"。一是装可怜，再是装真诚。

装可怜。李继迁派人向曹光实汇报说：与朝廷多次对抗，我屡战屡败；现在处境相当窘迫；不能保全自身了。您能可怜我，允许我投降吗？李继迁的话不是胡说八道，与大宋朝廷的几次战争，大都以失败结束，地斤泽一战，更是一败涂地，几乎不能保全自身。所以说，李继迁说的都是事实，更准确地说，是曾经的事实。

装真诚。为了证明自己归附的真诚，李继迁语气谦卑，情意绵绵；愿意以甥舅之礼相见（异姓诸侯归附的礼节）；并且确定了具体的归降日期、归降地点——城外十几里的地方。这么可行的计划，当然能显示李继迁的真诚。其实，这才是李继迁的真正用意，将曹光实引到城外，一举杀之。

第三，曹光实勇而无谋。

史书上说，曹光实是一介武夫，有勇无谋，所以对李继迁深信不疑。史书上记载的这一点，我认为不是很准确。曹光实虽为一介武夫，但身经百战，战争经验丰富，攻打地斤泽的策略也是他与知州尹宪共同制定的。之所以说他有勇无谋，估计是从后来被李继迁所骗的史实随意推测的。智者千虑，或有一失，曹光实被蒙骗，一方面是李继迁很会装，另一方面是曹光实求功心切。

第四，曹光实欲专其功。

如果能将李继迁招降，的确为大功一件。李继迁的诈降，让曹光实仿佛看到了一片光明的前景。这轻而易举得来的功劳，曹光实不舍得与他人分享。李继迁请求投降的事，他没有告知他人。所以说，曹光实是以一己之能，与李继迁的一群智囊在战斗，本不以谋略见长的曹光实自然不敌。

有福不能同享，有难不能同当。因此，对于李继迁的诈降，曹光实不仅上当，而且上得很彻底。到了约定的日期，李继迁早早设好伏兵，将曹光实引到指定的地点，顺利将其解决掉了。接下来的工作就很顺利了。

将曹光实杀死后，李继迁假借曹光实的旗帜顺顺利利地拿下银州。李继迁在无奈地逃离

> 光实武人，勇而无谋，心信之。——《宋太宗皇帝实录校注》卷三十二

> 光实信之，且欲专其功，不与人谋。——《宋史·曹光实传》

> 及期，继迁先设伏兵，令十数人近城迎致光实，光实从数百骑往赴之。继迁前导北行，将至其地，举手麾鞭而伏兵应之。光实遂遇害，卒年五十五。——《宋史·曹光实传》

银州两年多后的雍熙二年(985)二月,又扬眉吐气地回来了。占据银州,让李继迁收获颇丰,军资器械数不胜数,而且更多的部族前来依附。

> 附者日众。——《西夏书事校证》卷四

占据银州后,李继迁接着又做了一件大事,焚毁会州。

会州,即今甘肃靖远县。会州距离银州很远。占据银州之后,李继迁为什么接着将目光转向会州呢?因为会州地处四塞,军事地理位置特别关键。一旦银州、夏州发生变故,大宋的援军必定赶赴会州,依此为战。所以,李继迁占据银州后,乘胜进攻会州。

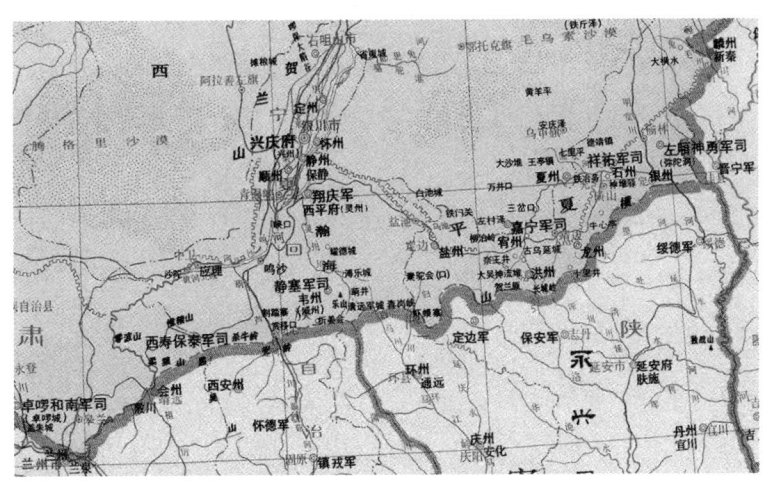

> 会州地居四塞,银夏有警,秦泾援师皆得赴此。——《西夏书事校证》卷四

本章提到的一些战争地点(选自谭其骧《中国历史地图集》)

他没有强攻会州城,而是先放了一把火,这把火使会州城里的官吏百姓伤亡上千,会州守城军民很快失

去了坚守下去的勇气，会州因此沦陷。会州不仅因为这把大火沦陷，而且因为这把大火而被彻底焚毁。

在雍熙二年(985)的春天，李继迁做了三件大事：诱杀曹光实，占领银州，焚毁会州。这三件大事前后相承，是李继迁势力逐渐坐大、由被动转向主动的拐点。

曹光实久经战阵，勇猛善战，他对边远少数民族部落的控御深有经验，颇有心得，所以屡败李继迁。他战死之后，宋军损失名将，士气受挫，李继迁遂不可制，宋方愈陷被动之中。

银州是李继迁的发迹之地，李继迁重回银州，不仅获得了大量的军事装备，而且对于其凝聚、拉拢党项各部落，起了至关重要的作用。许多部落主动投靠，李继迁的实力因此大大增强。

会州的地理位置如此关键，李继迁将此地焚毁，使大宋朝廷失去了一个驻兵之地，后来银、夏诸州的失不复得，与此有莫大的关系。

李继迁攻取银州、焚毁会州之后，势力大增，开始对周边的兵寨一一展开收复战争。李继迁的胜利，让大宋朝廷大为震惊，让宋太宗很生气。如此下去，西北党项诸州岂非要得而复失？对此，宋太宗会采取什么措施呢？

难啃的骨头

三十六

对李继迁的叛离出走,大宋朝廷最初很可能并没有给予足够的重视,这才导致李继迁与大宋军队多次较量后虽败而不亡。李继迁就像沙漠中的一棵沙棘树,生命力是如此之强,在山穷水尽之时总有办法重整旗鼓。雍熙二年(985)的春天,李继迁终于迎来了他的春天:诱杀大宋守将曹光实、占据银州、焚毁会州。李继迁在西北的做大做强让宋太宗大为恼火,开始重视这个对抗天朝的叛逆,先后通过多种方式对付李继迁。那么,大宋朝廷对李继迁采取了哪些措施呢?结果怎样呢?

简而言之，宋太宗对李继迁先后采取了三项措施：一是打，即军事征伐；二是哄，即安抚怀柔；三是掐，即经济制裁。当然，这三项措施并不是同时进行的，基本上可以说是"一计不成，又生一计"。

军事打击：打不死

李继迁焚毁战略要塞会州城的消息传至大宋朝廷后，宋太宗大为恼火，决定增加兵力，狠狠打击李继迁，所以，派判四方馆事田仁朗、阁门使王侁、宫苑使李继隆、阁门副使董愿，调遣数千边兵，前往剿杀。

主帅田仁朗到达绥州后，先是向朝廷请求增兵，接下来一个多月的时间，按兵不动，没有任何军事行动。在这段时间内，李继迁则乘着焚毁会州的气势，接着围攻三族寨，三族寨守将折御乜本来就想投靠李继迁，见此攻势，立即倒戈，杀死大宋派去的监军，马上投降。接着联合进攻府宁寨。

李继迁拿下三族寨，接着进攻府宁寨的消息传到田仁朗和宋太宗那里，两人的反应迥然不同。田仁朗是欢欣鼓舞，宋太宗则暴跳如雷。

田仁朗精神不正常吗？他可是大宋朝廷派遣剿杀李继迁的，李继迁接连攻城拔寨他怎么还高兴呢？田仁朗精神正常得很，他之所以高兴，是因为他等待的时机终于到了。田仁朗对身边的将领分析了五点：

第一，叛军难以一举全歼。

这是由党项族的生活习俗决定的。他们的生活习惯是逐水草而居。平日分散的时候就凭借险要之地以求自保，这些散居的部族抢掠的时候就迅速联合起来，在大宋的边境骚扰，这是他们一贯的生活方式。胜利就进，失败就退。这种生活方式，导致宋军很难将其彻底剿灭。

> 无以穷其巢穴。——《宋太宗皇帝实录校注》卷三十三

第二，李继迁正集中全力攻坚。

当下，李继迁聚合数万人围攻孤城，又害怕大宋援军到来，所以必须尽全力围攻，希望实现速战速决。

第三，府宁寨能坚持十天半月。

府宁寨防御坚固，守兵皆勇猛善战，虽然兵力不多，但完全可以坚持十天左右。

> 虑王师之至，必尽锐攻之，谓朝夕可拔。——《宋太宗皇帝实录校注》卷三十三

第四，伺机全剿李继迁。

李继迁竭尽全力，希望速战速决，但府宁寨完全能够支撑十天左右。李继迁军队必然会人困马乏，这个时候正是我们率大军出击的绝佳时机。

第五，断其后路，彻底歼灭。

出击的同时，派遣一员大将，率三百强弩，断其后路。如此，一定能将其彻底消灭。

田仁朗讲的前三点是谈形势，后两点是谈措施，一个目标是全歼顽敌。

史书上讲田仁朗这个人性格稳重，很有谋略。从田仁朗平叛的作为以及对形势的分析与部署来看，这个评价非常准确。他并不过分在乎一场战争的胜利或者失利，而是为大宋西北边境的长期安定规划。田仁朗部署完成后，接下来就是喝酒玩牌，故作闲暇，主要是迷惑李继迁、等待时机。可惜的是，他没有等到李继迁的兵困马乏，却等来了宋太宗的一纸诏书，将其召回，并且下狱，令驻扎在三交口的刘文裕火速前往代替田仁朗。

宋太宗为什么将田仁朗召回呢？史书上讲："王侁等媒孽构成其罪。"《宋太祖皇帝实录校注》卷三十三意思是说，王侁等人找理由弹劾诬陷，给了个"怯阵避敌"的罪名。

不管王侁等人是出于什么目的，田仁朗的战略或者说驻扎绥州一个月的等待时机，毕竟给别有用心者提供了"不作为"的口实，这是他的主要罪名。下狱后的田仁朗对王侁等人的弹劾内容一一做了辩解，并且提出了对付李继迁的基本策略。

一是为什么请求朝廷增兵。因为兵力不足，夏州、绥州等地的军队都借口守城，不听调遣，所能统领的只有曹光实的旧部千余人，这些人在曹光实被诱杀后，士气低落不说，兵器装备也不足。

二是为什么在绥州驻扎，迟迟不出兵。一则等待援兵；二则等待粮草转运，这些都需要时间。

三是为什么不援助三族寨。因为三族寨距离绥州路途遥远，无法救援，不是诏书一到就能赶到的。

田仁朗说，我刚刚定下擒拿李继迁的计策，还没来得及实行，圣上诏书就到了。

田仁朗最有贡献的意见是他对李继迁提出了自己的独到处理方案。李继迁深得党项民心，这是李继迁的最大资本。因此，要么用优厚的条件使其自动归附，要么用优厚的悬赏引诱各部落首领联合打击他。不然，他日此人必成大患。即使大宋朝廷派遣大量兵马深入其地，也是无益。

田仁朗的辩解及建议，不仅不认罪，还振振有词，所以宋太宗的表现依然是"大怒"《宋太宗皇帝实录校注》卷三十三。

田仁朗的这些说辞并不能让宋太宗完全信服，毕竟他的计划还没有完全实施，他提出的用来对付李继迁的办法也没有被宋太宗采纳，这倒是大宋王朝的一大遗憾。田仁朗虽然得免一死，但是被削职贬官是免不了的。结果，田仁朗被贬商州，王侁如愿以偿地坐上了主帅的位子。

王侁的战术思想和田仁朗正好相反，是速战速决，先立军功。果然王侁带领宋军主力攻打银州，李继迁当然不是对手，丧师数千，弃城而逃。李继迁逃走后又纠集一些忠心于他的部族继续抵抗，但是他们与大宋王朝的军队不是一个数量级，很快，宋军击破了几十个部族，众多部族投降，连前面杀掉监军归附李继迁的折御乜也再次降宋。西北一带，暂时平定。王侁等人此时更是意气风发，似乎证明他们将田仁朗排挤出局是多么正确，殊不知他们这样做已经给国家留下了重大隐患。

第一，李继迁没有死。

李继迁是西北党项的反宋领袖，尽管王侁等人率领大宋军队在西北捷报频传，但始终没有擒获李继迁，没有消灭这个反宋的"火种"。凭借党项李氏在西北各族中的巨大影响力，李继迁终究能够东山再起。这一点根本不用怀疑，因为李继迁在此前已经实践过多次。

第二，李继迁本部没有溃散。

王侁等人虽然取得了一系列胜利，招降了众多的党项部落，但李继迁本部并未受到重大创伤。这是李继迁卷土重来的核心力量。至于投降的那些党项部落，随时都有可能重新依附到李继迁旗下。

第三，李继迁请婚结强援。

李继迁在遭受宋军的强力镇压后，意识到如果不依靠更大的势力，很难与大宋抗衡，于是他选择了辽国。雍熙三年(986)的春天，李继迁遣使向辽国称臣。在北汉消亡之后，辽国也需要第三方的力量牵制大宋，所以欣然接受。前面已经讲过，雍熙三年的春天，宋太宗再一次发动对辽国的北伐，辽国更深刻地感受到背后有人牵制大宋王朝的必要性，决定加强对李继迁的扶植力度，李继迁也为了进一步拉近与辽国的关系，向辽求婚。辽圣宗将义成公主下嫁李继迁，李继迁与辽国的联盟更加稳固。在一定程度上，可以说，正是王侁等人此番不彻底的打击，才促

继迁浊轮之败，蕃族虽破而本部未溃。——《西夏书事校证》卷四

使李继迁投靠了辽国，终成尾大不掉的祸患。

错判田仁朗、误用王侁成为宋太宗在军事打击李继迁上犯下的两个重大失误。这两个重大失误导致了大宋不可挽回的损失。

这个时候，有人提出了对付李继迁的新策略。这个人是谁呢？他提出了什么策略呢？

政治劝降：劝不成

这个人是赵普，是刚刚第三次出任大宋宰相的赵普。赵普第三次出任宰相的详情，容后细讲，这里暂且不论。那赵普提出了什么办法呢？简而言之，以夷制夷。赵普提议恢复李继捧定难军节度使的职位，让他去招降李继迁。这叫政治劝降。可惜的是，宋太宗并没有在军事打击的同时采用政治劝降的方法，而是一招不行，再用一招。

这个时候，大宋朝廷刚刚经历了宋辽战争中的岐沟关、君子馆战役的失利，对党项李继迁的军事打击又没有彻底将其征服。所以，赵普的这个建议被宋太宗采纳，赐李继捧国姓赵，名保忠，赏赐财物无数，而且，大宋朝廷将西北五州（夏州、绥州、银州、宥州、静州）的财政大权都下放给他，这也算是宋朝地方官员的一个例外，并派禁军千人护送上任。对于大宋朝廷的这项新政，李继迁手下

宰相赵普建议欲复委李继捧以夏台故地，令图之。继捧时为感德节度使，即召赴阙。辛未，上亲书五色金花笺赐继捧国姓，改名保忠，壬申，授定难节度使，所管五州钱帛、刍粟、田园等并赐保忠。壬午，保忠辞之镇，锡赉甚厚，命右卫第二军都虞候王杲领兵千人护送之。——《续资治通鉴长编》卷二十九

的谋士张浦分析得一针见血。他私下里说：李继捧懦弱无能，李继迁足智多谋又深得民心，李继捧是因为被诸父昆弟不容才乞留京师的，现在竟然让他来招降李继迁，这无论如何是不会成功的，最终结果很可能是连李继捧也失去。张浦的分析如何呢？看看接下来的发展。

宋太宗派遣李继捧回夏州是在端拱元年（988）五月。当年十二月，李继捧（这个时候的名字叫赵保忠，为了叙述方便，仍称李继捧）就正式上奏朝廷，说李继迁真心悔过，决定归附，请朝廷赏赐官职安置。大宋朝廷费了那么大劲都没办法让李继迁屈服，李继捧竟然不费吹灰之力就将其劝降？

事实上，李继迁根本就没有请降。史书上说李继捧是"妄奏"，李继捧向宋太宗汇报的原是无中生有的事。至于李继捧"妄奏"的意图，不过是为了显示自己的功绩，强化自己的位子，就这么简单。然而，更有意思的是，大宋朝廷对李继捧的"妄奏"丝毫没有怀疑，并信以为真，立刻按照上书中的要求，任命李继迁为银州刺史，充洛苑使。对于大宋朝廷的赏赐，李继迁的反应是"不受"《西夏书事校证》卷四。李继迁根本就没有投降，他有理由拒绝这个官职。按常理而言，李继迁拒绝大宋朝廷的赏赐之后，李继捧的"妄奏"应该露馅儿了，事实上却没有。

尝到甜头的李继捧，如法炮制，继续造假，不久又上奏朝廷说，宥州党项两大部落在其打击之下，归附投

继捧懦而不制，继迁狡而得众。彼惟为昆弟诸父所怨，祈留京师。乃令其归招继迁，无论继迁不肯下，反失一继捧矣。——《西夏书事校证》卷四

降。大宋君臣不辨真假，立刻嘉奖李继捧，授予特进、同中书门下平章事的官职，这个官职也就是宰相的级别。作为臣子，到这个级别，也就到顶了。李继捧获得这个官职，可以说是不费吹灰之力。因此，史书记载说他"空言得之"《西夏书事校证》卷四，意思是吹牛吹出来的。

真实的情况是，李继捧、李继迁兄弟，私下早就交通，暗通款曲，沆瀣一气。为什么这么说呢？有五个基本的疑点：

第一，李继捧献土，非其本意。

当初李继捧将其所管辖的数州之地献给大宋朝廷，是在诸父昆弟不容的内困与大宋朝廷要求保持夏州稳定的外压之下的无奈选择，其内心并非真心希望取消党项的割据政权。

第二，李继捧进京之后，有私通李继迁的嫌疑。

李继迁叛宋之后，在西北一带多次侵扰，颇让宋太宗头疼。对于大宋朝廷内部的一些事情，远在漠北的李继迁竟然无所不知，所以有人就怀疑是李继捧在作祟。为了防患，宋太宗将其外放，让其离开京城，到"地狭境偏"《西夏书事校证》卷四的地方上充任节度使，还特地从常参官中选择了通判，目的是制约李继捧。

端拱元年（988），处境尴尬、基本没什么权力的李继捧上奏朝廷，说李继迁凶残顽劣、没脑子，可派亲信去招降他，不用麻烦朝廷用兵。大宋皇帝宋太宗信以为真，徙其为陕西路感德军节度使，这就使他更有机会与李继捧交通了。

第三，李继迁曾向辽国请求与李继捧和好。

宋太宗采纳宰相赵普的建议，恢复李继捧的定难军节度使身份，让他重新回到夏州，以招降李继迁。李继迁立刻上表辽国，请求允许与李继捧和好，辽国拒绝了李继迁的请求。但这并不代表他们兄弟二人私下里没有交通往来。

第四，李继迁欺上的手段与李继捧如出一辙。

淳化元年底，李继迁攻打夏州一月有余，没有拿下，只好休兵。接着遣使向辽国告捷，李继迁甚至向辽国皇帝奏称自己穿越银州、夏州，攻克了远在陕西境内的麟州、鄜州（今陕西富县）。考之史实，李继迁连夏州都没有攻下，如何能穿越夏州、银州攻取更远的麟州、鄜州呢？所以史书上说这是李继迁的"伪词"《西夏书事校证》卷五。受愚弄的不止大宋君臣，当时的辽国刚刚遭遇了徐河惨败，竟也不辨真假，加封李继迁为夏国王，督促其继续困扰大宋。这是党项李氏称"夏国王"的开始，有意思的是，这一称号是骗来的。

第五，兄弟二人均擅长首鼠两端的手段。

淳化二年（991）秋天，大宋朝廷派遣商州团练使翟守素带兵来援夏州，李继迁恐不能敌，就通过李继捧请求降宋，这又是诈降。宋廷不察，立刻授李继迁银州观察使，赐名赵保吉，授其弟绥州团练使，赐名赵保宁。李继迁没费力，就轻取银、绥二州，接着向辽国告捷。同年底，李继捧在李继迁的穿针引线下投靠辽国。辽国大喜，许以永镇夏州，封西平王，复姓名李继捧。这正应验了张浦的预言，让李继捧招降李继迁，连李继捧也失去了。

尽管赵普提议让李继捧招降李继迁的措施前景很美好，但事实证明，这一招是彻底失败了，后人认为这是赵普政治生涯中的一大败笔。赵普的措施不仅没有消灭李继迁，反而让其实力剧增。难道大宋朝廷对李继迁就没有办法了吗？

经济封锁：困不死

在军事打击与安抚招降接连失败的情况下，大宋朝廷又出台了一项新举措，即经济封锁。长期以来，党项一直保持着一种半割据的自治状态，独立性相当强。大宋朝廷有办法对其进行经济封锁吗？通过什么措施对其进行经济制裁呢？

有，禁止青白盐输入。

青白盐这个术语对我们而言很陌生，先简单说说青白盐。西北地区盛产食盐，各个盐池因地质地层不同，所含的微量元素不同，从而呈现出紫、赤、青、黑、白等不同颜色，其中以青、白二色最多。因此，青白盐成为西北地区盐产品的代称。

在众多的盐池中，尤以东部平夏部所产的盐最为知名，因为那里有被称为北方盐州的乌白池，所产青白盐质量优、产量大。这个地区主要位于沙漠地带，地瘠民贫，所谓"银、夏之北，千里不毛"《宋史·郑文宝传》之地。这里虽不产粮食，但上天很公平，赐予了大量的青白盐。

在当时，虽然大宋朝廷实行食盐专营，按照规定，陕西等地必须食用解州（今山西运城市。"解"，《现代汉语词典》注音为xiè，但这个字古音为户卖切，即hài，今天运城本地人还读这个音，可见在方言中保存了一些古音）出产的盐，但青白盐质量好，而且价格便宜，实际上，当地居民食用的都是党项输入的青白盐。因此，青白盐是这个地区的党项族长期以来的经济命脉，他们把盐转运到陕、甘等地，换回他们所需的谷麦以及布匹等生活物资，一切生活用品都通过青白盐交换。

在军事打击与安抚政策均告失败的情况下，淳化四年(993)，对党项"族情"非常熟悉的山西转运副使郑文宝向朝廷提出了新的办法：禁止输入青白盐。宋太宗采纳了这个建议。大宋朝廷禁止党项青白盐的输入，有两个目的：

第一，掐脖子。

青白盐贸易是党项诸族的唯一经济来源，禁止青白盐的输入，从根本掐住了他们的脖子，以此困扰李继迁，李继迁会"不战而屈"《宋会要辑稿》食货二十二之二十三。

第二，增收入。

禁止青白盐输入后，原先食用青白盐的地区统一食用解州盐，由此扩大解州盐的销售量，政府的财政收入就会相应地增加，再用这部分收入补贴讨伐李继迁的军费开支。

禁止青白盐输入的这两个目的，其实围绕一个中心，即针对李继迁，迫使其归附。大宋朝廷的这项措施，立竿见影，很快收到了效果，但这些效果并不是宋太宗想要的。

一是促进了党项各部落的联合。

禁止青白盐输入,不仅给平夏部的生活造成了直接威胁,也影响到党项的其他部落,比如横山部。横山部是生活在横山山脉中部的一个部落,在李继迁叛宋以后,这个部落一直保持比较中立的态度。他们居住的地区不产盐,但能种植粮食。以前,他们用食物和平夏部交换食盐,再把食盐贩运到内地牟利。青白盐禁止输入后,横山部的生活陷入困境。他们没有把这种困境归咎到李继迁的叛宋,因为李继迁叛宋后很长一段时间他们的贸易仍在正常进行,而是归咎到大宋朝廷的措施,对大宋朝廷心怀不满,由此开始倒向李继迁。所以,青白盐的禁止输入,在一定程度上反而促进了党项各部落的团结与联合,一些部落开始归附李继迁。这当然不是大宋朝廷的初衷。

二是造成沿边地区的极端不稳定。

禁止青白盐输入,党项诸部没有了食物,这一点确实做到了。但是,缺乏食物的各部落,为了一张嘴,开始寇略沿边各地,由此西北沿边一带更加不安宁。李继迁抓住这个时机,与四十二族首领在杨家堡盟誓,然后带领四十二族的一万三千余人在环州(今甘肃环县)一带大肆寇掠,屠小康堡。当时的环州知州程

> 内属万余帐,稍稍引归继迁。——《宋会要辑稿》食货二十二之二十三
>
> 数月,西人大困,沿边熟户,无以资生,皆叛归保吉。——《西夏书事校证》卷五

德玄击之不退，一场更大的骚动一触即发。宋太宗无奈，立即派遣使者火速前往，宣布解除禁令，对各部落百般抚慰，这次骚乱才算平息。

> 弛其禁，抚慰诸羌，乃已。——《西夏书事校证》卷五

大宋朝廷禁止青白盐输入的禁令不但没有让李继迁屈服，反而促成了党项各部落的联合，导致了西北一带的不安定，这是否意味着大宋朝廷的这项禁令是错误的呢？

其实不然。郑文宝的这项提议本身不但没有什么不对，而且还抓住了党项族的致命弱点。问题依然出在大宋朝廷，宋太宗根本没有对这项政策实施后可能出现的多种后果做出前瞻性的预测，因此也就没有做好预案，没有命令边臣做好相应的准备。也正是因为这一点，李继迁笼络联合各部落，制造骚乱，迫使大宋朝廷取消禁令，这不仅是对大宋朝廷威望的侵蚀，也助长了李继迁的嚣张气焰。所以，史书上批评说：朝廷的禁令被对手牵着鼻子走，朝令夕改，这哪里是谋国的长远

之计!

总之,在对待西北党项李继迁叛宋的问题上,大宋朝廷的三项政策都没有取得应有的效果。军事打击迫使李继迁投靠辽国,宋辽之间的战争本来就很令宋太宗头疼,现在李继迁又与之联合,有了强硬的支持,辽国在与宋朝的对抗中,增加了有效牵制宋朝的筹码。政治劝降,利用李继捧整治李继迁,结果是兄弟二人暗中勾结,首鼠两端,口是心非,阳奉阴违,大宋朝廷"赔了夫人又折兵",不但没有将李继迁招降,李继捧反而也投靠了辽国,宋、辽两个大国的拼命扶植,硬生生地将走向末路的党项势力重新扶植起来。经济制裁,禁止青白盐的输入,缺乏前瞻性措施,促进了党项部落的联合,增强了李继迁的力量不说,大宋的威望更是扫地。从此以后,李继迁的骚扰活动愈加频繁,大宋朝廷对其愈加不制。那么,对待李继迁,大宋朝廷真就无计可施了吗?

> 是朝廷之禁令,凭敌势为转移,岂谋国之计哉!——《西夏书事校证》卷五

永远的遗憾

〈三十七〉

大宋朝廷对李继迁的军事围剿迫使其投靠辽国,李继迁的实力由此大增,成为继北汉之后辽国牵制大宋的一股重要力量。此后,宋太宗采纳宰相赵普的建议,让李继捧重回夏州,招抚李继迁,结果二人暗通款曲,上下其手,李继迁的实力更加强大,李继捧也跟着投靠辽国。接着,大宋朝廷又对党项采取经济封锁,禁止青白盐的输入,其结果是导致了党项族各部落的联合与叛离大宋。军事打击、政治劝降、经济封锁全部失败。无奈之下,宋太宗又重新回到军事打击的老路上来。大宋王朝新一轮的军事讨伐能征服李继迁、恢复西北边境的安定吗?

两面三刀遇上狡兔三窟

大宋朝廷恢复李继捧定难军节度使的职务，让其重回夏州故地，招纳李继迁。二人暗通款曲，又各怀异心，真仗假打，假仗真打。李继迁势力强大时就真打，一听说大宋朝廷派遣援军就诈降，一诈降宋太宗就封官分地，一获得城池李继迁就向辽国告捷。当然，投降之后的李继迁继续攻略不减，仍旧围攻诸寨，四处纵火焚毁。这就是李继迁，反复无常，叛而复降，降而复叛，弄得宋太宗焦头烂额。无奈之下，大宋朝廷又一次派遣大军围剿。宋太宗派遣马军都指挥使李继隆为河西都部署，尚食使尹继伦为都监，率军讨伐。

从名字上看，李继隆与李继迁、李继捧仿佛是兄弟，其实，李继隆与他们没有任何族缘关系。李继隆是大宋开国名将李处耘的长子，参加过平定后蜀、南唐，征伐幽州等多次重要战役，是北宋著名的将领。这一次，宋太宗派遣大宋禁军将领李继隆出师讨伐，李继迁、李继捧兄弟二人会怎样应对呢？

李继迁徙民。李继迁有控制的地域与民众吗？不但有，而且是大宋朝廷赐予的。

李继捧到夏州后，与李继迁私下勾连，但二人之间的交手，真假难辨。事实无非两种可能：一是二人各怀异心。没有永远的敌人，只有共同的利益。李继迁虽对李继捧献地归附心怀不满，但李继捧重回夏州后，兄弟二人很快达成默契，共同对付他们共同的"敌人"——大宋朝廷。在这一点上，兄弟二人目标相同。但是，一山岂能容二虎，李继迁与李继捧之间也各怀异志，都有不失时机将对方铲除的想法，所以二人的交手真假难辨。二是表演逼真。二人虽私下交通，但表面上各为其主，一些该有的表演还是有的。所以，李继迁、李继捧二人之间的斗争，很难搞清是在表演还是真打。

早在淳化元年(990)初，在一次交手中，李继迁身中一箭。当年十月，李继迁攻打夏州。先派人诈降，说李继迁受了重伤，不能带领军队，李继捧信以为真，不设防备。李继迁联合诸部落，由先前诈降之人作为内应，攻夏州，李继捧出兵迎战，仅以身免。这次交战，让李继捧很恼怒，立刻向大宋朝廷求援，宋太宗派遣翟守素援助。李继迁恐兵力不敌，接着又通过李继捧向大宋朝廷请降。宋太宗授李继迁银州观察使之职，授李继冲绥州团练使之职。就这样，李继迁没费一兵一卒就轻取银、绥二州。

当然，李继迁的目标根本不在银、绥二州，所以，他依旧向辽国告捷，依旧四下出击，甚至向宋太宗请求恢复其五州之地。正因为如此，宋太宗才派遣李继隆率大宋禁军围剿。得知这一消息的李继迁，立刻实施移民计划。

淳化五年的春天，李继迁以武力相威胁，意图将绥州民众全部迁往平夏。从军事上分析，很明显，在大宋援军到来之前，李继迁的这一措施，意图在于集中力量，并有打算放弃绥州的计划，这一招本身没错。但是，他忽略了一个重要问题，即恋土的问题。

自古及今，移民是一项大工程，除对故土的依恋之外，还牵涉方方面面，不是说迁就能迁的。当初，李继迁就是被大宋朝廷强迫迁往京都，才铤而走险举起反叛的大旗。所以，他应该理解被徙民众的心理，但他并没有去理解；与此相反，他是以武力相威胁，是暴力移民。结果，绥州部众反叛，归附大宋朝廷，李继迁被迫弃城而逃。因此，史书上讲，李继迁败走绥州是咎由自取。

> 绥州之祸，乃其自取。——《西夏书事校证》卷五

在大宋禁军到来之际，李继迁首先想到的是移民，因为李继迁还是李继迁，还是那个坚定反宋的李继迁；但是，李继捧却已不是李继捧了，因为他不仅私下与李继迁交通，而且偷偷地投靠辽国。所以，对于大宋军队的压境，李继捧也是心惊胆战的。那么，李继捧是如何应对的呢？

在大宋禁军到来之时，李继捧的表现令人很意外。按照常理，作为大宋朝廷委派的统辖五州的定难军节度使，在这个时候，他的本分是准备好粮草、车马、士卒，"以效前驱"《西夏书事校证》卷五。然而李继捧的表现很反常：

第一，请求罢兵。

在得知宋太宗派遣禁军前往夏州攻打李继迁的消息后，李继捧迅速上奏宋太宗，并遣人进贡良马五十匹，说已经与李继迁和好了，不需要朝廷出兵。对于李继捧的反复无常，宋太宗大怒，立刻派遣中使前往宣谕，令李继隆先收拾李继捧。

> 移兵击保忠。——《续资治通鉴长编》卷三十五

第二，壁于野外。

作为统辖西北五州的定难军节度使，在大宋军队到来之时，李继捧没有做其该做之事，而是带着母亲、妻子、家人、士卒在夏州城外安营扎寨。史书上将李继

> 壁野外。——《续资治通鉴长编》卷三十五

捧的这一反常做法评为"狡兔三窟"之举。野外安营扎寨，正是李继捧暗地里与李继迁交通、投靠辽国以后内心不安的表现，他在为下一步的行动做准备。如果大宋朝廷没有觉察李继捧投靠辽国、与李继迁狼狈为奸或者虽然觉察但不予追究的话，李继捧的这一举动就可以解释为出城迎接大宋援军的到来；如果他觉察大宋朝廷已经发现并决定对其采取行动的苗头，那他可以迅速投靠李继迁，或者叛投辽国；如果一切正常，没有意外，他可率大军回到夏州城内，可以继续做反宋集团的内应。从李继捧的这一举动来看，他是经过深思熟虑的，以为是万无一失的。

第三，通风报信。

确认大宋朝廷大军压境的消息后，李继捧立刻派遣亲信向李继迁通风报信。

然而，令李继捧没有想到的是，打算收拾他的不只是宋太宗，还有他的兄弟李继迁，而且，李继迁的动作更快。李继迁打的什么主意呢？意欲兼并李继捧的军队，并很快付诸实施。

李继迁将李继捧派来通风报信的亲信五花大绑，然后趁着夜色带军袭击李继捧的营帐。李继捧千算万算就是没有算到这一点，因为他当时正在呼呼大睡，来不及穿衣束发，骑马逃回夏州城中。因为李继捧心存疑虑，心怀异志，所以在野外安营扎寨，并将资财器用悉数带出，以便见机行事。这倒好，这些东西全部为李继迁所有。

逃回夏州城的李继捧，惊魂未定，另外一个人正等着他自投罗网，将其囚禁。这是谁呢？

这个人不是别人，是李继捧手下的大将，指挥使赵光嗣。赵光嗣原名李光嗣，曾被李继捧派往京都开封进贡。他到开封后，私下里向宋太宗大表忠心。宋太宗赐其国姓，加官升职，并令其回到李继捧身边。赵光嗣就成为宋太宗成功"策反"、安插在李继捧身边的探子，此后，李继捧的一举一动宋太宗皆了如指掌。对于赵光嗣，李继捧应该是起了疑心的。因为作为将领，李继捧在野外安营扎寨，并没有让其跟随，这是一。其次，李继捧上书请求罢兵，宋太宗下诏指责他时说："不斩继迁，开狡兔之三窟；潜疑光嗣，持首鼠之两端。"《西夏书事校证》卷五这是二。赵光嗣在秘密得知李继捧与李继迁私下勾结往来的事实后，也有所准备。他将个人所有财物全部分给士卒，因此获得了士卒的效忠。所以，李继捧被李继迁偷袭逃回夏州城，赵光嗣立刻将其逮捕、囚禁，打开城门，迎接王师。

李继隆的副将及监军都同意对李继捧立刻执行死刑，李继隆说：这家伙现在是案板上的肉了，随时可以斩杀，我们还是押送至京，任凭圣上处置吧。李继捧被押解至京后，宋太宗到底没有处死他，骂够了之后，还封了他个"宥罪侯"，赏了个环卫官。

李继迁听说李继捧被捕，便放弃银州，又一次远走漠北。李继隆认为，李继迁远窜漠北，到处是沙漠，军用物资转运极为不便，所以要谨慎为上，不能轻易举兵讨伐。"跑了和尚跑不了庙"，"和尚跑了庙遭殃"。李继迁跑了，李继捧逮了，但夏州城还在。

宋太宗觉得，夏州城远在沙漠之中，历来为奸雄窃据之地，所以要消除这个根基，进而产生了毁城的想法。他先向宰相询问夏州城的历史，吕蒙正娓娓道来，总结说：自从后魏时期，赫连勃勃在此筑城建立夏国以来，历代为患，若废毁此城，万世之利也。当然，也有不同意毁掉夏州城的，比如身在夏州的李继隆。他先后两次派遣自己的弟弟和监军进京上奏，说夏州虽为奸贼觊觎之地，但是据之可以破贼；又建议在银州、夏州南部山中增设堡寨，占据要地，这样不仅能够切断叛贼的粮道，而且也为内属的部落提供保护的屏障。此时，宋太宗毁城意志已决，所以对李继隆的多次建议视而不见，置之不理，坚决下令移民、毁城。

毁城是把双刃剑。夏州城的隳毁，的确让心怀异志的奸雄失去了一个盘踞之地；同样，大宋朝廷也因此失去了西北防御的一个重要据点。

宋太宗此举，无疑明确地传达了一个信号：军事

自赫连筑城以来，颇与关右为患，若遂废毁，万世之利也。——《续资治通鉴长编》卷三十五

以为朔方古镇，贼所窥觎之地，存之可依以破贼，并请于银、夏两州南界山中增置保戍，以扼其冲，且为内属蕃部之蔽，而断贼粮运，皆不报。——《续资治通鉴长编》卷三十五

退缩。这是太宗晚年一系列国家大事综合影响的结果。雍熙北伐失败，由主动进攻转向被动防御；西南蜀地在这个时候也爆发了王小波、李顺的起义；李继迁不屈不挠地与大宋周旋。这些大事让宋太宗的思想与国策开始转向，开始转向保守与内倾。

夏州城的毁灭，昭示了大宋朝廷并无经营西北边境的雄心；反过来讲，也给李继迁提供了更大的战略活动空间。所以，从另外一个角度来说，摧毁夏州城，是李继迁势力成长的一个转折。

李继捧入京之后，西北又成了李继迁一个人的舞台，但李继迁并不是唱独角戏，他必须面对党项部落、大宋朝廷、辽国这三方力量。对此，李继迁能玩得转吗？

左右逢源撞上举棋不定

面对大宋朝廷李继隆的大军，李继迁自知正面对抗难以取胜，故又弃城远走。不过，应付这种局面李继迁是有经验的，早已轻车熟路，依然大玩他的"三手策略"，而且玩得左右逢源。

第一，收复不停。

李继迁虽然不敢与大宋军队正面对抗，但其所谓收复旧地的侵扰战事并没有因此停歇。李继迁不断出兵，抢掠党项一些内附部落的财物，并以武力相威胁，迫使其归附自己。李继迁的这种强制行为，激起党项一些部落的抵抗。

第二，忽悠不止。

李继迁弃城远走后，先是遣张浦等人到绥州，乞求归顺。这当然不是出自李继迁的真心，不过绥州的官员依然以礼接待。

继之，又派自己的一个族弟李廷信（有些文献中作李延信）到开封贡献骆驼、良马，奉表谢罪，将叛乱之罪全部归于李继捧，说都是李继捧一个人的主意，希望朝廷宽宥，这显然是缓兵之计。不过，宋太宗亲自接见了李廷信，面加抚慰，赏赐甚厚。

李继迁数次进贡，宋太宗也派使者前往赏赐、宣谕，其中有"既除手足之亲，已失辅车之势"《续资治通鉴长编》卷三十六的话。李继迁心生疑忌，派遣张浦等人又一次进京入贡，刺探朝廷的虚实。因为张浦是李继迁的谋士，这一次宋太宗把他给留了下来，授予官职，没有遣还。

虽然说"真真假假，终需被打"，但有时伪装一下，避避风头，不见得一定是坏事。李继迁深谙于此，精通此道，所以忽悠不止。

第三，靠山不丢。

背靠大树好乘凉。张浦被宋太宗扣留之后，李继迁意识到不能失去辽国这个靠山，立刻遣使向辽国贡献良马，以加强联系。

其实，李继迁不断向大宋朝廷进贡，也不全是忽悠，因为他还心存奢望，希望宋太宗能够将夏州旧地再交给他管辖，但宋太宗除了恫吓、劝说之外，并没有进一步的行动。因此，至道元年（995）六月，李继迁又一次遣使向朝廷上表，强烈请求赐还夏州之地，宋太宗断然拒绝，但给了一个鄜州节度使的职务。李继迁意不在此，所以根本不稀罕，同样断然拒绝，又开始新一轮的抵抗，并将目标转向西部灵州一带。至道二年（996）春天，李继迁又干了一件大事，是什么事情呢？

成功劫走大宋朝廷的四十万石粮草。

灵州即今宁夏灵武市，一座易守难攻的坚城，是控制陕西到河西走廊的最大要塞。李继迁在夏州一带不能取得有效的成果，开始向西部转移。至道元年，曾率骑兵千骑寇清远军（今宁夏同心县东），被熟悉西北边情的郑文宝击败，这是李继迁战略转移的一个征兆。

为了加强灵州的实力，至道二年，宋太宗令洛苑使白守荣、马绍忠等率兵护送四十万石粮草前往灵州。临行，宋太宗特别告诫白守荣等要把运粮车分成三大队，丁夫发给弓箭自卫，护送兵士以方阵前进，"遇敌则战，可以无失"《西夏书事校证》卷六。同时，宋太宗下令会州（守地在今甘肃靖远县）观察使田绍斌率兵应援。这本是比较稳妥的安排，但执行过程出现偏差，一是转运使不听安排，将三队合为一队；二是前往援助的田绍斌与转运使意见不合，领兵离去。也就是说，宋太宗事先部署的两条重要保障措施一条也没实现。结果，李继迁在浦洛河（今宁夏灵武市南）设下埋伏，宋方役夫军士交混，交战不利，就这样，四十万石粮草全部支援了李继迁。

灵州失去了粮草，李继迁得到了粮草，所以，接下来李继迁立刻带兵万余围攻灵州。粮草被劫、灵州被困的消息传至开封，宋廷为之震动。对此，大宋朝廷采取了什么措施呢？

在要不要出兵的问题上，宋太宗内心是矛盾的。所以，他立刻召集宰相讨论此事。

宋太宗先向宰相介绍了灵州的局势，讲了四点：

第一，李继迁及其部众是一群乌合之众。

李继迁抢劫了朝廷的粮草之后，更加猖獗放肆，又率领一群乌合之众围攻灵州。

第二，李继迁围困灵州不会持久。

因为灵州城坚固，他一时半会儿不会攻下，所以李继迁顿兵城下不会持续很久。

第三，李继迁不会立刻退兵。

灵州派出向朝廷告急的人员被李继迁截获，既然派人向朝廷告急，李继迁认为灵州城内已经难以支撑，所以不会马上退兵。

第四，你们要周全地考虑一下，我已有主意了。

从宋太宗讲的这四点中，可以感觉到宋太宗所谓的"成算"就是不打算出兵，所以他把李继迁说成乌合之众，强调灵州城的坚固，特意突出灵州城并非处于危急关头，还着重说明已有计划，要求宰相们周全地考虑。很明显，宋太宗讲的根据几乎都不成立，他不

卿等宜熟虑之，朕固有成算矣。——《续资治通鉴长编》卷三十九

打算出兵，实则是有放弃灵州的念头。宋太宗对西北的军事退缩战略，从毁掉夏州城就已很明显了，灵州的围困很可能加剧了他的这个意图。这就是他所说的"成算"。

对宰相们而言，宋太宗的话外之音他们一定是能领会的。但对于宋太宗的想法，他们还是持不同意见的。

宰相吕端分析灵州时局，认为灵州军需严重缺乏，化解灵州危机，要么补充灵州军储，要么让李继迁撤兵；补充军需很难立刻实现，因为李继迁占据了通往灵州的交通要津；让李继迁退兵的唯一办法，只能是军事打击，征调西北各州的军队，挑选士卒，兵分三路，攻击李继迁的老巢，李继迁必然退兵。简而言之，吕端的看法是必须出兵，要围魏救赵，以此化解灵州危机。

前面讲过，宋太宗内心深处有放弃灵州的念头，所以，对吕端的意见，他提出了一连串的问题：一是各州应该发兵多少；二是选谁为将领；三是选谁运输物资；四是到处是沙漠，三路军在何处会合。为了说明这些问题的关键性，宋太宗特地重提大宋朝廷四十万石粮草在运输途中被李继迁劫走的原因，说出兵需要慎重考虑，不可轻举妄动。从宋太宗的这些反对意见来看，他可能真的不主张出兵，至少内心在要不要出兵这个问题上是存有疑义的。

> 各发劲卒，约轻赍径走平夏，攻取继迁帐幕，继迁必顾惜巢穴，望风引退。——《续资治通鉴长编》卷三十九

> 须更熟筹，其事不可轻举。——《续资治通鉴长编》卷三十九

参知政事张洎最善趋炎附势，猜测圣上内心，所以急忙补充了三个困难因素，附和说：暑天天热，沙漠缺水，粮草未备，三路进军万万不可，圣上所言甚是。这次讨论不了了之。灵州形势危急，宋太宗还没有最后下定决心，所以要求宰相们抓紧拿出一个具体的意见。

张洎揣摩圣上心意，随后上了一份长篇奏章，洋洋洒洒，中心只有一个：主张放弃灵州。宋太宗最初的确是想放弃灵州，但犹疑不定，又逐渐否决了自己的想法。看到张洎的长篇大论，自己的心事又被张洎猜中，"不悦"，将奏章退给张洎，并说：卿所言，朕一句都不懂。张洎本想讨圣上欢心，不想被圣上叱责，讨了个没趣，吓得满头大汗，慌忙退出。

张洎的上书，反而坚定了宋太宗出兵的想法。于是，宋太宗决定再一次大规模征伐李继迁。至道二年(996)四月，宋太宗任命李继隆为环庆等十州都部署，也就是讨伐李继迁的前线总指挥。当然，按照惯例，李继隆身后还有一个总司令宋太宗，他已经详细拟定了讨伐方略与细节，并将其授予李继隆。

第一，兵发五路。

十州都部署李继隆从环州出兵，容州观察使丁罕从庆州出兵，殿前都虞候范廷召从延州出兵，殿前都指挥使王超从夏州出兵，西京作坊使张守恩从麟州

> 上初有意弃灵州，既而悔之，及览洎奏，不悦，却以付洎，谓之曰："卿所陈，朕不晓一句。"——《续资治通鉴长编》卷三十九

出兵。

第二，授以方略。

宋太宗将每路军队的进军路线、作战方法与策略均提前拟好，一一授之。

第三，目标乌白池。

乌白池是李继迁的大本营，五路大军的共同目标是会师于此，李继迁自会退兵，若不退兵，则合力围剿。

宋太宗的这个策略整体而言没有问题，但在执行中却问题频出。

首先，有人反对。

在宋太宗已经详细部署稳妥、马上出兵之际，银夏钤辖卢斌上言：戎人胜则进，败则退，往来无定；宋军并不适应在沙漠中作战；不如保灵州，援军与灵州的军队内外夹击，如此，灵州之围则解。宋太宗没有听从，并令其率兵三万为李继隆前锋。

其次，自作主张。

宋太宗战前已做出战略部署，但执行中出现问题。最先违反的是总指挥李继隆，按照宋太宗的部署，李继隆部应该由环州至灵州再至乌白池，但宋太宗给他派去的前锋卢斌说：从灵州到乌白池要一个多月，若经环州，只需十天。李继隆竟因此改变路线。

五路大军的结果如何？

先是，上部分诸将攻讨。李继隆自环州，范廷召自延州，王超自夏州，步军都虞候、容州观察使颍川丁罕自庆州，西京作坊使、锦州刺史张守恩自麟州，凡五路，率兵抵乌白池，皆先授以方略。——《续资治通鉴长编》卷四十

斌谓继隆："由灵州趋乌白池，月余方至，若自环州抵贼巢，才十日程尔。"——《续资治通鉴长编》卷四十

李继隆一路改变路线，走了几天，与丁罕部会合，这条路线本来就是宋太宗划定的丁罕部行军路线。两路合为一路，走了十几天，连李继迁军队的影子都没见着，本来应该去乌白池集结的，但他们却违背战前部署带兵返回。

> 既而与丁罕兵合，行十数日，不见敌，引军还。——《续资治通鉴长编》卷四十

由麟州出发的张守恩倒是遇到了李继迁的军队，但他太过谨慎，没敢打便带军回去了。

> 张守恩见贼不击，率兵归本部。——《续资治通鉴长编》卷四十

另两路宋军，延州的范廷召与夏州的王超虽最终到达乌白池，但其他三路都已经误期不至，这两路军队均遭遇抵抗。王超老将，"持重不进"，其实是心里发虚，幸亏他十七岁的儿子王德用激昂求战，请为先锋，激战三日，终于打跑了与宋军交阵的党项军。范廷召一路，与夏兵大小数十战，互有胜负，但最终因粮草不济，缺乏饮水，特别是其他三路大军未能如期到达，最终无法全歼李继迁部。大宋朝廷此次大规模的五路攻夏，竟以这样的结果告终。

> 独王超、范廷召至乌白池，与贼遇，大小数十战，虽频克捷，而诸将失期，士卒困乏，终不能擒敌焉。——《续资治通鉴长编》卷四十

第二年初，宋太宗计划再次对李继迁发起围剿，可惜围剿尚未完全展开，宋太宗驾崩。夏州问题，宋太宗到死也没能彻底解决，带着这个永远的遗憾走了。

宋真宗即位，李继迁骚扰不息，咸平五年(1002)，攻陷灵州，改名西平府，打下了独立的基础。西北五州从此永远地脱离了大宋的版图，最终形成一个独立的王国——大夏，导致北宋长期边患不断，一直不得太平。

西北五州从半割据到并入大宋版图，再到半割据，最终彻底独立，主要发生在宋太宗时期，或者说，宋太宗驾崩之前这个局势已经基本形成。这个局势的形成，宋太宗的失误在哪里呢？

几个致命失误

前人多将这一局势的形成归咎到宋太宗最初接纳了李继捧的献土、取消了夏州的独立、改变了夏州的政权形式。对于这种认识，说对也对，因为这种认识追溯到了一个起点，但是，从宋初统一大势的背景来看，这种认识显然是没有意义的，这一点前面我们已经讲过。在此，主要简单总结一下宋太宗在应对李继迁反宋过程中犯的几个致命错误。

一是心存幻想。

宋太宗对李继迁一直抱有幻想，将希望寄托在招安上，寄托在李继迁自身觉悟的提高上，这一点相当不切实际。大宋朝廷对李继迁的战争，大都处于被动，始终被李继迁牵着鼻子走，这是军事打击最终难见成效的重要原因。

二是经济制裁。

大宋朝廷实行青白盐的禁令，不但没有达到困死李继迁的目的，反而加剧了党项各部落的团结与凝聚力。认真检讨，大宋的经济制裁本身无误，误在施行经济制裁时考虑不周，没有配套措施。

三是毁夏州城。

彻底毁灭夏州城，使大宋朝廷失去了经营西北的一个重要据点,也暗示了宋太宗并无经营西北的雄心,不仅给李继迁提供了足够的战略空间,也促其完成了战略转移。

四是犹疑不定。

对灵州的战略地位认识不足,在放弃与坚守之间左右摇摆,在退缩与进攻之间犹豫不决,贻误战机不说,直接削弱了士卒坚守的信心。

五是将从中御。

将从中御是宋太宗一贯的控御策略,阵图、路线皆由其制定,以实现其对军队的彻底控制。说到底,宋太宗是一个文人,称不上军事家,屡屡犯下兵家大忌,例如分兵冒进这一错误,在此时与此后的宋夏战争史上反复出现,令人惊诧。而且,宋太宗在这个阶段对将领似乎已经缺乏足够的驾驭能力,所以战争每每出现违反其预定策略之事,落败就顺理成章了。

在大宋朝廷制约李继迁的各种措施中,有一项措施是让李继捧回归夏州招降李继迁,这个建议是当时大宋的宰相赵普提出来的。赵普不是在太平兴国八年(983)十月第二次罢相了吗?他为何又一次回到了大宋的中枢系统?

东山又起

《三十八》

在大宋朝廷对付李继迁的各种措施中，宰相赵普提出了以夷制夷的措施。赵普不是在太平兴国八年（983）再次被罢相，已经淡出大宋政权的中枢核心了吗？难道他又一次出任大宋王朝的宰相？若果真如此，那么，宋太宗为什么再次起用赵普呢？

宋太宗摊上事了

太平兴国八年(983),赵普被罢为武胜节度使兼侍中,五年之后的端拱元年(988),赵普再次拜相。罢免赵普的是宋太宗,把他召回来的还是宋太宗。这已经不是第一次了。那么,宋太宗为什么再次召回赵普呢?

正如赵普的第二次拜相一样,宋太宗遇到麻烦了,"摊上事了,摊上大事了"。什么大事呢?有人对他执政不满。

雍熙北伐前后,特别是北伐之后,朝中百官对于这场战争纷纷表示不满,要求追究责任人,有人甚至将矛头直接对准了最高统治者宋太宗。端拱二年(989),王禹偁、田锡两人相继上书表示不满,要求宋太宗深刻检讨自己的过失,不要动不动就独断专行。无奈之下,宋太宗向全国发布了对雍熙北伐承担责任的罪己诏。但是,朝中大臣并没有因为宋太宗向全国人民做了一下检讨就消停了,朝野上下仍有一股不安定的暗流在涌动。

对于朝中大臣的动向,宋太宗了然于胸,当然也急在心里。

或许有人会说,宋太宗是最高统治者,具有生杀予夺的大权,谁人有不满,直接贬官甚至杀掉都行,何必为此忧虑呢?实际上,做皇帝也没有那么容易,要想把皇位坐稳,必须把手下的一帮大臣尤其是文臣笼络好。中国的知识分子从专制皇权建立的那一刻起,就在为维护自身的权益努力着,他们通过种种方式来实现对君主个人权力的限制,他们不会满足于皇权附庸的地位,而是在与君权的博弈中力争自己的话语权。文臣的首领是宰相,但是在雍熙北伐中,宋太宗直接越过宰相单与枢密院商量北伐的诸多事情，体现出对朝中文臣的轻视与漠视。要命的是，雍熙北伐失败了。因此，他们有理由向皇权施压了。

雍熙北伐之后，大宋朝廷的反对与不满之声越来越多，这对于宋太宗来说不是好现象，所谓众怒难犯。如果这种情绪继续发展下去，自然不利于稳定，这也是宋太宗这个决计要达到文治境界的帝王不愿意看到的事情。因此，一段时间之内怎样扭转乾坤，不让这帮能言会道并有所谓道义在身的文臣再胡搅蛮缠，成为宋太宗心中挥之不去的烦恼。在困境之中，宋太宗脑海中又出现了那个让他又爱又恨的赵普。

宋太宗之所以想用赵普来化解这次危机，主要有以下三点考虑：

第一，赵普老。

这个老，不单是指年龄，主要是说资格。赵普是老资格了：两朝元老，两次拜相，在朝中有较高的威望。

赵普在太祖、太宗朝也曾经权倾一时，在朝中有着自己的势力圈。虽然被贬，但是瘦死的骆驼比马大，赵普的影响力还是有的，化解问题的能力无人能敌。既然文官的领袖是宰相，如果让赵普做宰相，就可以控制住不满情绪。

第二，赵普能。

对于赵普的能力，宋太宗是深有了解的。从赵普追随他们赵家开始，陈桥兵变、杯酒罢兵、雪夜定策、集权中央等，宋初的哪一项大政方针的出炉离得开赵普？赵普化解危机的能力更是无人能及，第二次出任宰相，成功解决了他宋太宗的皇位危机、传位难题，这些是宋太宗亲自经历、亲自参与的。

第三，呼声高。

在雍熙北伐过程中，身在地方的赵普先后上书言说北伐之前景，这一带有预言性的《班师疏》应验了，雍熙北伐最终大败。

雍熙北伐大败对大宋而言是一个灾难，但是对赵普个人来说未尝不是一件好事。《班师疏》的前瞻性，让赵普一时声名鹊起，众望所归，甚得民心，朝野上下也颇倾向于赵普。

当初，宋太宗北伐越过宰相，因此在朝中文官看来，不仅要给皇帝施压，还要有足以与皇帝抗衡的代表来为他们说话。赵普是两朝元老，此前也曾经有与太宗对立的经历，因此，他们中的部分人也愿意赵普来做宰相。

第四，赵普想。

赵普有再次进入权力中心的渴望，如果被起用，他必定会感恩戴德。

赵普被贬之初，就曾经对宋琪表达过自己希望可以侍奉宋太宗的想法，话语之中虽然说是希望来世得以再次为宋太宗效力，但是对当时朝中大臣说出如此之语，无非想借朝中大臣之口，来劝解宋太宗，希望宋太宗可以收回成命。

雍熙北伐失败之后，赵普再次上书，一方面表达了

宋琪对曰：『昨日普至中书，执御诗涕泣，谓臣曰：「此生余年，无阶上答，庶希来世得效犬马力。」』——《宋史·赵普传》

对宋太宗的关心，希望宋太宗可以保重身体；另一方面表达了尽管年老体衰也要竭尽所能报效天子的愿望。

一个人平步青云之际得到别人的帮助，他或许不太能记得，但是如果在身处逆境之时获得别人的帮助，他必定会铭记终身，这或许就是"锦上添花"与"雪中送炭"的不同吧！

综合以上四点考虑，宋太宗认定赵普是化解危机的不二人选，而且也是各个方面都能接受的一个选择。宋太宗看重的是赵普的威望与能力，朝中大臣看重的是赵普的强硬，赵普自己看重的是宰相的宝座。同时，宋太宗认定任用赵普为相有利无弊，一方面可以帮助自己平息一些怨气；另一方面也有足够的自信能控制赵普，世易时移，赵普已经不会与自己为敌，反而会忠心耿耿。

但是当初赵普的宰相之位是被宋太宗罢免的，而且赵普为相期间也得罪过不少人，现在想让赵普再次入朝为相，必须有一个由头，有一个好的说法，同时，还不能让赵普觉得自己离了他不行。为此，宋太宗是怎么做的呢？

> 臣素亏壮志，矧在衰龄，固无功伐可称，惟竭忠纯上答。——《续资治通鉴长编》卷二十七

步子不能迈得太大

主意打定了，宋太宗就着手赵普入朝为相之事。宋

太宗知道，对于此事，步子不能迈得太大，必须循序渐进。当然，这里面得有赵普的配合。

第一，先动一动。

雍熙四年（987），宋太宗将赵普的官职做了调整，赵普调任为山南东道节度使，改封许国公，迁至襄州（今湖北襄阳市）。

> 移山南东道节度，自梁国公改封许国公。——《宋史·赵普传》

赵普的这次调任，是在宋太宗焦头烂额之际，在赵普上书表达关心、陈述治国之道后做出的。或许当时的宋太宗已经被赵普的真知灼见、拳拳忠心所打动，往日的隔阂过节也被政治的需求代替了。在这种危难之时，宋太宗与赵普的距离慢慢拉近了。

第二，再瞅个时机。

端拱元年（988）正月，宋太宗亲自主持籍田大礼。赵普此时瞅准机会，言辞恳切地上表请求觐见。得知赵普的请求，宋太宗面露悲伤地说：赵普作为开国元老，是我一直以来尊敬礼遇的人，应该同意他的请求。得到宋太宗的恩准之后，赵普即时入朝参拜。君臣多年未见，一时间场面极为感人：赵普因为心动、激动、感动，不禁鼻涕一把泪一把，宋太宗则表现出仁君之态，多次抚慰赵普。

> 会诏下亲耕籍田，普表求入觐，辞甚恳切。——《宋史·赵普传》

> 会诏下亲耕籍田，普表求入觐，辞甚恳切。上恻然谓宰相曰：『普开国元臣，朕所尊礼，宜从其请。』既至，慰抚数四，普鸣咽流涕。——《宋史·赵普传》

宋太宗与赵普的相见，是各取所求，共同上演了一场"政治秀",向群臣表明他们君臣二人的和谐无嫌隙,为赵普的归来铺平了道路。

第三,要有助力。

要赵普再次入朝为相,在朝廷中还是有一定阻力的,虽然部分文官希望赵普回归,但也有部分人持坚决的反对意见,纷纷指责赵普,恨不得将赵普安置到荒远之地才称心快意。这些人应当是赵普的反对派,他们极力阻挠宋太宗再次起用赵普,害怕赵普东山再起对其不利。

朝中部分大臣从自己的利益出发,反对赵普,也是完全可以理解的,这是赵普之前所作所为的"后遗症"。对宋太宗来说,这些反对意见要考虑,但还不足以改变他的主意。只不过要想心愿最终达成,尚欠一把火,还需要一点助力。

这时,一个关键性的人物出场了,他就是开封尹陈王赵元僖。在宋太宗与赵普两人的"悲情戏"唱完之后,赵元僖及时上书,力荐赵普再次为相。

赵元僖从三个方面来说明起用赵普的必要性。

理由一:以史为鉴。

赵元僖首先援引唐太宗、唐明皇的故事,指出要成就帝业,必须用人得当,任用贤人。

理由二:相位关键。

宰相对于一国至关重要,因此必须慎重。在赵元僖

> 憸巧之辈,朋党比周,众口嗷嗷,恶直丑正,恨不斥逐遏徼以快其心。何者?盖虑陛下之再用也。——《续资治通鉴长编》卷二十八

> 唐太宗有魏玄成、房玄龄、杜如晦,明皇有姚崇、宋璟、魏知古,皆任以辅弼,委之心膂,财成帝道。——《续资治通鉴长编》卷二十八

看来，宰相由公正之人来担当才能使得国家稳定有序，各种政务顺利完成。

理由三：赵普合适。

赵元僖极力肯定赵普对大宋建国所做的贡献，言说赵普在治国理政方面的才能，肯定赵普的人品。

赵元僖的上书很关键，一来他是开封尹，也就是未来的帝位继承人，说话分量很重，代表的就是宋太宗的意见；二来他上书较有条理，理由也比较充分。因此，宋太宗十分高兴，就接纳了赵元僖的意见。

第四，得有空位。

在赵普再次拜相之前，宋太宗的宰相是李昉。在宋琪被罢相之后，李昉独自一人担任宰相近两年时间。现在要用赵普，必须让李昉空出这个位子来。但让李昉空出位子，即使你是皇帝，也多少得有个理由。

宋太宗对李昉的不满源自雍熙北伐。北伐前，宋太宗绕过李昉，单独与枢密院商定战略决策。本来李昉就对北伐持反对意见，加上宋太宗的刻意回避，李昉便上书言说北伐之弊，措辞激烈，情绪激昂，惹得宋太宗不满。但不满归不满，一来宋太宗的刻意回避有可非议之处；二来雍熙北伐失败

必须公正之人，典掌衡轴，直躬敢言，以辨其得失，然后彝伦式序，庶务康济。——《续资治通鉴长编》卷二十八

普开国旧老，得参帷幄，厚重有谋，忠诚言事，不苟求恩顾以全禄位，不私徇人情以邀名望，此真圣朝之良臣也。——《续资治通鉴长编》卷二十八

了，宋太宗负有很大责任，也不好因此而责罚李昉。

历史上总是在关键时刻，有某些人物猜度圣意，为皇帝分忧。在李昉罢相问题上，有人主动跳出来了！

这个人名叫翟马周。端拱元年(988)正月，翟马周敲响了放置在朝堂外面的登闻鼓。击登闻鼓，是古代重要的直诉方法，可以直接向最高统治者申诉冤情等。翟马周敲响登闻鼓，不是为自己申冤，而是状告当朝宰相李昉。控诉的理由是李昉身为宰相，在辽国大举入侵之时，不但不忧思边事，不恪尽职守，反而在家赋诗饮酒，歌女相伴，歌舞升平，忒不像话了。

> 先是，有翟马周者击登闻鼓，讼中书侍郎、兼工部尚书、平章事李昉身任元宰，属北戎入寇，不忧边思职，但赋诗饮酒并置女乐等事。——《续资治通鉴长编》卷二十九

翟马周对李昉的控诉，应该属于"欲加之罪，何患无辞"类型的。雍熙北伐，重要的决策宋太宗都不让李昉参与，这样一来如何让他恪尽职守？而且李昉也并非不顾边事，他也曾上书言说北伐之事。对于中间曲直、来龙去脉，没有一个人比宋太宗更清楚了。不过，这个时候宋太宗急需一个理由。

所以，对翟马周的控诉，宋太宗不仅没有追究诽谤之责，反而要借翟马周之手向李昉开刀。只不过时值正月，宋太宗正在进行籍田之礼，没有立即处理。到了二月，宋太宗就罢免了李昉的宰相之职。

> 上以方讲籍田，稍容忍之。于是，召翰林学士贾黄中草制，授昉右仆射罢政，且令黄中切责之。——《续资治通鉴长编》卷二十九

位子空出来了，赵普为相便成为顺理成章的事

情了。

第五，得留一手。

只不过，宋太宗在宰相的任命上，选择了"两相共存"的形式，也就是在确定赵普这一宰相人选的同时，将吕蒙正也任命为宰相。这一决定，宋太宗应当出于两点考虑。

考虑一：心存防备。

因为之前的芥蒂，宋太宗虽然起用了赵普，虽然对赵普也有一定的控制把握，但生性多疑的他对于赵普还是存有防备之心的。这一点可以从赵普上任之初，宋太宗的"敲打"看出。宋太宗晓谕赵普：不要因为位高权重而自我放纵、自我骄横。宋太宗对赵普的"敲打"，也是作为大臣需要避免的事情，这本来也属于正常教诲，但是宋太宗的话，首先强调的是两个"勿"，也就是把不能做的事情作为首要的关注点。再从两个"勿"的内容来看，宋太宗告诫赵普的不是具体的问题，而是着重突出了位高权重引起的"自纵""自骄"。可见，宋太宗最在意的还是宰相这一职位带来的危机。

考虑二：带带新人。

吕蒙正是宋太宗登基后第一次科举考试（太平兴国二年）的状元郎，可谓"天子门生"，而且吕蒙正为人宽厚，不结党营私，敢于直谏，宋太宗对他寄予厚望，

山南东道节度使、兼侍中赵普为太保、兼侍中，给事中、参知政事吕蒙正为中书侍郎、兼户部尚书，并同平章事。——《续资治通鉴长编》卷二十九

上谕普曰：'卿勿以位高自纵，勿以权势自骄，但能谨赏罚，举贤能，弭爱憎，何忧军国之不治？'——《续资治通鉴长编》卷二十九

但又怕他威望不够。宋太宗此次让吕蒙正与赵普同时为相，也是希望吕蒙正可以在赵普的引导之下快速成长，到时可以独当一面。

当然，对赵普来说，能够再次拜相，已经是极大的恩赐，所以他对吕蒙正也是赞许有加，处处提携。

赵普受命于危机之时，常有大动作出现。第二次拜相，解决了宿敌卢多逊，解决了赵廷美，解决了大宋皇室的皇位传承问题。那么，赵普的第三次拜相，又做了什么大事呢？

坚决打击结党　谨慎对付党项

宋太宗让赵普在关键时刻拜相，是英明之举。赵普在继任之后，在对内、对外两个方面都有大动作。对内方面主要是整顿吏治，对外方面主要是对付李继迁。

第一，打击结党。

赵普作为两朝元老，有很高的政治谋略和手段，第二次拜相就扳倒了卢多逊，几乎让卢多逊人头落地。第三次拜相之后，朝中有人开始害怕了。比如负责京都人事考核的雷德骧。雷德骧与赵普是有过节的，所以听闻太宗宣布赵普入相的消息

> 蒙正质厚宽简，有重望，不结党与，遇事敢言，每论政，有未允者，必固称不可。——《续资治通鉴长编》卷二十九

> 蒙正晚辈骤进，与普同位，普甚推许之。——《续资治通鉴长编》卷二十九

后，朝堂之上吓得笏板都掉了，坚决请求退休，宋太宗向他打包票都不管用。这一点我们在前面已经提及。雷德骧与赵普的过节不说，从雷德骧的退休请求可以反映出赵普之威，以此也可证明宋太宗任用赵普来统领群臣是有他的考虑的。

赵普第三次拜相之后，确实对朝中的大臣进行了一番整治，主要做了两件大事，铲除了两个结党集团："五人帮"、侯莫陈利用集团。

第一件大事：铲除"五人帮"。

赵普整顿吏治率先开刀的是朝中的"五人帮"。

"五人帮"指的是枢密副使、工部侍郎赵昌言，盐铁副使陈象舆，度支副使董俨，知制诰胡旦，右正言梁颢，这五个人以赵昌言府第为根据地，白天黑夜地聚会。这五个人也因此形成了一个比较牢固的集团，在当时京城里面妇孺皆知，百姓便在去往赵昌言家聚会的四个人中选取了陈象舆、董俨两人，分别赋予他们光荣称号"陈三更、董半夜"，以此来代指日夜聚会的"五人帮"，中国历史上便有了"半夜三更"的成语。这或许是宋太宗朝"五人帮"集团的最大贡献吧！

"物以类聚，人以群分"，"五人帮"作为一个群体，能聚到一起，不单是年龄相当，兴趣爱好及为人也非常接近：人品低劣、见风使舵。有三个例子可以

——德骧固请不已。——《续资治通鉴长编》卷二十九

枢密副使、工部侍郎赵昌言与盐铁副使陈象舆厚善，度支副使董俨、知制诰胡旦皆昌言同年生，右正言梁颢常在大名幕下，故四人者日夕会昌言第，京师语曰："陈三更、董半夜。"——《续资治通鉴长编》卷二十九

说明：

例子一：在赵普出任武胜节度使之后，胡旦迫不及待地跳出来，颂扬宋太宗英明，鞭挞赵普恶毒。

例子二：雍熙战败后，赵昌言立即上表"斩曹彬以谢天下"，为宋太宗排忧解难。

例子三：当初翟马周击登闻鼓状告宰相李昉，就是由"五人帮"之一的胡旦指使的。

从以上三个例子可以看出，"五人帮"最擅长且专攻的就是"读心术"，当然他们的"读心术"是有专门、固定对象的，那就是宋太宗。他们能在宋太宗最需要的时候给出最需要的言辞与行动，为宋太宗解忧。所以，宋太宗对这帮人比较依赖，进而对他们比较纵容。尤其是对于"五人帮"之首赵昌言，更是青睐有加，曾经想让他做宰相。也正是有宋太宗为他们撑腰，"五人帮"日渐嚣张起来，派出"枪手"为其服务，诋毁时政，左右朝廷用人。

也是"五人帮"集团太嚣张了，才引起了赵普的重视。"五人帮"的结党情况，代表的是朝中大臣普遍的结党苗头，有着强烈政治嗅觉的赵普自然知道这一苗头的危害。于是，

有佣书人翟颖者，奸险诞妄，素与旦亲狎，旦知颖可使，乃为作大言狂怪之辞，使颖上之，仍为颖改名马周，以为唐马周复出也。——《续资治通鉴长编》卷二十九

其言多排毁时政，自荐可为天子大臣，及力举十数人皆公辅之器，昌言内为之助，人多识其辞气，知旦所为也。——《续资治通鉴长编》卷二十九

上待昌言甚厚，垂欲相之。——《续资治通鉴长编》卷二十九

李昉既坐黜，赵普秉政，深疾之。——《续资治通鉴长编》卷二十九

赵普决定果断出击，杀一儆百，他将矛头率先对准了"五人帮"。

赵普与开封尹赵元僖共同出马解决这一问题。

首先，搜集证据。

赵元僖派遣心腹秘密行事，没费多大力气就将"五人帮"结党营私、为非作歹、祸乱朝纲的罪行搜寻清楚。

其次，逮捕翟马周。

在获得宋太宗的许可之后，赵普将翟马周逮捕下狱，由开封府判官亲自审理。最后翟马周将"五人帮"指使他干的所有坏事倒了个一干二净，为审判"五人帮"提供了坚实的人证支持。

最后，坚持严惩。

宋太宗得知"五人帮"的具体罪行后也非常恼怒，但是对于本应杀头的首领赵昌言，宋太宗却下不了死手，反而下达特赦令，将赵昌言贬谪为崇信节度行军司马，其他四人也被贬官。

在处理"五人帮"问题上，赵普比宋太宗坚决，要求将赵昌言处以极刑。宋太宗与赵普在处理"五人帮"的态度方面存在宽严差异，但在缘由上却有相似之处。宋太宗肯定是要惩罚这五人，之所以不愿意严厉处罚，是有自身的情感在里面。他对这五个人，特别是赵昌言依赖有加，听惯了奉承话，习惯了他们的

开封尹许王元僖使亲吏仪赞廉得其事。——《续资治通鉴长编》卷二十九

白上，捕马周系狱，开封府判官张去华亲穷治之，马周具伏。——《续资治通鉴长编》卷二十九

上怒，诏决杖流海岛。甲戌，责昌言为崇信节度行军司马，象舆复州团练副使，俨海州，旦坊州，颢虢州司户参军。——《续资治通鉴长编》卷二十九

"读心术",一下子全盘抹去肯定不适应。赵普要求严惩,一方面有整顿吏治的必要性,赵普深知赵昌言刚戾难制,如果不借此机会一举扳倒,一旦翻身,对于朝政定是一大危害;另一方面也有个人情感在里面,赵普痛恨陈象舆怠慢自己,所以要重重责罚。

宋太宗对于赵普的作为或许心中有所不快,但是他也无话可说,在确凿的证据面前,即使要偏袒"五人帮",也要有一定的限度,不能直接赦免他们的罪行。只不过,宋太宗对于这五人的依赖并没有因为他们的被贬而消失,或许是宋太宗年纪大了,喜欢听些顺耳的话,所以,在赵普死后,宋太宗又将他们召回京城,赵昌言坐上了参知政事的宝座,胡旦也恢复了知制诰的职位。这就是后话了。

第二件大事:铲除侯莫陈利用集团。

侯莫陈是三字复姓,据说是源于北魏的少数民族,现在这个姓已经消失了。侯莫陈利用是个什么人呢,值得让赵普动手铲除?这个人本是京城卖药的,也就是江湖郎中,靠着一点变幻之术,迷惑百姓。不知道他擅长什么法术,竟逐渐在民间小有名气。

名声出来了,他的人生辉煌期也就来了。天平兴国初,侯莫陈利用得到了宋太宗的召见,他的法术于宋太宗很对症,有一定的效果。就因为这次召见,侯莫陈利用来了个咸鱼大翻身,从一介平民升至郑州团练使的

> 普始为节度使,贻书台阁,体式皆如申状,得者必封还之,独象舆不却,普谓其慢己,故与颢等皆被重遣。——《续资治通鉴长编》卷二十九

> 太平兴国初,侯莫陈利用卖药京城,多变幻之术,眩惑闾里。——《续资治通鉴长编》卷二十九

位置，恩宠无限，一时间无人能敌。

宋太宗为什么会对这个人如此恩宠？或许要从宋太宗的箭伤说起。高梁河一战的箭伤几乎要了宋太宗的性命，虽然活了下来，但也留下了后遗症，股间时不时隐隐作痛。侯莫陈利用运用的法术具体是什么，我们无从得知，但是有一点可以肯定，他暂时抑制住了箭伤给宋太宗带来的伤痛。在宋太宗看来，这个人能够为自己缓解疼痛，说不定还可以根治这一顽疾，自己作为一朝天子，拿点恩赐来换取自己的健康，还是值得的。所以，宋太宗对侯莫陈利用的赏赐从来不加吝惜。

对侯莫陈利用来说，他也了解宋太宗的心理，便恣意横行，毫无惧意，他的府第、车马等，皆僭越了法定的规制。也正是因为宋太宗的纵容，这个方术之士身边也集结了一大批逢迎之士，希望可以借助他的力量平步青云，明哲保身的朝中大臣对此了然于胸，却不敢向宋太宗进言。

赵普拜相之后，对其毫不手软。不过在这一问题的处置上，赵普和宋太宗进行了一番周旋。

第一回合：宋太宗胜。

赵普派人将侯莫陈利用杀人及其他不法之事向宋太宗告发，并要求将其绳之以法。宋太宗只得派遣近臣审案，侯莫陈利用对此供认不讳，宋太

枢密承旨陈从信得之，亟闻于上，即日召见，试其术颇验，即授殿直，骤加恩遇，累迁至郑州团练使。前后赐与，宠泽莫二。——《续资治通鉴长编》二十九

遂恣横，无复畏惮，至于居处服玩，皆僭乘舆宫殿之制。——《续资治通鉴长编》卷二十

依附者颇获荐用，士君子畏其党而不敢言。——《续资治通鉴长编》卷二十九

于是赵普使人廉得其专杀人及它不法事，力于上前发之，乃遣近臣就案，利用具伏。——《续资治通鉴长编》卷二十九

宗也无法包庇他，只能将他除名流放，妻子儿女没为官奴。

第一回合似乎是赵普胜利了，但是没过多久，宋太宗又把侯莫陈利用召回，最终还是宋太宗袒护了他。

第二回合：赵普胜。

这个江湖骗子回京，赵普不想宋太宗重新重用他，便开始琢磨新的对策。"功夫不负有心人"，赵普又找到了两位重要人证。

一位是殿中丞窦湮(yīn)。窦湮曾经监管过郑州的酒水政府专营(榷酤)工作，了解侯莫陈利用的不法行为。赵普听说之后，召来窦湮询问，并让窦湮上书宋太宗，详细揭发。

> 普闻之，召至中书，诘得其实，复令上疏告之。——《续资治通鉴长编》卷二十九

一位是京西转运使宋沆(hàng)。宋沆曾经去抄没侯莫陈利用的家，得到了数张写有字的纸，其中有好多大不敬之语。赵普也让宋沆一五一十告知宋太宗。

> 初籍利用家，获书数纸，言皆指斥切害，悉以闻。——《续资治通鉴长编》卷二十九

除此之外，赵普还亲自出马，劝说宋太宗，认为对侯莫陈利用这样的罪大恶极之人，处罚太轻，不能堵住百姓之口，不能满足百姓的期望。

> 利用罪大责轻，未塞天下望，存之何益！——《续资治通鉴长编》卷二十九

面对着两个人证，面对着新的证据，面对着赵普的质疑，宋太宗很无奈，他明白赵普的意思，作为天子，他知道侯莫陈利用这样的人杀不足惜，但是作为一个时时受病痛折磨的病人，他却不想杀他。处于两

难之中的宋太宗有点近乎请求地说：难道我作为一朝天子，想庇护一个人都做不到吗？

但是，赵普还是坚持己见，从法理、国运的层面说明必须将此十恶不赦的巨蠹绳之以法。赵普的理由充分，宋太宗也没有办法，只能下令将侯莫陈利用在商州赐死。

此时，赵普基本上已经胜利了，达到了他的目的。但是，在下达命令之后，宋太宗又后悔了，或许是隐隐作痛的箭伤又让他改变了主意，马上派人快马加鞭传令赦免。但是传诏使者在前往商州的途中，马陷到泥泞当中跌倒了，使者从泥泞中出来之后又换了其他的马继续前行，等到到达商州之时，侯莫陈利用已经被斩杀于闹市之中。至此，赵普以其坚持，最终将这个江湖术士扳倒，更为关键的是将依附侯莫陈利用的奸佞之臣统统贬官。朝野上下、百姓中间听到这一消息，无不拍手称快。

赵普整顿吏治的两把火所指向的都是宋太宗的亲信之人，这是极具勇气与魄力的，当然效果也是相当明显的，这两把火烧得朝中百官谨言慎行，不敢再行结党之事。

第二，以夷制夷。

李继迁叛逃之后，宋太宗多次派人招降李继

迁，李继迁不肯投降，而且更加猖狂地侵扰边境。在此情况下，赵普提出了"以夷制夷"的对策，即让李继捧恢复定难军节度使的职务，重回夏州，招降李继迁。

宋太宗采纳了赵普的建议，但这一措施，并没有获得预想的成效。关于这一点，前文已经讲过。赵普的这个针对性与危险性并存的策略也被后人视为他从政的一大败笔。其实，是非功过，有时很难简单地用对或者错说清，历史的不确定因素很多时候是无法准确预判的。赵普也只不过是在军事打击失败之后，提出了一个新的尝试性的策略而已。

赵普三次拜相后，以强硬的手段整顿了吏治，以富有针对性的策略来应对李继迁，在暮年之际，为大宋王朝的发展尽心尽力。但是，赵普的大刀阔斧，打击结党，整顿吏治，同时也触动了宋太宗，让宋太宗心生不满。他对付李继迁的策略，并没有取得应有的效果，而且，端拱元年（988）的赵普，已经六十七岁，他的身体已经不足以胜任宰相这一责任重大的职位。于是，赵普决定辞职了。那么，对赵普的请求，宋太宗是怎样答复的呢？赵普的晚年又是如何度过的呢？

赵普走了

《三十九》

端拱元年(988)二月,赵普第三次拜相。短短几个月的时间,赵普对当时朝臣的结党营私进行了坚决打击。当年七月,因为天热,宋太宗让赵普回家休息。第二年十月开始,赵普连续四次上表,请求退休。淳化元年(990)四月,赵普罢相,出为西京留守,兼中书令。淳化三年七月,大宋朝廷与李继迁军队还在较量之时,对于大宋的建立、稳定、发展做出重大贡献的赵普离世了。赵普是怎么走的?对于这个两朝元老、三次拜相的宋初重臣,宋太宗是如何盖棺论定的呢?

一步步走了，正如他一步步来

第三次拜相后，在极短的时间内，赵普对朝中的结党营私进行了一番整治，成效明显。但是，在两次与结党营私者的较量过程中，皇帝与宰相之间的关系发生了微妙的变化。

一方面，宋太宗对赵普心生不满。

赵普所整治的结党集团中，有好些人都是宋太宗的亲信，尤其是侯莫陈利用，与宋太宗的身体甚至身家性命有着很大的关联，至少在宋太宗看来关系很大。也怪赵普，只顾所谓的整治，却忽视了宋太宗的情感，不仅让宋太宗丢了面子，而且让宋太宗感觉赵普无视他的性命，心生不满。

另一方面，宋太宗不能立即罢免赵普。

宋太宗虽然对赵普心生不满，却又不能立即罢免赵普。一则不能自己打自己耳光。当初，宋太宗为应对雍熙北伐之后的讨伐声音而将赵普召来，如果此时将赵普罢免，相当于否定自己。二则不能给人"卸磨杀驴"的感觉。赵普在朝中的声望不低，如果拜相才几个月就将其罢免，朝中大臣难免会"兔死狐悲"。

不满意又不能立即罢免，这让宋太宗相当为难。不能立即罢，并不是说不能罢。在这个国家，他还是老大，说话最有分量，办法也还是有的。凡事不能太过着急，关键要平稳过渡，可以走"曲线罢免"的路线。

首先，宋太宗借恩赐之名行减权之实。

宋太宗一生在关键时刻，经常败给天时，但是这一次，老天帮了他一个忙。端拱元年(988)的夏天，酷热难耐，这给宋太宗解决尴尬局面提供了很好的借口。为了体恤大臣，他特别恩准在相位上工作了五个月的赵普，每天上朝后就可以直接回家静养了，不用去中书坐班，等天气凉爽了再说。

宋太宗打出的是"恩情牌"，极为高明。天气热、年龄大都是事实，让赵普回家疗养，还能博取尊重老臣的名声，确实很高明。仔细想一想，作为一国的首相，不让你去上班，还有什么权力呢？所以，宋太宗是借尊老、爱老、敬老之名，剥夺赵普作为宰相的实权，还让赵普无话可说。

其次，赵普默然接受宋太宗的"善意"。

赵普不傻，很明白宋太宗的意思。一如当初宋太宗重新起用他那样，此次赵普也是鼎力配合。

其实，从赵普第二次出任宰相开始，与宋太宗的关系就很微妙，既彼此利用，又相互提防。当然，在这一关系中，宋太宗要占据绝对的主动。宋太宗可以给予赵普荣华富贵，却不能任凭赵普的声望越来越高。赵普第三次拜相，雷厉风行干的几件大事，不可避免地触动了宋太宗，相权对君权构成了威胁。朝中无人不知赵昌言、侯莫陈利用是宋太宗的亲信，赵普的痛下杀手，无疑让群臣感觉赵普在较量中获得了优势，因此在朝中的影响进一步增强。

秋七月戊戌，谓赵普曰："卿耆年触热，固应不易。自今长春殿对罢，宜即归私第颐养，俟稍凉乃赴中书视事。"普顿首谢。——《续资治通鉴长编》卷二十九当初赵普坚决惩办宋太宗诸亲信时，或许是太想表现了，或许是对当时的朝政不太满意，只想为朝廷出一份力，所以，即使他想到宋太宗会因此烦恼生气，他还是做了这两件大事。

当宋太宗提出让他多在家休养的时候，他终于知道，任凭自己怎样努力，自己与宋太宗的关系是不可能改变了，只要他还在这个位置上，宋太宗就得时时提防，处处提防。明白了这些，宋太宗的话语刚落，赵普立马磕头跪谢皇恩浩荡。磕头谢恩，只是宋太宗宣告了赵普暂时少理政事的"关怀"，接下来的事态发展，就得看赵普的了。

从端拱元年(988)七月宋太宗宣布诏令，到淳化三年(992)赵普去世，赵普为消除宋太宗的疑心，一步步地做了三项工作。

第一步：请病假。

端拱元年冬，据说赵普的病更加严重，便向宋太宗请病假，要求在家休养。赵普要的假条，正是宋太宗本来就想给的，此前七月的"恩情牌"与此大体相当，只不过之前是宋太宗提出来的，这次是赵普主动提出的。

当然，宋太宗为了继续表达对朝廷重臣、开国元勋的关怀，时不时地会到赵普的私宅里去探望，并给予加倍的物品赏赐。

及冬，病益甚，乃请告。——《续资治通鉴长编》卷三十一

车驾屡幸其第省问，赐予加等。——《续资治通鉴长编》卷三十一

第二步：求退休。

淳化元年（990），赵普声称自己的病越来越严重，多次上书请求宋太宗准许自己退休。在这样的情况下，宋太宗"借坡下驴"，不再拒绝，罢免了赵普的宰相职务，任命赵普为西京留守、兼中书令。

> 普遂称疾笃，三上表致政。——《续资治通鉴长编》卷三十一

第三步：辞官职。

西京指的是洛阳，西京留守是一个实职，自然有一定的权力，级别很高。此时的赵普也因为疾病缠身，更主要的是宋太宗的猜忌，完全失去了往日对政治的热情，所以先后四次上书，极力请求退休。

按说这对于宋太宗是个极好的机会，一来可以去除赵普在朝中的影响，二来这是赵普自己提出来的，不是自己下的驱逐令，但是宋太宗此时反而止住了脚步，不想继续往前走了，坚决不同意赵普退休的请求。在赵普多次上表之后，宋太宗赐给赵普手诏，极力肯定赵普开国元勋的地位，无人能比，并表示在赵普离京之时，要亲自送别。

> 上不得已，戊子，以普为西京留守、兼中书令。——《续资治通鉴长编》卷三十一

宋太宗的瞬息万变，真是让人颇费思量。其实，宋太宗针对赵普做出的每一个决定都不是随意之举，都是经过深思熟虑的。

首先，赵普的影响已经降至最低。

正所谓此一时彼一时，当初宋太宗让赵普退休，是因为感受到来自赵普的威胁以及对赵普的不满，

> 开国旧勋，惟卿一人，不同他等，无至固让，俟首涂有日，当就第与卿为别。——《宋史·赵普传》

是因为感受到相权对君权的挑战。令他没有想到的是，在一年多的时间里，赵普的身体状况一天不如一天，连走路都很困难了。看着这个曾经叱咤风云的开国之臣已是风烛残年，宋太宗明白赵普已经对他没有威胁了，人可以和天斗，和地斗，终归斗不过寿限。既然已不具有威胁，便没有打压的必要。

其次，宋太宗想借赵普博取美名。

如果按照赵普的请求，准许他退休，宋太宗做的是顺水人情的事，朝中大臣也说不出什么。但如此不过是消灭一个不是威胁的威胁，而宋太宗并不想放弃利用赵普，还想借赵普来增加自己身上的亮色。

宋太宗坚决拒绝赵普的请求，是想给朝中大臣制造一种感觉，那就是当朝天子并非薄情寡义之人，并非小肚鸡肠之人，对于那些有功劳的大臣还是有感情的，还是有恩情的。在这样的一种感情驱动之下，大臣们的积极性会得到极大的提升。

宋太宗与赵普的配合，最终使赵普罢相这件事得以顺利进行，既让宋太宗安心，又显示了宋太宗的仁君风范，君臣二人的默契度达到了五颗星！

其实，在这个过程中，赵普不仅仅是在自己退休这一问题上配合宋太宗，而且还在自己的晚年为宋太宗以及大宋王朝尽自己最后的努力。

鞠躬尽瘁

赵普因病请假期间，朝廷里面发生了一些事情，赵普本着为宋太宗尽忠的心理，急宋太宗之所急，想宋太宗之所想，做了一系列的努力。

第一，积极推荐人才。

赵普在帮助吕蒙正的同时，还为朝廷日后的发展积聚力量，极力推荐人才。

赵普曾经向宋太宗上书说明积聚人才的重要性与必要性。赵普从自己的身体情况出发，认为自己命不久矣，为了报答宋太宗对自己的大恩，他要在有生之年为大宋江山社稷贡献最后的力量。作为一朝宰相，赵普认为当时国家尚未安定，尤其是西北边防干戈未息，他从大宋的实际出发，认为要有防微杜渐、未雨绸缪之心，而赵普的未雨绸缪就是为朝廷选取优秀的人才。

当然，赵普选拔人才是有标准的，必须具备两个方面的条件：

条件一：有德。中国素来提倡德才兼备，赵普在选定后备人才时也遵循这一原则，并且对"德"特别强调，认为阿谀逢迎之士，必须屏退。联系前面赵普对赵昌言、侯莫陈利用等人的处置，可以看出赵普强调"德"有很强的现实针对性。

条件二：有才。才是指通晓变通之理，不拘常规，适时变动，能在国家危难之时有应对之策。

当然，赵普设定了条件，符合这一条件的人朝

臣久萦疾苦，近者始获朝参，窃疑大限非遥，深恩未报，事当关听，敢不尽诚。——《续资治通鉴长编》卷三十

此时机务，须藉正人。——《续资治通鉴长编》卷三十

定难扶危，宜退谄谀之辈。——《续资治通鉴长编》卷三十

防微虑远，必资通变之材。——《续资治通鉴长编》卷三十

中应该也有不少，但是真正能从圈子里跳出来，被赵普相中的，也不是一般人物。

赵普第三次拜相，主要推荐了两个人才，一位是张齐贤，一位是王禹偁。

赵普相中的第一个对象是张齐贤。那么，张齐贤是凭什么被赵普看中的呢？

一是淳厚。

张齐贤还未显达之时，他的父亲就去世了，张齐贤没有能力安葬父亲，多亏时任河南府佐史的张怀信出资帮助，张齐贤才得以将父亲安葬。张齐贤富贵之后，对于曾经给予他巨大帮助的张怀信，一直当作自己的大哥侍奉着。时日长久，始终不变。这种感恩之举，得到了众位乡亲的推举与赞誉。

> 及贵，常兄事之，乡里推其笃行，赵普因是力荐之。——《续资治通鉴长编》卷三十一

二是耿直。

张齐贤为人耿直，敢于直言。当年宋太祖巡幸西京洛阳时他曾"画地十策"，坚持己见。宋太宗登基后，张齐贤是第一次科举考试选拔出来的进士，但从不揣测主上内心，敢于上书直言。直言敢谏正是赵普所看重的，也是赵普所寻求的。

三是能力。

张齐贤有政治谋略，宋太祖时他的"画地十策"就已经展现出来了；而且有军事才能，雍熙北伐接连败退，张齐贤主动请缨，接管代州军务。结果旗开得胜，

> 言事颇忤上意。——《续资治通鉴长编》卷二十七

大败辽军，那是宋军在交战中为数不多的一次胜利。

综合以上条件，赵普认为张齐贤机智，有谋略，且德义兼备，此前授予张齐贤的官职，并没有让他尽其所能；如果能对张齐贤委以重任，他必定会建立大功。在赵普的极力推荐之下，宋太宗任命张齐贤为刑部侍郎、枢密副使。

与赵普主动为张齐贤求官不同，王禹偁是自己跳到赵普面前的。端拱二年（989），宋太宗就北部边境问题让群臣畅言。时任右拾遗、直史馆的王禹偁向宋太宗呈献《御戎十策》，借汉朝历史来言说当下之事，他认为大宋的御戎之计应主要着眼于内外两方面：对内修德爱民，对外任用贤臣。并就内外两个方面有针对性地分别提出了五项策略。

王禹偁的上书条目清晰、目标明确，有很强的现实针对性，为他赢得了双重收获。一是获得了宋太宗的赞赏，宋太宗对《御戎十策》甚为满意。二是赢得了宰相赵普的器重，着力培养推举。赵普与王禹偁也因此成为忘年之交。

王禹偁能够获得赵普的器重，关键还有一条：王禹偁敢于直谏。关于这一点，在讲宋朝修国史的时候，已经涉及。

齐贤素蕴机谋，兼全德义，从来差遣，未尽器能。虑淹经国之才，堪副济时之用，如当重委，必立殊功。——《续资治通鉴长编》卷三十

时北庭未宁，访群臣以边事。禹偁献《御戎十策》，大略假汉事以明之。——《宋史·王禹偁传》

在外任其人，而内修其德矣。——《续资治通鉴长编》卷三十

上览奏，深加叹赏，宰相赵普尤器之。——《续资治通鉴长编》卷三十

第二,以身担天谴。

端拱二年(989),天空出现了青白色的彗星。此次彗星特点很明显:一是光芒越来越长;二是出现方向有变化,早晨出现在东北方向,晚上出现在西北方向;三是历时长,持续了三十天才消失。

中国自古就有灾异之说,认为上天能感知人事,也能干预人事,如果天子违背天意,行不仁不义之举,上天就会出现灾异进行谴责和警告。在灾异说中,上天降下来的警告,彗星就是极为重要的一项。端拱二年的这次彗星,在历史上应该是比较独特的,宋太宗本身又对此很是迷信,因此在彗星出现之后,宋太宗很紧张,马上进行自我反省,以求灾异消失。

就在这时,朝中有人趁机游说再次举兵伐辽。一直反对对辽开战的赵普,不顾身体不适,及时向宋太宗表明态度。

首先,归责于己。

作为群臣之首,赵普检讨自己在政治上的缺陷与遗漏,以此来消除宋太宗的自责情绪。

其次,不可伐辽。

赵普深知宋太宗迷信,所以对症下药,从中国传统的灾异思想出发,认为辽国不属于"万方"之列,自然不需要君主因此自责,也不需出

> 戊子,有彗出东井、积水西,青白色,光芒渐长,晨见东北,旬日;夕见西北,历右摄提,凡三十日至亢没。——《续资治通鉴长编》卷三十

> 臣闻五星二十八宿,至于五岳四渎,皆居中国,不在四夷。尚书云:『万方有罪,罪在朕躬。』岂谓契丹封疆,不在万方之数!——《续资治通鉴长编》卷三十

> 谬列三台之长,惭无一日之长,自知政术疏遗,宁免妖星谪见!挠至尊之怀抱,皆臣下之作为。——《续资治通鉴长编》卷三十

兵征伐。

再次，肯定大宋繁盛。

大宋开国三十年，国富兵强，这是近古以来不能比拟的。之所以出现彗星，也只是随缘感召，无须太自责。

最后，自请罢免。

为了消除灾异，赵普祈请宋太宗依据前代旧礼，将自己罢免，以定民心。

赵普本着对宋太宗的了解，化解宋太宗的疑虑，避免再次伐辽，这与他的谋略有关。但他自求罢免来免除灾异的做法，则显示了一朝宰相的担当与气度。正是因为赵普的应对及时、应对有方，宋太宗接纳了赵普不再伐辽的建议，但并没有降责于赵普。

赵普死了

淳化元年(990)三月，赵普动身前往西京洛阳。为了表示对赵普的重视，宋太宗做了三件事。

第一，亲自送别。

宋太宗之前回复赵普的手诏中就曾说过要亲自为赵普送行，以表示对赵普的重视。等到赵普动身之时，宋太宗准时出现在赵普家。

第二，专人护送、护理。

宋太宗派出的护送人员由赵普的长子赵承宗负责，

护送赵普到西京，并让赵普的次子赵承煦随行至西京，照顾赵普。赵承煦保留原有官职，按时发放俸禄，也就是宋太宗出钱让他照顾赵普。

第三，任命西京通判。

经过赵普的推荐，宋太宗任命刘昌言为西京通判，协助赵普处理政治事务。

从这些举动可以看出，宋太宗在赵普去往西京之时，已经转换了对赵普的态度，并且在赵普至西京之后，对于身在西京的赵普也是关照有加，祝愿赵普早日康复，回京城君臣共聚。但是，宋太宗的这种祝愿最终落空了，赵普再也没能回到开封，最终死在了西京洛阳。

赵普之死，历史上有着不同的说法，反映了不同的情感，下面介绍三种常见的观点。

第一，赵普死于内心之愧。

这种观点将赵普之死与生前为政相关联，以《枫窗小牍》的记载为代表。

根据《枫窗小牍》的记载，赵普病重之时，经常夜里做噩梦，多次遭受梦魇折磨，赵普便让道士为自己祈祷以消除灾殃。道士消除灾殃需要上表以求神，上表说明事由，赵普对此很难说清，拖着病体，从枕上一跃而起，自己写下了一段缘由。赵普写下的这段话，反映了他当时的自我反省，他认为一生当中所做诸多事，唯有赵廷美之事让他心中常生愧意。

> 赵韩王疾，夜梦甚恶，使道流上章禳谢。——《枫窗小牍》卷上

赵普令人将自己草写的上表密封好，面向空中焚烧。不料，正要焚烧之际，纸张被大风吹动，吹到了朱雀门前，被人拾到。一时间，此事被闹得沸沸扬扬，赵普不久之后就去世了。

"人之将死，其言也善"，历经大宋朝廷风云变幻的赵普，在重病之际忏悔当初对赵廷美痛下狠手，便祈愿以死谢罪，再加上众人的风言风语，赵普最终离世。

第二，赵普死于内心之愤。

这一说法以《续资治通鉴长编》为代表，与前一种说法有相似之处，都是将赵普之死与赵廷美联系起来，但具体情节及赵普的表现不尽相同。

从情节来看，《续资治通鉴长编》中，认识到赵普病重乃因赵廷美鬼魂作祟的不是赵普，而是神灵。在赵普久病之时，赵普派遣亲信到上清太平宫祈祷，得到神灵的指示：赵普作为开国功臣，长久为病痛所困，实际上是被他冤死之人造成的。所谓神灵言说的"冤累"，指的便是赵廷美。

从赵普的态度来看，《续资治通鉴长编》中的赵普不认罪。赵普的亲信回来复命之时，赵普勉强穿戴好衣冠来接受神灵指示。听说了神灵指示之后，赵普泣不成声。但是，对于神灵的指示不认可；对于赵廷美为冤死之事不认同；对于自己因为赵廷美之事而

密封，令勿发，向空焚之。火正爇函，而此章为大风所掣，吹堕朱雀门，为人所得，传诵于时，竟不起。——《枫窗小牍》卷上

乙巳，太师、赠尚书令、真定忠献王赵普卒。先是，普遣亲吏甄潜诣上清太平宫致祷，神为降语曰：『赵普开国忠臣，久被病，亦冤累尔。』——《续资治通鉴长编》卷三十三

得病，很气愤。他认为，赵廷美自己行不轨之事，最后结局是咎由自取，不能归咎于他。赵普发愿速速死去，要与赵廷美在阎罗王面前论论曲直。

第三，赵普死于丧子之痛。

这一说法将赵普的死引到了家庭。淳化二年(991)七月，在赵普七十大寿之时，宋太宗委派赵普的长子赵承宗带着他的手诏以及选定的祝寿礼物前往西京，以表达对赵普的祝福。但是，也正是赵普的七十大寿后发生的事情，使得赵普身体状况瞬间恶化。

赵普寿辰过后，他的长子赵承宗返京复命，没过多久，赵承宗就死去了。白发人送黑发人，年过七十身体孱弱的赵普经受不住这一精神打击，卧床不起。其间，赵普委托西京通判刘昌言三次上书极力要求退休，这次宋太宗同意了，免去了赵普的职位，但依然发放宰相的俸禄。再多的功名利禄，对于赵普都没有任何意义了，他拖着孱弱的身体维持了近一年的时间。淳化三年，在赵普七十一岁生辰之前，宋太宗依然派出人马去往西京为赵普祝寿，送去生日礼物。这本是宋太宗的好意，但也正是这一恩赐直接导致了赵普的离世。赵普长子就是在为赵普送完生日礼物后死去的，再次接到宋太宗送来的礼物让赵普悲从中来，忆起了早于自己而去的儿子，身体一下子全垮了，追随儿子去了！

> 潜还，普力疾冠带，出中庭受神语，涕泗感咽，且言：『涪陵自作不靖，故抵罪，岂当咎余！但愿速死，血面论于幽冥以直之。』是夕，卒。——《续资治通鉴长编》卷三十三

有关赵普之死的三种代表性观点，应该以第三种观点更为贴合当时的实际，更加可信。前两种说法的神异性色彩较浓，演绎的成分较多，尤其是第一种说法不太符合赵普平时的行事作风。

不管历史有何争论，赵普还是死了。赵普死后，这种争论并没有止息，颂美与非议的声音此起彼伏，颂美者称颂赵普的赫赫功业，非议者揪住赵廷美一事紧追不放。当然，这种评说多是与时代风气、个人情感联系在一起的。如果超脱时代与阶级的局限，对于赵普，应该一分为二地看，在人品上，赵普有可圈可点之处，也有遭人诟病之处；从政治功业上看，赵普应当是功大于过，在大宋历史发展过程中是极为重要的人物，他的功绩是不言而喻的，打天下、治天下之功在他身上合二为一，为大宋前期这一"好政府"的形成起到了至关重要的作用。

善后事宜

赵普死了，当时感触最深的当数宋太宗。他听闻赵普的死讯，不能自已地悲伤起来，流下了眼泪。

面对往日战友、对手的离去，作为一朝天子的宋太宗在感慨之余，给予了足够的重视，以此表达对赵普的哀思。

第一，肯定赵普的功劳。

在赵普死后，宋太宗回顾赵普的一生，对其侍奉宋太祖与自己的功绩做了极大的肯定。宋太宗认为赵普具备决断天下大事的能力，自他登基以来，赵普能够竭心尽力，忠于江山社稷，是当之无愧的社稷功臣。

> 普事先帝与朕，最为故旧，能断大事。——《续资治通鉴长编》卷三十三

在对赵普的追思之中，宋太宗略去了与赵普君臣之间的嫌隙，略去了对赵普的猜忌，营造出一种君明臣忠的和谐君臣关系。

这一方面是"人死为大"的观念在起作用。宋太宗与赵普一生有合作，有猜忌，宋太宗为拉拢与防范赵普，想尽了招数。但赵普死后，五十四岁的宋太宗很是伤感，他失去了一个战友，也失去了一个对手。因为有赵普这个战友，有赵普这个得力干将，宋太宗可以在治国的道路上轻松行进；因为有赵普这一对手，宋太宗必须打起十二分的精神努力进取，这在某种程度上也成就了宋太宗。人都死了，什么过节不能放下呢？再说，赵普晚年对宋太宗确实是竭尽心力，忠心侍奉。

> 朕君临以来，每待以殊礼，普亦倾竭自效，尽忠国家，社稷臣也。——《续资治通鉴长编》卷三十三

另一方面也是向世人的表态。不管宋太宗对赵普有何不满，赵普在大宋江山开创之初及发展之时确实是起到了重要作用，如果此时宋

太宗还坚持之前的不满，无视赵普的功绩，不仅会引起世人的猜测与不满，而且从他与赵普多年的交情来看，也是说不过去的。

所以，于公于私，宋太宗都要肯定赵普。

第二，安排了极高规格的丧礼。

宋太宗对赵普的肯定，在安排赵普的丧礼上面得到了很好的体现。

首先，追封定谥号。宋太宗赠予赵普尚书令之官，追封为真定王，谥号忠献。宋太宗的追封与谥号的选定，是对赵普忠心为大宋贡献一生功绩的肯定与回报。

其次，派专人负责丧事。宋太宗派遣右谏议大夫范杲代理鸿胪卿（掌管朝会、筵席、祭祀赞相礼仪机构的最高长官），专门负责赵普的丧事。

再次，在丧葬之日设置仪仗队与吹鼓手。淳化四年(993)二月，有司备卤簿（古代帝王出外时扈从的仪仗队），将赵普葬于洛阳北邙之原，附祭于赵氏家族的祖庙之中。

> 葬日，设卤簿鼓吹如式。——《续资治通鉴长编》卷三十三

复次，辍朝五日。

最后，亲自撰、写神道碑。神道碑记录死者生前事迹，宋太宗亲自起草、亲自书写。

> 亲撰神道碑，书以赐焉。——《续资治通鉴长编》卷三十三

对赵普生前功绩的肯定，是赵普生前的荣耀；对赵普死后丧礼的重视，是赵普死后的荣耀，宋太宗两个方面都照顾到了。赵普享受的这些荣耀，在整个宋代都是

非常罕见的。

第三，对其家人礼遇有加。

宋太宗除了关注赵普的丧礼之外，对于赵普的家人也给予了相应的关照。

赵普对自己的孩子要求很严，再次拜相之后，未曾为自己的儿子求官，反而时常告诫孩子要勉励奋进，懂得分寸。赵普认为承受皇恩，本当以身许国，不能以公谋私。

> 普再入相，未始为求官。——《续资治通鉴长编》卷二十九

赵普对自己孩子所说的话，不是自表清白之语。《续资治通鉴长编》认为赵普从任宰相之后，为官三十余年，未曾为他的亲属求过恩泽。其实，赵普为他的侄子求过官，以报答亡去兄长的厚爱，但是对于自己的孩子，赵普确确实实没有走过后门。

> 普常戒其子弟曰：『吾本书生，偶逢昌运，受宠逾分，固当以身许国，私家之事，吾无预焉。尔等宜各勉励，勿重吾过。』——《续资治通鉴长编》卷二十九

赵普不为孩子求官，但是宋太宗可以主动给予官职，给予封号。

在端拱元年(988)，宋太宗就曾任命赵普的次子赵承煦为六宅使，在赵普死后，宋太宗又授予赵承煦宫苑使之职，遥领恩州刺史。

赵普有两个女儿，都已经成年，宋太宗下令封其为郡主。赵普的妻子和氏上书，说赵普的女儿都愿意出家为尼，对此宋太宗多次劝谕，也不能令其改变主意，便不再勉强她们，赐赵

> 故自肯密升宰辅，出入三十余年，未始为其亲属求恩泽者。——《续资治通鉴长编》卷二十九

普长女名志愿，号智果大师，次女名志英，号智圆大师。

> 上再三谕之，不能夺，皆赐以名号。——《续资治通鉴长编》卷三十三

一代名相赵普，为大宋王朝的创立、稳定与发展倾尽了毕生的精力，走完了他一生的旅程，长眠于西京洛阳的郊区了。赵普离世之时，大宋西北的党项李继迁仍然在与大宋朝廷对抗，赵普提出的利用李继捧招降李继迁的措施，并没有取得预想的结果。一波未平一波又起，赵普离世的第二年三月，大宋的西南蜀地，也发生了动乱。这到底是怎么回事呢？

四十 西蜀乱起

雍熙北伐前后的一系列战争,最终摧毁了宋太宗收复幽燕、一统山河的美梦。饱受挫折的宋太宗改弦更张,将战略重点由外撤回,尽心治理国内事务,以求海内晏平,百姓称颂。然而,事情远没有他想象的那么轻松,就在他躬身励政谋求太平盛世之时,新的麻烦出现了。淳化四年(993),远在西南的蜀地爆发了北宋建国以来最大规模的农民起义——王小波、李顺起义,声势浩大,应者云集。北宋政权才建立三十多年,为什么会爆发如此规模的农民起义呢?宋太宗对此应该承担什么责任呢?

山雨欲来风满楼

多年的对外战争，使得大宋王朝民愤渐起。早在宋太宗对外多线作战之时，赵普、李昉等朝中大臣便多次上书厉言危害。他们的上书综合起来，有四种国内危机：农业受损，百姓厌战，流民渐多，兵久生变。

朝中大臣的上书，并非空穴来风，亦非危言耸听，最终在对外战线受挫的情况下，宋太宗也做出了策略调整。端拱二年（989），最先由大臣田锡提议"欲理外，先理内，内既理则外安"，至淳化二年（991）宋太宗将"守内虚外"作为一项重要国策，认为外患是可以预防的，但是国内的奸邪之事，才是最令人戒惧的。

> 上因谓近臣曰："国家若无外忧，必有内患。外忧不过边事，皆可预防。惟奸邪无状，若为内患，深可惧也。帝王用心，常须谨此。"——《续资治通鉴长编》卷三十二

但是，长期以来积聚的矛盾、怨愤，不是宋太宗一纸诏令就可以即刻化解的。在其国策改变前后，朝中大臣预测的变乱还是发生了。

变乱一：河北民变。

端拱初年，长期饱受战争之苦的镇州、定州等地的百姓纷纷揭竿而起，群起作乱，一时间，盗贼蜂起。此次民变是有一定规模的，大宋五队巡检兵去讨伐，一个多月都没能制伏。最后宋太宗派出殿前副都指挥使戴兴暗地里集结军队尽力出击，严厉镇压，才将盗贼全部消灭。

> 时盗贼群起，会五巡检兵讨之，逾月不能克。兴阴勒所部潜出击之，擒戮殆尽。——《宋史·戴兴传》

变乱二：贝州兵变。

淳化年间，戍守贝州（今河北清河县）的三十七名骁勇善战的士卒，密谋兵变，意欲谋杀贝州知州周审玉，抢夺兵器而叛乱。周审玉对此兵变及时发觉，率兵将兵变人员全部擒拿，斩首十五人，将为首者公开施以磔刑，震惊朝野。

> 淳化中，知贝州。有骁捷卒戍州者三十七人，同谋杀审玉，劫库兵而叛，推虞候赵咸雍为首，审玉觉之，与转运使王嗣宗率兵悉擒其党，斩十五级，磔咸雍于市。——《宋史·周审玉传》

变乱三：天灾民乱。

淳化四年（993）二月，江淮、两浙、陕西等地连年旱情严重，老百姓辗转流离，不顾刑罚严重，劫道事件频发。为此，宋太宗分派八名朝廷要员分头巡视各地，安抚百姓，招纳流亡之人，使其有栖身之所；处理案件，一切从轻发落。

> 己卯，遣工部郎中、直昭文馆韩授，考功员外郎、直秘阁潘慎修等八人分路巡抚。所至之处，宣达朝旨，询求物情，招集流亡，俾安其所，导扬壅遏，使闻于上，案决庶狱，率从轻典。——《续资治通鉴长编》卷三十四

淳化四年秋，陈州（今河南周口市）、颍州（今安徽阜阳市）、宋州、亳州（今安徽亳州市）一带雨水不止，百姓有因水灾而被倒塌的房屋压死的，而且庄稼多歉收，物价不断高涨。以上四地盗贼群起，商旅不行。对此，宋太宗认为是官员不作为造成的，对宰相李昉等人进行责问，并采取了相应的补救措施。

> 上以阴阳愆伏，罪由公府，切责宰相李昉及参知政事贾黄中、李沆曰：“卿等盈车受俸，岂知野有饿殍乎？”——《续资治通鉴长编》卷三十四

民变、兵变都是百姓迫于无奈的反抗之举，从这些叛乱的时间、地点等，我们可以总结出以下四点：

第一，地域由边疆向中原转移。变乱初期

主要集中在战争多发的河北一带，后期则扩展到开封附近的中原地带。

第二，变乱的原因有所改变。变乱初期主要是百姓厌战情绪的反映，是人祸；后期则主要是天灾所致。

第三，持续时间都不长。出现变乱之后，大宋朝廷采取了相应措施，及时处理，或镇压，或安抚，将变乱置于可控范围之内。

第四，破坏力不大。变乱本身规模就不大，再加上大宋朝廷的及时应对，并不会造成很大的破坏。

河北民变、贝州兵变以及天灾引起的变乱最后都被控制住了。但是，举凡大震之前，多有小震。或许星星点点的民变、兵变是更大的祸乱的前导，最终会引发山崩地裂般的痛感。

时间最终定格在淳化四年（993），地点来了个乾坤大挪移，从河北地区、中原地带转移到了西南的蜀地。王小波、李顺起义了！

淳化四年二月，蜀地茶农王小波在四川青城（今四川都江堰市南）聚众起义，喊出了"吾疾贫富不均，今为汝均之"的响亮口号，振臂一呼，应者如云，在短时间内集结了数万人的起义队伍，并攻占了青城、彭山（今四川眉山市彭山区）、江原（今四川崇州市东南）等地，四川西部几乎皆被其掌握。

与河北民变、贝州兵变、中原变乱相比，王小波起义无论是规模还是影响都要大得多。按照一般的规律，农民起义多是在国家进入昏庸无道、风雨飘摇的没落期出现的，而王小波起义则是发生在大宋王朝欣欣向荣的初期。那么，是什么原因让王小波等人揭竿而起的呢？

据说都是茶叶惹的祸

长期流传的一种观点是：茶祸。

这一观点最早是由苏辙提出来的。他在《论蜀茶五害状》中指出，宋太宗时的榷茶制度是引发王小波起义的根本原因。那么，茶祸是怎样出现的呢？

欲说茶祸，必得先说说茶。

西蜀地处西南一隅，有着肥沃的土地，周围群山环绕，形成一道道天然的屏障。因为独特的地理、气候等条件，蜀地一直有着"天府之国"的美誉，经济发达，足以自给自足。

西蜀闻名全国的经济行业有三：蚕、盐、茶。

蚕丝织成的蜀锦蜚声遐迩，盐是人的日常生活必备品，这自不必提，自然是重要的经济来源。现在单说一下茶。

茶在宋代是极为重要的物资，国内国外对此皆有大量需求。

首先，从国内来说，茶为日常必备品。

茶从传说中的神农氏时代开始进入中国人的生活，最初是作为解毒治病之药出现的，后来因其轻身健体、明目醒神等功效而逐渐变为日常饮料。

宋代初年，茶已经成为老百姓"不可一日以无"的日常必备品，再加上北宋市井文化的发达，宋代对茶的

> 及艺祖平蜀之后，放罢一切横敛，茶遂无禁，民间便之。其后淳化之间，牟利之臣始议掊取，大盗王小波、李顺等因贩茶失职，穷为飘劫。
> ——《苏辙集》卷三十六

> 夫茶之为民用，等于米、盐，不可一日以无。
> ——《王安石文集》卷七十（中华书局2021年版）

需求量很大。

其次，从国外来看，茶成为战略物资。

大宋王朝与周边少数民族政权处于多维关系网中：

一是要发展边疆贸易互市。西北部的各少数民族政权是大宋王朝的重要贸易对象，他们受本地气候等条件的限制，所产的物品不过是羊马毡毯等，国中所用依赖与大宋的贸易往来。

二是要回赠少数民族政权的岁贡。宋太宗时高丽、渤海国等多次向大宋朝贡，大宋方面需要给予一定的回馈。

三是战争与结盟交织。宋太宗对辽用兵之时，因为战争军用物资紧缺，就开始让商人运粮草至边塞战场，根据运输距离远近以确定其价值。商人可以拿着文契至京师直接兑换成钱，也可以到江淮等地提取茶盐来经营。宋太宗在对辽、夏州的不断斗争中，最终采取了和平友好的态度。为了维持和平友好的国际关系，亦需有表达诚意的表示。

以上三重关系网都需要一定的物资来维系，辽国、夏州的地理及饮食特点也使得茶成为必不可少的用品。饮茶可以帮助消化，对于以牛、羊肉为主食的契丹、党项等少数民族来说，茶也在不断的交往中渐渐成为他们的一种必需品。后来宋仁宗时因西夏

自河北用兵，切于馈饷，始令商人输刍粮塞下，酌地之远近而优为其直，执文券至京师，偿以缗钱，或移文江、淮给茶盐，谓之折中。——《续资治通鉴长编》卷三十

盖夷人不可一日无茶以生，祖宗时，一驮茶易一上驷。——《宋史全文》卷二十六（中华书局2016年版）

入侵，大宋对西夏实行经济制裁，停止双方的贸易来往，西夏百姓饮无茶，竟然引起了国内的怨愤，迫使西夏与大宋停战议和。由此可见，茶在国外也有着巨大的消费市场，茶成了国际友好关系的重要维系物。

既然茶在大宋具有如此重要的地位，加之蜀地自汉代就有了茶市，自然也形成了较大规模的茶园经济，茶成为蜀地极为重要的经济物资。种茶、贩茶就成了当时比较好的行当，利润可观。

作为蜀地三宝——蚕、盐、茶之一的茶怎么会演变成茶祸了呢？

茶演变为祸应当考察茶的利润走向。

当时，茶叶市场的利润主要流向了两级部门：

一是中央朝廷。大宋朝廷对利润可观的茶叶实行垄断经营，由政府出面对茶实行专卖，限制民间的贸易往来，以此来增加财政收入。

二是地方政府。具体负责这一制度实施的地方官员则把经唱得更歪。淳化年间，蜀地设置了专门负责茶叶收购的机构，用最低的价钱来收购茶农手中的茶叶。

政府不以百姓利益为重，而以最大限度地剥削为目的；官员不以扩大百姓生存空间为目的，而是中饱私囊，谋求一己之私利。

中央与地方的双重盘剥，最大化地谋取了市场利润，对于他们来说，这是好事。但是，对于行业链中的下层来说，则不见得是一件好事。

第一，刑狱增多。巨大的利润使得部分人铤而走险，将茶叶私自贩运到西北部，送到辽国、西夏等地交易。有的甚至生产、出售假冒伪劣商品，以次充好，甚至是以桑叶来冒充茶叶出售。宋太宗时期对于茶叶市场上的走私以及假冒伪劣情况，处罚极为严格。在这样的情况下，社会上因茶而遭受惩罚的人日益多了起来。

第二，失业率急剧上升。

茶叶价格低廉，必然伤害茶农的利益，同时也使得从事贩茶生意的小商贩失去了生存空间，大量人员失业，成为无业游民，增加了社会的不安定因素。

王小波、李顺的家乡青城县是蜀地有名的茶叶产区，朝廷的专卖制度导致他们失去了维持生计的来源，生活极为窘迫。于是，官逼民反，他们揭竿而起了。

人祸甚于茶祸

王小波起义发生在从五代以来就有着特殊意义的蜀地，并非偶然。其发生的原因也并非单一的茶祸。冰冻三尺非一日之寒，这里有历史原因，也有现实原因，是众多矛盾共同交织的结果。

第一，历史积怨。

历史的积怨可以追溯到宋太祖之时。大宋王朝将蜀地并入中原的版图，是统一过程中的重要一环，也为后来的统一奠定了物质基础。但是，大宋王朝吞

> 茶之为利甚博，商贾转致于西北，利尝至数倍。——《宋史·食货志下》

> 大则破族亡家，小则身填牢狱，州县公事，大半为茶！——章如愚《群书考索后集》卷五十七（书目文献出版社1992年版）

并后蜀也留下了一系列后遗症。

一是军队无行。

宋太祖派军讨伐后蜀孟昶政权，宋军入蜀之后，军纪败坏，前线总指挥王全斌与部下宴饮无度，纵容部下抢掠女子，劫夺财货，敲诈勒索蜀地降官，虐待残杀降兵。引得蜀中军民怨愤不已，人心思乱，后来发生了以全师雄为首的叛乱。

全师雄叛乱的中心地带是灌口镇，隶属青城县。虽然这次叛乱最后被镇压，但是百姓的怨愤并没有因镇压而消失，而是化为火种，等待着合适的时机。后来王小波、李顺起义所在地与全师雄的起义中心地带重合，这绝对不是历史的巧合，而是历史的延续。

二是朝廷贪心。

平定后蜀之后，宋太祖派水陆两队将后蜀政权的珍宝、古玩、玉帛、钱币、粮草等悉数运往开封，经过十年时间，才结束了这一浩浩荡荡的财产大转移。

对于宋太祖来说，这是杜绝割据出现、维护国家统一的必要措施，但对于蜀地百姓来说，类似于新强盗的肆意掠夺。大宋军队的到来，不仅没有给蜀地百姓带来任何好处，反而将蜀地的财富抢走了。要知道，孟蜀政权之所以能出现财币充实的繁荣局面，其中一个原因，便是蜀地得到的财富得以固留蜀地，没有外流。

在平定蜀地伊始，大宋给予百姓的便是旷日持久

> 府库之积，无一丝一粒入于中原，所以财币充实。——张唐英《蜀梼杌》卷下（《全宋笔记》第一编第8册，大象出版社2003年版）

的庞大征调工程,而这正是天下初定之时百姓的大忌讳,蜀地百姓自然对大宋朝廷没有太好的印象。甚至,有些人开始怀念当年的孟蜀政权了。

第二,地方虐政。

宋太祖平定后蜀之后,为了缓和矛盾,实现对蜀地的顺利接管,免除了后蜀时规定的一些苛捐杂税。但是,好景不长,为了巩固中央集权以及维护边疆安定,大宋建立了庞大的官僚机构,并且极力扩充军队。随着庞大官僚机构与大军队的形成,国家的开支自然也多了起来。这些支出最终要依靠百姓缴税解决。于是,大宋不仅将后蜀时期的各种税收名目继承下来,如头子钱、牛皮钱等,而且很多新的赋税徭役纷至沓来。

一是比重偏大。宋朝在蜀地不仅征收二税(夏秋两季缴纳赋税),而且在全国的税收体系中,蜀地承担的缴税任务是很重的,大约接近全国的三分之一。

二是名目繁多。蜀地的百姓除了正常缴纳赋税之外,很多事务亦须交纳钱财,如百姓盖房的木材、地基要上税,百姓自己织自己用的布帛也要交税,嫁女儿也要交税。

税收情况是北宋官员政绩考核的标准之一,为此,地方政府多巧立名目最大限度地聚敛税收,使得百姓无以为生,生活困顿。至道元年(995),朝廷一个

方天下初定,民厌徭役。
——《嘉祐集笺注》卷十
(上海古籍出版社1993年版)

忠州民以鱼为膏,伪蜀时,尝取其算,乙卯,诏除之。——《续资治通鉴长编》卷六

蜀之四隅,绵亘数千里,土衍物阜,货货以蕃,财利贡赋,率四海三之一。——吕陶《净德集》卷十四(景印文渊阁四库全书本)

叫石普的官员在分析王小波起义的原因时明确提出，赋敛迫急是导致蜀地叛乱的原因。

三是标准不一。正常的缴税，如果确立一个公之于众的统一的标准，即使偶有意见或不满，也还能处于可控范围之内。但是，在宋太宗时期，真正执行赋税制度时，同样是面对子民，其标准却因人而异，严重地不平等：有钱有势的地主、商人勾结官员，可以隐藏田地数目，逃脱缴纳赋税，免除徭役负担；某些官员、寺院庄园甚至享有免税的特权；繁重的赋税完全加在下层百姓身上，百姓没有丝毫喘息的机会。

地方政府这种"竭泽而渔"式的赋税缴纳政策，使得"税重民苦"成为当时百姓的真实写照。

第三，土地兼并严重。

大宋从建国伊始，便奉行不抑豪强、姑息兼并的政策，所以土地兼并一直是宋代的一大"特色"。

根据土地占有情况，北宋居民分为主户与客户两大类。主户就是指拥有土地的人；客户指的是没有土地的人，隶属于主户，也称"佃客""旁户"，如同奴隶一般，要负责主户的徭役等。主户又分为五等，前三等称为"上户"，主要是大土地所有者；后两等称为"下户"或"贫下户"，主要是自耕农或半自耕农。上户人数很少，但是占据了全国绝大部分的土地。

随着土地兼并的日渐严重，很多自耕农纷纷破

> 普因言："蜀之乱，由赋敛迫急，农民失业，不能自存，遂入于贼。望一切蠲其租赋，使知为生，则不讨自平矣。"——《续资治通鉴长编》卷三十九

> 才得归农，即复应役，直至破尽家业，方得闲休。——《宋会要辑稿》食货一之二十

> 川峡豪民多旁户，以小民役属者为佃客，使之如奴隶，家或数十户，凡租调庸敛，悉佃客承之。——《宋史·刘师道传》

产，丧失了土地，加入客户的行列，使得客户的数量日益增加，有些州的客户数量竟占总户数的80%，甚至90%。土地占有的严重不均，最终导致主户与客户间矛盾的激化。

早在雍熙三年(986)，国子博士李觉便上书指出这种贫富不均现象：富有者有一望无际的田地，贫穷者则没有立锥之地；有力耕地的人没有地种，有地的人则没有耕种的能力；富有者越来越富有，贫穷者越来越无生存之能力。

对于李觉提出来的问题以及相关的应对措施，宋太宗表示了赞许，但是并没有采取特别有针对性的改革措施，以改变现状。一来长期形成的土地制度是国家存在的根本，不是短时间内可以更改的。二来当时的宋太宗正忙于雍熙北伐的调兵遣将，无暇顾及也没有意识到问题的严重性。

李觉的观点必是对国内的土地情况做过一番调查之后得出的，也是在贫富不均这一社会问题极度严重的情况下才上书的，但是因为时机问题，宋太宗"嘉而不改"的态度，使得已经出现乱态的社会问题进一步加剧，最终在雍熙北伐落幕之后，又给了宋太宗一记重拳。

第四，全面的禁榷制度。

土地兼并严重，加之蜀地本身地狭民稠，百姓单纯

> 李顺之乱，皆旁户鸠集。——《宋史·刘师道传》

> 富者有弥望之田，贫者无卓锥之地，有力者无田可种，有田者无力可耕，雨露降而岁功不登，寒暑迁而年谷无获，富者益以多畜，贫者无能自存。——《续资治通鉴长编》卷二十七

靠种地无以为生，便"借他业以相补助"，兼搞茶业、盐业、纺织业。

前面已经说过，政府对蜀地的茶叶交易进行了一定的限制，其实蜀地素以闻名的布帛、盐，正是禁榷的主要对象。

大宋朝廷在蜀地设置"博买务"，完全由官府垄断经营布帛、盐等物。四川盛产井盐，然而当地老百姓却买不到盐吃。百姓没盐吃，是因为官员与奸商勾结，贱买贵卖。

> 豪民黠吏，相与为奸，贱市于官，贵粜于民，至有斤获钱数百，官亏岁额，民食贵盐。——《宋史·食货志下》

政府对某些生活必需品进行专卖以打击大商人的囤积居奇、垄断市场，是维持国家稳定的必要之举。但是，大宋的禁榷制度却使得这些必需品的生产者倾家荡产，破产失业。在具体执行环节所出现的问题，使得努力劳作但无收获甚至要招致刑罚的百姓心凉了。宋神宗之时的冯京明确指出王小波起义是禁榷制度引起的。

> 冯京曰：『曩时西川因榷买物致王小波之乱。』——《续资治通鉴长编》卷二四九

王小波起义之前的蜀地，是当时大宋所有矛盾的集结地，几乎汇聚了所有类型的矛盾，可谓当时的"难民集中营"，也如同一枚炸弹，随时可能被引爆。

灾难来了

炸弹需要有导火索才能正常爆炸，王小波起义的

导火索应当有二。

第一，地方官的苛政。

宋太宗十分重视蜀地地方官的选择，他选择的第一位成都府知府，是他任开封尹时的幕僚程羽。虽然在观念上宋太宗重视蜀地地方官的选拔，但是他精挑万选出来的地方官并没有把蜀地治理好。

在王小波起义之前，右谏议大夫许骧曾经知成都府，等到他任职期满回京复命之时，许骧对宋太宗汇报了蜀地的情况。许骧认为蜀地百姓性情粗劣怠惰，容易被人挑动，希望朝廷派遣继任官员时，能选择忠厚长者，以安抚蜀地百姓。

> 初，右谏议大夫许骧知成都府，及还，言于上曰：『蜀土久安，其民流窳易扰，愿谨择忠厚者为长吏，使镇抚之。』——《续资治通鉴长编》卷三十五

许骧的汇报已经暴露了蜀地百姓存在的不满情绪，社会已经出现不安定因素，所以急切建议选派忠厚长者为官。宋太宗对此建议也极为重视，最终选择了东上阁门使吴元载继任成都府知府。

吴元载，宋太祖时重臣吴廷祚之子。

吴廷祚为官恩威并施，广施德政，在朝野上下传为美谈。吴廷祚治家严谨，六个儿子皆有所成，且四儿子元扆于太平兴国八年 (983) 娶太宗的四女儿蔡国公主为妻。

或许因为结亲的关系，或许综合考虑吴家的家风，宋太宗最终决定让吴元载知成都府。但是，吴元载的治蜀措施，与之前许骧所期待的截然不同。许骧希望忠厚

长者安抚百姓的不满情绪，但是吴元载继任之后，并没有理睬百姓的不满，反而以高压手段对付不安定因子，用武力维稳，进一步加剧了百姓的不满。

吴元载治蜀的失误主要有两点：

一是为政苛刻。百姓犯了很小的罪过，吴元载也必定重罚。《庄子》曾言"君子不为苛察"，历史上由于为政苛察而致乱的先例很多。况且在百姓怨声已起的时刻，一味实施苛政只能是抱薪救火、扬汤止沸，不仅不能消除灾难，反而会让灾难扩大化。

二是不顾民俗。蜀都百姓性好游玩，对这种长久以来形成的民俗，吴元载极不认同，下令禁止百姓嬉戏宴饮，消遣娱乐。

吴元载这两条措施，对于蜀地百姓来说，是极大的灾难。如果说单一的一条还可以忍受的话，那么这两条没有顾及人性的措施叠加在一起，其破坏力是无法估计的。

> 元载颇尚苛察，民有犯法者，虽细罪不能容，又禁民游宴行乐，人用胥怨。王小波起为盗，元载不能捕灭。——《续资治通鉴长编》卷三十五

第二，干旱天气。

北宋时期自然经济占据主导地位，自然经济与自然天象的关系极为密切。自然灾害会以最直接、最粗暴的方式干预现实，有时甚至会成为社会变动的重要助力。

历史上的农民起义，多与自然灾害相关联。这并不是说举凡有自然灾害就会发生农民起义，而是政

府在应对自然灾害时所表现出的不负责态度，会加剧事态的发展。

王小波起义也没有逃脱这一共性。王小波起义之前，蜀地出现了长时间的干旱，这无异于压死骆驼的最后一根稻草。深受多重剥削，生活已经极为艰难的蜀地百姓，在天灾面前，不仅没有得到来自政府的安抚救助，反而招致了更大的盘剥。

地方官的苛政、干旱天气的出现，是人祸与天灾的结合。已经饱受痛苦的蜀地百姓，在双重灾难的面前，忍耐达到了极限，炸弹终于被引爆了。

起义从最初反抗情绪的酝酿、滋长，至最后爆发，是有一个过程的。在这个过程中，无论历史渊源，还是政府的现实作为，都是不可忽视的缘由，也正是这些因素的不断集结，最终使得矛盾冲突日渐白热化、明朗化。星星之火终成燎原之势，王小波起义来了！

那么，王小波起义究竟是怎样的情状？宋太宗又是如何应对的呢？

风起云涌

〈四十一〉

在中央朝廷、地方政府、地主官僚竭泽而渔式的共同盘剥之下,"天府之国"的蜀地百姓生活在水深火热之中,其背后隐藏着一股强大的反抗力量。但是蜀地的官员对于社会的风云集结并没有敏锐的嗅觉,也没有任何危机防范意识。终于,淳化四年(993),一个叫王小波的农民,打出"均贫富"的旗帜,率领青城县的百姓揭竿而起。"均贫富"是什么意思呢,竟然有如此大的号召力?起义军是怎样践行"均贫富"的呢?

均贫富

饱受折磨的蜀地百姓,生活在多重盘剥的"悲惨世界"里。但是,再卑微的人也有自己的声音,也有自己的呐喊。在生存与死亡面前,百姓的做法有时很简单,也就是光脚的不怕穿鞋的,舍得一身剐,敢把皇帝拉下马,放手搏一把。这一简单的应对方式,实际上又非常有境界,因为他们选择的是尊严,而不是为活着而一生屈辱。

淳化四年(993),王小波在四川青城县聚众起事。蜀地百姓郁积多年的怨愤,终于找到了一个宣泄的途径,纷纷入伙,起义队伍规模迅速扩大。十天左右的时间,起义军就从几千人扩展到几万人。王小波起义为什么能够迅速得到蜀地百姓的响应呢?

因为王小波喊出了一个极具诱惑力的口号,这个口号可以概括为三个字:"均贫富。"原话是这样的:"吾疾贫富不均,今为汝辈均之。"《宋史·樊知古传》大意是说,我痛恨富人与穷人之间财富不平均的现实,现在就为你们平均一下这不平均的世道。王小波将这一诱人口号攘臂一呼,应者如云,群起响应。

"均贫富"的口号,在中国农民起义史上是极为关键的里程碑,它不仅反映了百姓的真实愿望,而且是农民争取群体权利意识的巨大进步,那么其具体内涵是

> 旬日之间,归之者数万人。——沈括《梦溪笔谈》卷二十五(中华书局2015年版)

什么呢？

历来学者对此比较关注，但对"均贫富"的具体内涵始终没有达成共识，众说纷纭。具体说来，主要有以下四种观点：

（一）均贫富是要均浮财（非本人劳动所得或经营所得的意外之财）。

（二）均贫富是要均田地。

（三）均贫富是要均赋税。废除先前赋役贫富不均的恶政。

（四）均贫富是要均政治地位，要求政治平等。

既然"均贫富"是王小波起义的口号与纲领，既然"均贫富"在历代农民起义中具有里程碑意义，那么，在探求王小波提出的"均贫富"内涵时，应当有三个必不可少的参照系：一是王小波起义中"均贫富"的具体实施内容，二是历代农民起义中与此相关的口号，三是王小波起义的缘由。只有将这三个参照系结合起来，才能对王小波的"均贫富"内涵做出较为准确的解释。

先来看王小波起义自身行动的阐释。

在起义过程中，起义军每到一处，便召集乡里的富人大姓，让他们将家里的财产和粮食全部缴出来，给他们保留一份，以维持生活的开销，其余财物全部发给贫苦百姓。从这里可以看出，起义军的均贫富不是单将富人所剥削的"浮财"平均分配，而是要将他们的所有财产平均分配。

> 悉召乡里富人大姓，令具其家所有财粟，据其生齿足用之外，一切调发，大赈贫乏。——《梦溪笔谈》卷二十五

再来看前后农民起义的呼声。

在王小波起义之前，唐朝末年的王仙芝起义第一次比较明确地提出了"平均"口号。王仙芝自称"天补平均大将军"。但是这一口号比较朦胧，并没有具体的现实指向，"均什么"没有提出来。五代十国时，南唐爆发了黄梅县诸佑起义，提出了"使富者贫，贫者富"陆游《南唐书·陈起传》(杭州出版社2004年版)的口号，将平均思想具体化为杀富济贫。

在王小波起义之后，南宋钟相、杨么(yāo)起义提出"等贵贱，均贫富"《三朝北盟会编》卷一三七(上海古籍出版社2007年版)的口号，将反抗等级压迫与财富占有的不平均结合起来。明末李自成起义提出了"均田免粮"的口号。

历代的农民起义都是在蒙昧中不断前进的，从王小波起义前后农民起义的鲜明口号就可以看出。王小波起义显然在王仙芝起义、诸佑起义的基础上有了进步，将"平均"的口号坐实为"均贫富"，有了明确的现实指向，并使杀富济贫富有了人情味，对于富人也给予他们生存的权利。南宋钟相、杨么起义的口号，与王小波起义很接近，但是多了"等贵贱"这一要求，那么，通过钟相、杨么起义"等贵贱"与"均贫富"的并列，我们至少可以明确一点，即王小波起义尚未涉及政治地位均等的问题。

最后来看王小波起义的缘由。

王小波起义的缘由，在上一章我们已经做了梳理，那么，可以与"不均"相关联的有两点：一是赋税不均，二是土地占有不均。

对于土地占有不均的情况，王小波起义过程中并没有分土地的情况，再加上历史发展中最早明确提出"分田地"主张的是在明代，由此可以推断王小波起义的"均贫富"并没有分土地的明确要求，即使有，也是处于朦胧状态，没有付诸行动。

综合以上种种，王小波起义"均贫富"的内涵，应该包括平均财产及平均赋税两个方面。

王小波喊出"均贫富"的口号，立刻获得了现实中贫富极度不均的蜀地百姓的响应。有广大的群众作为基础，王小波的起义能取得预想的结果吗？

杀贪官

起义军斗志昂扬，在王小波的率领下，以破竹之势攻占了青城县城，继而又攻占了彭山（四川眉山市彭山区），在西南一带打出了气势，打出了声威，打动了百姓的心。

王小波起义之所以成为如此大规模、高气势的起义，归纳起来不外两点原因：

第一，目标很实际。

蜀地长期以来存在着赋税缴纳严重不均的情况，贫富分化空前严重。王小波的起义口号不仅是他本人的切身感受，同时也是蜀地长期遭受盘剥的百姓共同的愿望。所以，"均贫富"的口号有着极强的现实针对性，也有着广泛的群众基础，一旦喊出，掷地有声，响彻云霄。

第二，行动很给力。

王小波起义之后，切实以"均贫富"作为行动纲领，并且有了具体的行动措施。空喊口号的效果，不如甩开膀子干来得直接。

在以武装力量攻城略地之余，王小波还通过一件事情树立了威望，并且也践行了"均贫富"的纲领。什么事件呢？

诛杀彭山县令齐元振。

说起齐元振这个人，可用"刁钻奸猾"四个字来形容。一方面，他是宋太宗树立的"廉政楷模"；另一方面，他是蜀地百姓眼中地地道道的贪官。这两个截然相反的角色，汇聚在一个人身上，真是一种莫大的讽刺。不过，群众的眼睛是雪亮的。也就是说，齐元振的廉洁是假的，是一层面纱，贪赃枉法是真的。这样一个贪官，是如何获得宋太宗的表彰的呢？这缘于齐元振的小聪明，是他精心运作的结果。

当初，宋太宗派遣秘书丞张枢前往蜀地，考察蜀地地方官吏的工作情况。经过一番明察暗访，张枢发现蜀地官员贪赃枉法极为严重，有百余名大小官员都存在问题，只有齐元振廉洁奉公，精明干练。于是，张枢向宋太宗奏明考察情况，结果，百余名贪赃枉法的官员多数被罢免，唯独齐元振受到了太宗的嘉奖。

实际上，这都是齐元振与朝廷玩的太极。齐元振是贪婪暴虐之人，搜刮了百姓的很多财物，但是，他有很强的自我保护意识，提前对财产做了转移，将搜刮来的财物分散转移到与其关系密切的富商家里，将自己家里布置得朴素无华，名下财产也少得可怜。他正是靠着这些表面文章，靠着不同场合的作秀，苦心营造了"清廉"形象，最终骗过了张枢。

宋太宗力倡廉政，对贪腐甚嚣尘上的蜀地，一方面必须重拳打击,另一方面还必须树立正面标杆,提倡正能量。宋太宗的初衷是好的,张枢的考察也是有效果的,只不过张枢并没有深入百姓当中,没有认清齐元振的真实面目。相信如果他能够听听老百姓的声音,那么秉公办事的张枢必定能发现齐元振的"双面人生"。

经过精心的运作,齐元振不仅躲过了朝廷的处罚,还博得了一个国家楷模的赞誉,对此,他是扬扬得意。得意之余,齐元振开始了新一轮的搜刮。有了御赐的护身符,齐元振更加肆无忌惮,不顾百姓生死,只知敛财收金。当然,这些宋太宗并不知道,而吞下苦果的彭山县百姓心里却跟明镜似的。

王小波在起义之后,也迫切需要进一步扩大规模,提升影响力,因此,在打到彭山县之后,王小波向齐元振开刀了。

首先,分赃款。王小波下令将齐元振的财物分给彭山县的百姓,还财于民。

其次,赈灾民。王小波下令开仓赈济百姓,使受苦挨饿的百姓先填饱肚子。

最后,杀贪官。王小波下令将齐元振开膛破肚,内脏挖出之后,起义军在齐元振的肚子里塞满了他平日里搜刮来的财物。既然他平生贪得无厌,既然他平生所愿就是敛尽天下财,那么,即使死了,也得让他满载而归。

诛杀齐元振的举动有些血腥,但是在愤怒的彭山县百姓乃至感同身受的起义军看来,这是解恨的壮举。仇人的鲜血带来的不是眼泪,而是无以言喻的快感,他们平时想干而不敢干的事情,王小波替他们做了,因此,他们对王小波如同恩人一般地感谢,如同偶像一般地拥戴。

王小波在彭山县的举措，具体践行了"均贫富"的纲领，让百姓切切实实地感受到了起义的好处，最实际的就是他们有饭吃了，最高兴的就是他们心里舒畅了。所以，他们很自觉地、很主动地加入王小波的起义大军中。

可以说，王小波彭山一战打出了声威，打出了气势，同时也以果敢的行动将"均贫富"的纲领晓谕四方：这是一个口号，但这又不仅仅是一个口号！

王小波死了

淳化四年十二月，气势正盛的王小波决定乘胜追击，争取更大的胜利。于是全军上下整顿兵马，由王小波亲自率队，开始了下一轮的征程。

这一次的目标是西南交通重镇江原县。

大宋驻守江原县的是西川都巡检使张玘。张玘见王小波起义军一行人马浩浩荡荡，来势汹汹，意识到硬碰硬地直接冲突，自己不一定能占据上风。左右思量半天，张玘最终想出了一条好计策。这条计策，说好也很好，因为它最终达到了打击起义军士气的目的；说不好也不好，因为它最终让张玘自己丢掉了卿卿性命。

其实，张玘想出来的计策也不新鲜，就是令诸葛孔明闻名天下的"空城计"。不过，诸葛亮靠着空城计智退司马懿大军，张玘却因此兵败身死。

只见张玘将县城大门大开，自己满脸凝重地躲在大门之内，躲在弓箭手的身后，焦急地等待着王小波，更等待着对方知难而退，自己可以全身而归。

终于，王小波率领大军浩浩荡荡地来到城门前。看到城门大开，王小波的义军停下了前进的脚步，在城门外原地待命。

城门大开，王小波等人或许也曾怀疑过有诈，但是最后王小波选择了继续前行。王小波的这一选择，也许有两种可能：

一是王小波认为城门大开并非使诈，而是守军闻风而逃。王小波大军所至之处，地方官吏与乡间富豪，或弃甲而逃，或拼命示好，可谓所向披靡，一直以来并没有遇到很大的抵抗。所以，这次到江原县城，王小波自信地认为是敌人被吓跑了。

二是王小波认为即使是敌人使诈，凭借起义大军的人员优势以及勇猛的作战能力，是足以将敌人一网打尽的。所以，王小波这次是明知山有虎，偏向虎山行。

于是，王小波大军在江原县城外停留片刻，便继续前进了。这片刻时间对于张玘来说，无异于一生当中最为紧张、最为纠结的时刻，他盼望王小波军队掉转方向。但是，奇迹最终还是没有出现，王小波离他越来越近了。

在王小波的暂停时间里，张玘的心都提到嗓子眼儿了，但是，当王小波真正到来的时候，张玘反而不慌了。张玘命令城中埋伏好的弓箭手，箭上弦，拉满弓。待王小波军队进入射程之内，只听张玘一声令下，一排排的箭射向起义大军，打了王小波一个措手不及。起义大军一时陷入混乱当中，王小波也在乱箭齐发之际被射中额头。作为起义军的首领,这时的王小波确实有领袖风范,毫不含糊,强忍着箭伤带来的阵阵伤痛,继续指挥作战,稳定起义军的情绪。或许是被王小波的勇猛所折服,起义军不再一味地慌张躲避,而是慢慢恢复了作战状态。恰好在这时,王小波的妻弟李顺听闻形势危急,立即快马加鞭率领手下前来援助。正所谓狭路相逢勇者胜,人数占优的起义军最终掌握了战斗的主动权,将张玘杀落马下。

江原县城打下来了,但是,起义军领袖王小波却因伤势过重,无法医治而最终离世。

王小波的离世,是起义军的一大损失。王小波的离世,暴露出农民起义军的某些局限,当然这可能也是人类共同的缺陷,那便是在胜利面前保持头脑清醒,绝对不是一件容易的事情。自信、勇猛对于一个起义军的主帅来说,是非常必要的,也是难能可贵的,但是,自信、勇猛有时需要借助于智慧,才能取得事半功倍的效果,一旦超越了界限,那有可能是过犹不及。

> 巡检使张玘与斗于江原县,射小波,中其额,旋病创死,玘亦被杀。——《宋史·樊知古传》

李顺接棒

王小波死了。军中不可一日无主,于是在众人的推举之下,起义军的重要将领李顺成为新的领袖。李顺是王小波的妻弟,从起义开始便一直跟随着王小波一路过关斩将，对于起义军的情况特别熟悉，在起义军中也享有较高的声望，所以他的上位也是众望所归。

在成为起义军的新领袖之后，李顺乘着一路凯歌的胜势，兵分几路攻城略地，扩大胜利果实。经过几次关键性的搏杀，将王小波的未竟事业做得越来越大，让远在开封的宋太宗君臣大为震惊。

第一，攻陷蜀州。

起义军攻下江原县城，杀死张玘，张玘手下四百余名士兵拼杀出一条血路，投靠西川节度使樊知古。樊知古为保全自身，拒绝张玘部的败兵入城，这些士兵无奈之下，被迫离去。张玘之死与樊知古的胆小，使得起义军的声势更高，士兵人数急剧增加。在此情况下，李顺当机立断，占领蜀州（今四川崇州市），杀死监军及官吏十余人。蜀州自古为繁荣富庶之地，有"蜀中之蜀""蜀门重镇"之称。

> 初，小波党与裁百人，州县失于备御，故所在蜂起，至万余人。攻蜀州，杀监军王亮及官吏十余人。
> ——《宋史·樊知古传》

第二，攻陷邛州。

攻陷蜀州之后，李顺率军攻陷邛州（今四川邛崃市），杀死邛州知州、通判以及大小官吏。

第三，攻陷永康军附近诸地。

巡检使郭允能率领麾下军兵与起义军在新津江口鏖战，兵败被杀，永康军（今四川都江堰市）、双流、新津、温江、郫（pí）县等地，全部陷落。在此，李顺

> 陷邛州，害知州桑保绅、通判王从式及诸僚吏，遂都巡检使郭允能。允能率麾下与战新津江口，为贼所杀，同巡检、殿直毛俨徒步以身免。
> ——《宋史·樊知古传》

收缴了大量的物资，扩展军备，士兵人数又再次增加至数万人。李顺又分派部分士兵驻守以上诸地，其余人等随李顺出击成都。

第四，攻陷汉州、彭州。

李顺攻打成都，烧掉了成都的西郭门，但是成都守卫严密，并没有明显的漏洞。在这种情况下，李顺没有顽固进攻，而是采取了迂回路线，从成都转战汉州（今四川广汉市）、彭州（今四川彭州区），在这两个地方取得大捷。李顺的迂回路线一方面可以达到迷惑成都守军的效果，另一方面也是通过再次的胜利来鼓舞士气，还可以让将士们有片刻的喘息、休整时间。李顺趁着这段时间，主要在思考攻打成都的方法，等待兵强马壮之时，再次率军攻打成都。

第五，攻陷成都。

此时成都府知府为郭载。宋太宗让郭载知成都府，当出于两个方面的考虑：

一是郭载有在蜀地除乱的经验。

雍熙初，郭载被宋太宗委派去西川抓捕盗贼。郭载的工作能力很强，除乱工作颇见成效，蜀地百姓对郭载亦是称道有加。派一个对蜀地熟悉，并且对治盗乱有经验的官员，在宋太宗看来，是再合适不过的选择了。

> 贼势益张，众至数万人，陷永康军、双流、新津、温江、郫县，纵火大掠，留其党守之，往攻成都。——《宋史·樊知古传》

> 李顺引众攻成都，烧西郭门，不利，去，攻汉州、彭州。戊午、己未两日，连陷之。——《续资治通鉴长编》卷三十五

> 雍熙初，提举西川兵马捕盗事，太宗赐鞍马、器械、银钱以遣之。——《宋史·郭载传》

> 载前在蜀，颇能为民除害，故蜀民悦之。——《宋史·郭载传》

二是郭载能感化少数民族。

根据《宋史》的记载，郭载被任命为知成都府的直接原因是郭载知秦州兼沿边都巡检使时，改善了与边地少数民族的关系，他们对郭载的施政举措非常满意。

宋太宗对郭载的任命，透露了宋太宗对王小波起义的两点认识。

第一，宋太宗低估了王小波起义。他没有料到王小波起义会闹出这么大的阵势，在他心目中或许就像之前的百姓不满一样，或许就和之前的瘟疫一样，总是会过去的。

第二，宋太宗最初想用安抚手段化解矛盾。在王小波起义前期，宋太宗并没有设想动用大规模军队来镇压。宋太宗自认为他的文治颇见成效，即使百姓有怨愤，有不满，对待他们也不能像对待敌人一样，打击之余尚需向他们表明朝廷的安抚之心。况且，在西北方向，还有李继迁在捣乱，宋太宗不想过多地在国内牵扯太多精力。

因此，综合以上两个方面的考虑，为了维护其圣王形象，宋太宗派出郭载平乱宣威。

宋太宗没有想到，在当时，王小波起义已经是风生水起，势如破竹。郭载没有想到，他接手的不是什么美差，而是一个烫手的山芋。

郭载到任之后与转运使樊知古接洽。樊知古在王

> 先是，巡边者多领兵骑以威戎人，所至颇烦苦之。载悉减去，戎人感悦。迁西上阁门使，改知成都府。——《宋史·郭载传》

小波起义时就已经在蜀地，对于王小波起义早就心生胆怯，张玘部败兵投靠之时，他竟不敢接纳。但宋太宗派来了郭载，也带来了新的指示，樊知古便与郭载进行了战前规划，制定了相应的作战方案。

但是，再怎么踌躇满志，再怎么谋划周密，在遇到势头正猛的李顺起义军时，什么应敌对策、治乱心得统统地碎了一地，无从下手。

李顺当时的起义大军已经超过了十万人，浩浩荡荡地兵临成都城，而且发起了一次次的猛攻。眼看成都城已经不能坚守，樊知古的胆怯带出了"逃跑主义"，鼓动郭载率领手下官吏放弃抵抗，丢城弃甲，一路向梓州（今四川三台县）逃去。

就这样，李顺起义大军顺利地占领了成都，实行了一系列新举措，起义军迈入新阶段。

王小波死了，李顺扛起王小波的起义大旗，继续高唱着"均贫富"的动人旋律，昂首阔步走在起义的大路上，相继攻占了蜀地的许多重要城池，并且最终攻陷了西蜀最为重要的成都城。在成都，李顺展现出与王小波不同的气魄。那么，攻陷成都之后的李顺做了什么？这些做法对于宋太宗来说又有什么影响呢？

顺兵攻城益急，不能拒守，乃与樊知古率僚属斩关出。
——《宋史·郭载传》

官兵来了

〈四十二〉

王小波打着"均贫富"的旗帜，率领蜀地平民百姓掀起了北宋建国以来第一次大规模的农民起义，以破竹之势，相继攻占了青城、彭山、江原等城池，扩大了影响。但王小波也在江原一战中中箭身亡。王小波的妻弟李顺继而成为起义军的新领袖，继续乘胜追击，最终在淳化五年(994)的春天攻占了成都。占据成都之后，李顺建立了大蜀政权，自称大蜀王，起义进入鼎盛时期。西蜀一年之内翻天覆地的变化，让远在开封的宋太宗如坐针毡，立即召集兵马入蜀镇压。那么，李顺的大蜀政权是如何建立的？有哪些具体的表现？对此，宋太宗又是如何应对的呢？

大蜀立：一个草根建立了政权

李顺是西蜀农民起义的第二任领导人，对于第一任领导人王小波提出的"均贫富"的纲领，李顺继续遵循，一直未曾改变。而且，与王小波相比，李顺具备更加出色的领导才能，也正是靠着他的不断努力，蜀地农民起义进入鼎盛阶段。

李顺比王小波的野心要大得多，他似乎更有领袖气魄。

王小波对于起义军的前途考虑得比较短浅，认为自己是一山野村民，形势所迫，不得已才起义反抗，他的最大愿望就是过上比以前好的日子，至于什么称霸一方的宏图大志，对于他无异于痴人说梦。

李顺则想进一步将造反起义事业做大做强。在攻陷成都之后，李顺建立了自己的政权。为此，李顺主要进行了四个方面的工作：

第一，伪造身份。

李顺本来只是蜀地的一介草民，但自古以来皆是君权神授，为了使自己的政权名正言顺，得到百姓的忠心接纳与拥护，李顺进行了一番前期准备工作，舆论造势。

蜀地在大宋接管之前，是孟蜀政权。虽然孟蜀政权在大宋军队的铁骑之下轰然倒塌，然而，孟蜀政权在蜀

> 王小皤之乱，自言『我土锅村民也，岂能霸一方？』——陆游《老学庵笔记》卷九（中华书局1979年版。按：王小波，又名小皤、小博）

地有三十一年的统治时间，蜀地在王小波起义之时尚有一些朝廷遗老，民间亦有深受孟蜀政权统治影响者，再加上前面提到的大宋运送蜀地财物到开封、宋军将士的无德无行，某些百姓很是怀念孟蜀政权。

李顺对于民间百姓的心理当然有所了解，加上后来起义军队伍不断扩充，他可以接触到的下层百姓更多了。在了解蜀地百姓的心理之后，李顺对症下药，将自己与孟蜀政权联系在一起，一方面使得自己的身份有所提升，另一方面则迎合了百姓的怀旧心理。

李顺宣称自己是后蜀孟昶皇帝流落民间的儿子。陆游的《老学庵笔记》对此有所记载。按照《老学庵笔记》的说法，当初孟蜀政权灭亡之时，有一个早晨起来经过摩诃池的人，看到在池中漂着一个锦箱，箱子里有一个用被子包裹着的婴儿，还有一张字条，写着八个字："国中义士，为我养之。"也就是说，希望国中有义之人，替我把这个孩子养大。看到孩子和书信的人知道孩子是从宫中来的，知道是孟昶的孩子，就把孩子收养了，这个孩子就是后来的李顺。蜀地人虽然有所疑惑但最后也信了。后来王小波死后，李顺被推举为起义军领袖，李顺便改姓孟。

> 有李顺者，孟大王之遗孤。初，蜀亡，有晨兴过摩诃池上者，见锦箱锦衾覆一襁褓婴儿，有片纸在其中，书曰："国中义士，为我养之。"人知其出于宫中，因收养焉，顺是也，故蜀人惑而从之。——《老学庵笔记》卷九

> 未几，小皤战死，众推顺为主；下令复姓孟。——《老学庵笔记》卷九

《老学庵笔记》的这一记载，单从时间上来看就至少存在两处疑点：

一是李顺被认为是孟昶之子的时间。按照陆游的记载，王小波、李顺起义之前，蜀地百姓已经清楚李顺是孟昶的孩子了。

二是李顺改姓的时间。按照陆游的记载，王小波战死、李顺当上起义军领袖之后，接着恢复孟姓。

这两个时间记载都很不对头。显然，这两件事情都是在大蜀政权建立前夕新鲜出炉的。

对于李顺伪造的身份，普通百姓及起义军士兵，有一部分人是相信的。当然，也有一部分人从内心深处是有所怀疑的，但是最后他们也选择了相信。不同的人最终选择了同样的应对态度，出于以下几种考虑：

一是相信的人多出于对李顺的拥戴与崇拜，以及对孟蜀政权的怀念。人在盲目崇拜的情形之下，就会放大被崇拜者的优点，并且对有利于被崇拜者形象的事情极力地信奉，而对有损被崇拜者形象的言论都会极力回击，极力辩解。这是人类的共性。

二是对李顺身份存在质疑的人没有绝对证据。"李顺不是孟昶之子"无法查实，当时没有亲子鉴定技术，民间虽有滴血验亲之说，但孟昶也已经亡故，无从查起。既然无法坐实，就没有彻底否定李顺高贵身份的确凿证据。

三是质疑李顺身份的人，除了证据问题之外，更为重要的是他们没有否定李顺高贵血统的理由。起义军以及普通的百姓，他们最关心的是自己以及家人的安危、生活问题，谁能让自己吃上饭、活得有个人样，他们就跟随谁，至于这个人是谁，对他们来说不是最关键的，也不是最关心的事。也就是说，对百姓而言，谁做官都无所谓，关键在于你做了什么。李顺接替王小波坐上起义军领袖的位置，进一步扩大了起义军的影响，所到之处，分发给当地百姓大量的粮食等生活物资；普通士兵自然也有一定的犒赏，并且在攻城略地的过程中，他们收获了快乐与尊严。

当然，还有一部分人是彻底不相信的，这些人平时与李顺联系比较密切，对李顺的身世一清二楚，但是，这些人中的大部分恰恰是李顺身份造假的最初倡导者，甚至是具体实施者。也就是说，这部分人是极力让别人相信，自己则绝对不信的。

无论是对李顺身份绝对相信者，还是对李顺身份有质疑者，甚至不相信的人，他们从自己的切实利益出发，都默认了"李顺是孟昶之子"的说法，并成为这种说法的传播者。从来民间对于私生子、遗腹子的事情就颇有兴趣，再加上李顺起义军首领的特殊身份，李顺是孟昶流落民间的儿子的说法没有多长时间便被传得沸沸扬扬，并且在流传过程中，老百姓自己又通过加工、附会，将李顺的身世问题渲染得更加生动、丰富，而且时间越长人们对此越加相信。

李顺的身份，获得了百姓的认可，起到了舆论造势、积聚民心的作用，他登基称王便成为顺理成章的事情。

第二，复国改元。

大凡历史上的建国者，首要的事情便是确立国号，国号对于一个政权来说是有着凝聚作用与号召力的。

李顺通过舆论造势，华丽转身，从一个地地道道的草根，一下变成前朝皇子，由此，他开启了蜀地起义的第二个阶段，即与扛着锄头的百姓一起进行"反宋复蜀"的事业。在这样的背景之下，李顺将国号定为"大蜀"，即孟蜀政权的延续；确立年号为"应运"，即顺应时势之意。

国号与年号的确立，标志着李顺政权的建立。这在中国历代农民起义中是具有里程碑意义的事件，也是了不起的事情。所以，大蜀的百姓与起义军对此甚感自豪，他们好多人脸上都刻上"应运雄军"四个字，以示对大蜀政权建立的自豪与拥戴之情。

第三，建立国家机构。

李顺的大蜀政权，可不是一个面子工程，而是实实在在的组织。麻雀虽小，五脏俱全，虽然统治区域仅限于蜀地的大部分地区，属于地方割据政权，但是它却建立起了从中央到地方的各级行政机构，任命了中书令、枢密使、知州等各级政府的官吏，形成了自己的官僚系统，着手处理蜀地各地的事务，进入具体治理、监管阶段。

第四，发行货币。

李顺还在蜀地铸造本地流通的货币，发行"应运元宝"（铜钱）和"应运通宝"（铁钱）两种货币。本地货币的发行，一方面显示出李顺明确的发展经济的愿望，另一方面则暴露出其政治意图，那便是创建类似于孟蜀那样的地方割据政权。在蜀地的这个小王国中，他是一方统领，与大宋朝廷的关系最好是恢复到孟蜀政权独立之时的状态，从大宋版图中分割出去，独霸一方。

通过李顺营建大蜀政权前前后后的诸多努力可以看出，李顺作为农民起义的领袖是有一定的眼光与魄力的。所以，学术界有一种观点认为，李顺要比王小波强。

确实，与王小波相比，李顺将起义事业进一步做大做强了，或许这一点是王小波所不及的，但是，对于大蜀政权的建立，不能过于夸大李顺的个人能力。

首先，李顺大蜀政权的建立是起义军日益兴盛的必然结果。

当起义军刚刚起兵之时，他们能保存住实力维护自己的权利，不再过忍饥挨饿的日子，就已经万幸了，怎可有其他的想法。但世易时移，此一时彼一时，当更多的人加入起义队伍，攻占的城池越来越多，占据的财富越来越多，作为领袖的李顺威望越来越高的时候，建立大蜀政权是水到渠成的事情。所以，李顺政权的建立，有李顺自身的原因，也是时势造英雄。

其次，李顺也是有局限的。

从李顺的货币政策等方面可以看出，李顺的最高理想就是做一方诸侯，可以在生养他的蜀地成为最高权力掌握者，他想要做大做强的事业无非如此。在此之后的更高目标是他没有想到或者是想到却不敢做的，他或许从来不曾想过要杀到开封，夺下赵官家的宝座。实际上，当上大蜀王的李顺在思想上与王小波并没有太大的区别，亦是有他的局限的，而正是这种局限最终让努力经营起来的政权灰飞烟灭。所以，有时候，目标很重要，目标的设定会影响一个人乃至一个国家命运的最终结局。

眼看着大蜀政权风生水起，远在开封的宋太宗会无动于衷吗？大宋王朝会采取怎样的措施呢？

主帅定：一个宦官带兵平叛

一群乡间草民一跃建立了大蜀政权，一年之内占据了蜀地的绝大部分地方，这一现实无疑是对宋太宗的巨大讽刺，也是对宋太宗的一次重大打击，因为他又一次错估了形势；更可气的是，成都沦陷半月以后，宋太宗才得知消息。他又一次过于自信了，他又一次被地方官员蒙蔽了。

面对这样的风云突变，宋太宗很生气，也很懊恼，但是，绝对不能让乡里小民再嚣张下去。

宋太宗决定出兵了。

首先，召见宰相，决定出兵。

所谓师出有名，宋太宗讲了两点理由：

一是解救百姓。宋太宗将蜀地百姓的生存状况说成是生灵涂炭，认为王小波、李顺起义对于百姓是极大的伤害。

二是天象昭示。雍熙四年(987)的开封，阴雨连绵，这在中国的天人感应观念当中，是战争的征兆。

其次，召集大臣，讨论对策。

宋太宗召集文武官员廷议应对措施。廷议开

> 二月甲申朔，上始闻成都陷，召宰相谓曰：『岂料贼势猖炽如此。』——《续资治通鉴长编》卷三十五

> 去年以来，连雨数月，此亦兵气之应，朕当部分军马，旦夕讨平之。——《续资治通鉴长编》卷三十五

> 忍令陇、蜀之民陷于涂炭！——《续资治通鉴长编》卷三十五

始，宋太宗先抛了一个烟幕弹，说是要选派朝中大臣到蜀地去安抚李顺起义军，这一提议，与之前宋太宗应对盗贼的多次举动都是一致的，而且最初他对于蜀地起义军也是采取这种安抚措施，所以，朝中跟风大臣听到宋太宗安抚的提议，频频点头称是。殊不料，他们这次没有猜中宋太宗的心思。

朝中大臣的应和声其实让宋太宗很下不来台，本来想抛个烟幕弹，然后由朝中大臣提出剿灭的思路，如此一来，既达到了痛击起义军的目的，又维护了自己仁君的形象。殊不知，大部分人没有猜中宋太宗的心思。

正在宋太宗考虑如何转变风向的时候，有一个人出来替他说了话。

此人便是参知政事赵昌言。赵昌言力谏出兵讨伐，不能让起义军势力滋蔓。赵昌言的坚定言论正中宋太宗下怀，然而因主张安抚的人占据了绝大多数，所以廷议一时也没有决定好应对策略。

恰在此时，嘉州（今四川乐山市）、眉州（今四川眉山市）两地又被李顺起义军攻占。在这种危急关头，宋太宗知道不能一拖再拖了，当即拍板决定由昭宣使、河州团练使王继恩作为主帅，率军分路挺进蜀地，讨伐李顺起义军。

王继恩是宦官出身，宋太宗任命他为讨伐蜀

> 王小波、李顺构乱于蜀，议遣大臣抚慰，无使滋蔓，廷论未决。昌言独请发兵。
> ——《宋史·赵昌言传》

> 上始闻李顺攻劫剑南诸州，命昭宣使、河州团练使王继恩为西川招安使，率兵讨之。
> ——《续资治通鉴长编》卷三十五

地叛乱的主帅，在朝中引起了一定的争议，也招致了后人的非议。对此，有以下四种观点，颇具代表性。

观点一：大宋将帅乏人。

此观点认为，雍熙北伐前后的连续失败，使北宋将帅中能征善战的人减少甚多；与党项李继迁的多次角逐，则牵扯了大宋的很多兵力，所以，面对李顺的起义军，宋太宗有点捉襟见肘，也只能矬子之中拔将军了。

这种观点将王继恩的被任用视为宋太宗的无奈之举，其中有两个问题是解释不通的。

首先，大宋不乏将帅。

确实，雍熙北伐及与李继迁的角逐确实损失、牵制了一批大宋将帅，但是，大宋军队的将领并不是全部投入这几次战争当中，且不说后来新任命、新补充的将帅，就是老将，如曹彬、潘美、曹翰等人，也并非"廉颇老矣"，而是既有统帅之才，亦有统帅之力，皆是可以担当重任的人选，至少比王继恩要合适。

其次，客观条件不是最终决定因素。

即便是大宋将领投入边疆战场，宋太宗在人员选择上受到一定的限制，但偌大中国，朝廷百官，为何宋太宗偏偏选定王继恩，此种观点并没有解释清楚。

所以，此种观点一是不符合当时的客观实际，二是没有揭示出宋太宗的主观意愿，其观点并不能成立。

观点二：王继恩对宋太宗有恩。

> 盗起两川，元帅之任，不以命诸将，而以属家奴，当是时如曹彬、如潘美、如曹翰之属，皆无恙也，使之帅十万横磨剑，以讨潢池之盗，犹鼓烈风以扫败叶耳，顾乃舍此而属彼，何耶？——何乔新《椒丘文集》卷四（景印文渊阁四库全书本

观点一没有提到的王继恩的独特之处，观点二对此做了说明。

王继恩与宋太宗关系至为密切。在《宋太祖赵匡胤》中已经提到过，王继恩这个宦官，是宋太宗登基的关键人物，甚至我们可以说王继恩是宋太宗的恩人。

当初，宋太祖驾崩之时，宋皇后命王继恩赶紧召赵德芳入宫，王继恩出宫之后直奔晋王府。可以说，在宋太宗登基为帝这一大问题上，王继恩起到了极为重要的作用，所以在宋太宗继位以后深受重视，备受恩宠。在历史的重要变动之前，通过一己之力推动历史方向的转变，王继恩是有一定胆略的，其投机能力也很强。

缘于与宋太宗的不寻常关系，在关键时刻，宋太宗派出自己的心腹之人，似乎也可以说得过去。但宋太宗的心腹有很多，在众多的心腹之中，王继恩肯定还有独特之处。

观点三：王继恩有领兵经验。

翻看王继恩的履历表，不得不说一句：这个宦官不简单！

太平兴国三年(978)，王继恩领河州刺史，掌管军械库存。

雍熙三年(986)，大宋出兵幽燕之时，王继恩率军屯居易州，负责后方粮草供应，后来又做天雄军驻泊都监。

雍熙中，王师克云、朔；命继恩率师屯易州，又为天雄军驻泊都监。——《宋史·王继恩传》

雍熙四年(987)，王继恩被派往河朔地区，是河朔诸路倒塌城墙修补增建工程的重要负责人之一，后成为北伐战线中的排阵都监。

端拱初，王继恩兼任易州团练使，兼任镇州、定州、高阳关三地的地区性统兵官。

> 领本州团练使，又为镇、定、高阳关三路排阵钤辖。——《宋史·王继恩传》

作为一名宦官，一般来说，正常的工作领域应当是在内宫之中，"掌宫掖中事"。但在宋朝，宦官的职责范围要超出掌管内宫之事。宋代宦官机构有二：一是内侍省，一是入内内侍省。两大宦官机构中都有与宫掖之事无关的部门，如往来国信所，主要负责宋辽两国之间的通使之事；军头引见司，主要负责全军检阅、引荐、分配之事。宦官担任与国家政治、军事关系密切的职务，这与宋朝的军事制度有关。

人家王继恩是宋太宗面前的大红人，与一般的宦官又不太一样，内宫岂是他这等不俗之人安身立命的地方。从太平兴国三年(978)开始，王继恩已经多次出现在军营之中，并且担任了极为重要的角色，或为监军，或兼任军事要地的重要职务。所以，王继恩对于行兵作战之事，并非一窍不通，恰如其分地契合了宋太宗的心理期望，所以，重担落在了他的肩上。

以上两种观点实际上是殊途同归，虽然说法

> 自岐沟关、君子馆败绩之后，河朔诸路为契丹所扰，城垒多圮。四年，诏继恩与翟守素、田仁朗、郭延濬分路按行增筑之。及遣将北伐，又为排阵都监，屯中山。改皇城使。——《宋史·王继恩传》

有异，但都是从王继恩与宋太宗不寻常的关系着眼的，王继恩拥有的荣耀、显赫职务均源于宋太宗的奖励。但是，如果单纯从这一角度入手，未免把宋太宗看轻了，政治不是报恩，平乱亦不是儿戏。

观点四：宋太宗防范武将的心理。

王继恩对宋太宗有恩，且对军事亦有一定的了解，这是宋太宗任命他作为主帅讨伐李顺起义军的一个原因，却不是最重要的原因。宋太宗之所以做出如此决定，更为重要的是萦绕在他心头一直挥之不去的怀疑。

"黄袍加身"的危机意识，不仅为宋太祖所有，宋太宗亦有之，并且宋太宗还多了一个登基合法性的危机，所以，一直以来，宋太宗对于武将一直极为防范，战争前派出监军及颁赐行兵作战图，都是他惯用的方法。

蜀地自古难治，古有俗语"天下未乱蜀先乱，天下既治蜀后治"，一是因为地处西南边远之地，地势险峻；二是物产丰富，可以做到自给自足。因此，蜀地也成为历史上容易出现割据政权、割据政权较多的地区。从秦始皇时的第一个割据政权蜀国算起，至李顺大蜀政权的建立，中间相继有成家、刘焉父子、蜀汉、成汉、前蜀、后蜀等大小不同的割据政权出现。

在宋太宗看来，李顺这样的村野乡民都可以建立政权，那么，手握重兵的朝廷大员，到达蜀地，据势造反、割据一方是很简单的事情。虽然只是一种可能，未必真有造反之臣，但只要有这种可能，宋太宗就要防患于未然。在宋太宗看来，百姓造反虽然嚣张一时，但他可以集中全国兵力，慢慢啃下这根骨头，危险总会过去，但朝中武将的造反要比百姓的造反更为严重，一旦失控，便不好收拾。

为防黄袍加身的局面再次出现，宋太宗选择了一条下策，这一决断可能不会以迅疾之势镇压起义军，但可以将武将叛乱的潜在威胁降到最低。

宋太宗的这一心理，可以从两个事件中得到集中体现。

事件一：授予王继恩便宜行事之特权。

宋太宗任命王继恩为主帅之时，同时还赋予了他相当大的权力，所有军事事务都由王继恩自行处理，不必事事向朝廷上报请示。

授予他人便宜行事的特权，对宋太宗来说极为罕见。在雍熙北伐等多次重要战役中，宋太宗虽在开封，也要遥控指挥，军中将帅皆得事事上报，时时请示。在讨伐李顺起义军之时，宋太宗授予王继恩特权，这绝对不是对王继恩的恩遇那样简单，更多地是针对有不轨之心的武将的。也就是说，一旦有将帅在蜀地拥兵自重，据以反叛，王继恩可以立即处理，免留后患。

事件二：赵昌言的任命变化。

在宋太宗出兵讨伐李顺起义军的策略制定中，赵昌言起到了不小的作用。他力主出兵征讨李顺，并且在王继恩率军征讨遇到瓶颈的时候，多次上书提供对策。在这种情况下，宋太宗决定任命赵昌言为川峡五十二州招安行

军事委继恩制置，不从中覆。——《续资治通鉴长编》卷三十五

营马步军都部署，征蜀将领都要听其调度指挥。

赵昌言听从宋太宗的安排，如期走马赴任。在他走后，宋太宗耳边却多了两种对他不利的言论。

首先，赵昌言面有反相。

此言为峨眉山僧人茂贞(亦有说法为寇准)对宋太宗所说。他说赵昌言鼻梁根部(两眼之间)凹陷，这是反相。一旦手握重兵，可能会行造反之事，因此不应该将蜀地大事委之于这样的人。茂贞一直以来以精于法术得到宋太宗的宠幸，他的话对宋太宗有很大的影响。

其次，赵昌言有造反的条件。

在茂贞进言之后，朝中又有人上奏，说赵昌言一直以来在朝中颇有影响，而且没有子嗣。如此一来，他可以借助自己长久以来的威望聚集一部分人，行造反之事；没有子嗣，则使得造反断绝了后顾之忧，可以一往无前。上书之人最后明确反对赵昌言带兵入蜀，怕形成难以控制的祸患。

茂贞的相面之术与朝中奏言，让宋太宗心中激起了千层浪。千防万防，没料到自己差一点成为始作俑者，不管他们所言是真是假，生性多疑的宋太宗开不起这个玩笑，他得阻止赵昌言入蜀。但是君无戏言，朝令夕改，怎么让天下之人信服？必须有一个恰当的理由。

在忍了十余日之后，宋太宗召集宰相说出了自己的决定，让赵昌言驻扎在凤翔，不用前往蜀地，至于理

先是，有峨眉山僧茂贞者，以术得幸，尝言于上曰：『赵昌言鼻折山根，此反相也，不宜委以蜀事。』——《续资治通鉴长编》卷三十六

昌言行既旬余，或又奏言昌言素负重名，又无嗣息，今握兵入蜀，恐后难制。——《续资治通鉴长编》卷三十六

由则是蜀地起义军是小毛贼，让赵昌言这样的朝廷重臣对付他们，无异于大材小用。最好的办法是让赵昌言暂时驻扎在凤翔，以备不时之需，声援其他军队。宋太宗的这一理由根本不算理由，既然赵昌言不可轻举妄动，当初为什么要大张旗鼓地任用他呢？

宋太宗的朝令夕改，并不是赵昌言的能力发生了改变，而是有"反相"与"恐后难制"发挥了根本作用，宋太宗的防范意识再次凸显，心理发生了微妙而巨大的变化。

综合以上几点分析，宋太宗任命宦官王继恩为讨伐起义军的主帅，这一看似不太正常的军事任命却是宋太宗深思熟虑之后的结果。

大蜀政权建立，王小波、李顺起义到了鼎盛时期，在历史上留下了光辉灿烂的一笔。当然，大宋朝廷不会承认、容忍他们的政权，不会无视他们在百姓之间造成的所谓"恶劣"影响。于是，宋太宗经过深思熟虑，派出王继恩率军前往平叛。官军与起义军之间的较量，其情形如何？最终结果又如何呢？

> 上驻幸北苑，召宰相谓曰："昨遣昌言入蜀，朕徐思之，有所未便。盖蜀贼小丑，昌言大臣，不可轻动，宜令且驻凤翔，为诸军声援。但遣内侍押班卫绍钦赍手诏往指挥军事，亦可济矣。"昌言已至凤州，诏追及之，因留候馆。——《续资治通鉴长编》卷三十六

风流云散

李顺大蜀政权的建立,突破了宋太宗最后的底线,思虑良久之后,他派出以王继恩为首的讨伐队伍。两路大军分路并进,开往蜀地。面对宋太宗的围剿,李顺自然有他的应对之策。但是,自起义以来的一路凯歌,使得李顺思想上有点傲慢起来,犯了与王小波同样的轻敌错误,最终丧失了自己的政权,这次轰轰烈烈的农民起义最终风流云散。那么,官军与起义军之间的较量,其具体情形如何?为什么会出现这样的结果呢?淳化五年(994)二月,宋太宗拟定了对蜀地起义军的围剿计划,确定了主帅及相关将领的名单。参考宋太祖收复蜀地的征伐经验,宋太宗的部署轻车熟路,水陆两路大军直奔西川。官军与起义军较量的重要战争有三次:剑门之战、梓州之战、成都之战。

四十三

大门敞开了

陆军一线目标很明确,就是要从蜀地重要的战略要地剑门进入。

剑门山地势险要,是进入蜀地的必要通道。唐朝大诗人杜甫曾经写过一首《剑门》,对剑门关的险要之势以及战略地位进行了形象说明:

> 唯天有设险,剑门天下壮。
> 连山抱西南,石角皆北向。
> 两崖崇墉倚,刻画城郭状。
> 一夫怒临关,百万未可傍。
> ……

在杜甫看来,自然生成的险境天门山实在是太雄壮了,山与山相互连接,环绕着西南地带。两崖高耸入天,仿佛铜墙铁壁,又如同城郭一样,有"一夫当关,万夫莫开"之势。

杜甫《剑门》的描述,让人如临其境,心生敬畏。但是,杜甫的目的却不限于形象描述上,而是有着更为深刻的忧患意识。杜甫从剑门山的险峻当中,很强烈地感觉到现实的危机,一旦剑门这样的险要地带被居心叵测的野心家利用,那么,负险自固、称霸一方的割据势力便会脱离中央,称王称霸。

杜甫的忧患意识并非杞人忧天,号称天险的剑门山是扼守蜀地安全的重要地带,谁要占领了剑门山,谁就取得了战场的制高点,获得了战争的主动权。

官军与起义军的第一次正面较量正是围绕争夺剑门展开的。争夺的最后结果是官军胜出，剑门成为大批官军进入蜀地的大通道。对于战争的最后结果，有三点需要做出说明：

第一，李顺错过了最佳时机。

剑门的重要性，自小在蜀地长大的李顺等人不会不明白，但是，奇怪就奇怪在这里，李顺占领了蜀地的大部分土地城邑，但是对于剑门这样的关键地带，却没有乘胜进发，一举拿下。在宋太宗发兵讨伐之时，剑门山仍处于宋军的控制之中。

李顺的这种举动源自轻敌，轻敌源自自信，自信源自起义军的所向披靡、无坚不摧。李顺从一介受尽压迫、剥削的乡野草民，到称雄一方的最高首领，其间只有一年的时间。一年间，风起云涌；一年间，沧海桑田；一年间，李顺成了孟顺，如此迅疾、巨大的变化，放在任何人身上都会有点不敢相信，但同时又会有点沾沾自喜。幸福来得太突然，有时也不见得是一件好事，因为满满的幸福压制着其他情绪，会让人无所适从。

设想如果李顺能够在节节胜利之时保持头脑清醒，不是先建立政权，而是扩大战争的胜利果实和地盘，那么，他在与宋太宗讨伐大军的对抗中，或许能够占据一定的主动性。

李顺干的事业比他的前任王小波要大很多，但与王小波一样犯了盲目自信的大忌。两个人的错误，共同印证了在接踵而至的胜利面前，保持头脑清醒是何等重要，又是何等之难！

第二，派出的人员太少。

李顺决定出击剑门山之时，虽不是夺取剑门关的最佳时机，然而也不算太差。当时，宋太宗虽已派出王继恩的讨伐大军，但还没有抵达剑门山。当时剑门关的守军只有数百名，并且都已疲惫至极。

针对剑门守军的实际守备情况，李顺发起对剑门的攻坚战，总共派出了数千人。即使按照剑门守军以一当十的说法，数千人对抗数百人，还是有一定胜算的。

第三，官军误打误撞。

当时剑门都监、西京作坊副使上官正是剑门关的负责人，面对李顺起义军的进攻，上官正带领手下的数百名士兵，奋力守卫。随着时间的推移，守卫的士兵越来越感觉到体力难支，李顺起义军的呐喊声越来越高亢，眼看这剑门关马上就要换主人了。

恰在这时，成都监军宿翰因战败率领手下之人投靠剑门，想从剑门离开蜀地，逃命中原。没想到误打误撞，碰上了这一危急情势。上官正看到宿翰的军马，不禁大呼"救兵来也"！只因形势紧急，也不便多加寒暄，上官正与宿翰的军队马上合到一起，群情激奋，共同御敌。

这样一来，李顺派来的数千人在数量上的优势便没有了，最终被上官正与宿翰的军队击败，几乎全军覆没，仅三百余人负伤累累地逃回成都，被恼怒的

李顺分遣数千众北攻剑门，剑门疲兵才数百。——《续资治通鉴长编》卷三十五

都监、西京作坊副使开封上官正奋励士卒，出御之。——《续资治通鉴长编》卷三十五

会成都监军、供奉官宿翰领麾下投剑门，适与正兵合，遂迎击贼众。——《续资治通鉴长编》卷三十五

李顺全部斩杀于东门之外。

剑门败北，是李顺起义军第一次也是后果严重的一次败北，从此以后，李顺起义军失去了战略要地剑门的守护，形势急转直下。

相反，对于宋太宗来说，剑门之战却是一场意料之外的胜利。本来朝廷大军对攻打剑门很是头疼，知道这是一根硬骨头，必须下大力气才啃得动。正在他们思虑良久调动兵力做好打持久战、生死战准备的时候，剑门却传来了捷报。对此，宋太宗极为高兴，因为他知道只要剑门一破，去往蜀地的阁道便没有了障碍，朝廷大军可以长驱直入，平叛的第一步已经顺利迈出去了。

耗不起啊

李顺在攻打剑门之时派出的人马不多，一方面缘于对战局的不正确把握，另一方面则是军力分流的原因。除去派往剑门的人马，李顺大军的主力部队去往了梓州。

李顺任命相贵率领二十万大军攻打梓州，二十万大军与攻打剑门的士兵人数相比，相差很大。由此可见，李顺是将梓州作为战略重点的。李顺的动作很大，但是最后的结果却又再次出乎其意料，他还是

大破之，斩馘几尽。余三百人奔还成都，顺怒其惊众，悉命斩于城东门外。——《续资治通鉴长编》卷三十五

初，朝廷深以栈路为忧，正等力战破贼，自是阁道无壅，王师得以长驱而入。奏至，上喜。——《续资治通鉴长编》卷三十五

李顺寻遣其党相贵帅众二十万来攻。——《续资治通鉴长编》卷三十六

败了。

与剑门之败相比，李顺起义军的这次失败并不是那么委屈，这与梓州守卫的应对有方有关。

首先，梓州战前准备很充分。

梓州当时的知州为张雍。张雍很有防患意识，当初刚刚听说李顺起义大军扰乱西川的消息，张雍就在为可能到来的战争做准备了，开始了战前保卫总动员。

第一，提升军队战斗力。张雍集结城中所有士兵进行不间断的体能、格斗等军事训练，增强其战斗力，同时又招募强力勇敢者一千余人，扩充军队有生力量。

第二，购置军备物资。张雍将绵州的金银丝帛调来充实物资库，将州内的铜钟全部销毁用来铸造箭头，砍伐树木做成杆子，将布编成绳索，经过一段时间的准备，守城必备的军事器械全部准备妥当。

第三，向朝廷请求援兵。张雍知道梓州的驻军并不是很多，所以派出手下官员向朝廷请求援兵。后来卢斌援助成都未果的士兵又回到了梓州，进一步充实了队伍。

第四，挖掘水渠。卢斌回到梓州，动员修浚护城河，强化了守备。

> 训练城中兵得三千余，又募强勇千余，令官属分主之。——《续资治通鉴长编》卷三十六

> 雍初闻李顺乱西川，即谋为城守计。——《续资治通鉴长编》卷三十六

> 輦绵州金帛以实帑藏，销铜钟为箭镝，伐木为竿，纫布为索，守械悉备。——《续资治通鉴长编》卷三十六

> 遣观察推官盛梁请兵于朝。既而斌以十州之众援成都，弗克而还，雍即委以监护之任。——《续资治通鉴长编》卷三十六

> 斌复劝谕州民，自城西大壕中掘堑深丈，决西河水注之以环城。——《续资治通鉴长编》卷三十六

张雍的战前准备措施很得当，很充分，为官军取得梓州之战的胜利奠定了坚实的基础。

其次，梓州守军战略方法很得当。

作为李顺帐前的一员猛将，攻打梓州的统帅，相贵相当有经验。虽然率领的军队很多，相贵却知道从城外往城内攻并非易事，梓州守军居高临下，如果硬拼，自己势必要落下风。考虑到这些情况，相贵最终采取了"兵不厌诈"之计，以此迷惑敌人。

相贵将大军埋伏起来，仅仅派出了数量较少的、没有穿戴铠甲的老弱疲敝之卒去城前叫喊挑战。

听见李顺起义军的呼喊叫骂声，张雍和卢斌立马赶到城楼上去观察敌情。看到李顺的起义军疲惫、无铠甲，好胜心切的卢斌按捺不住了，乐得都笑开了花，立马请战东门外，痛击李顺起义军。张雍却没有那么冲动，而且他识破了相贵的计谋。

老成持重的张雍坚守不出，使得相贵的诱敌之计无从施展，只能发起强攻。张雍在梓州城内早就做好了准备，一时间带着火的箭、石头从城墙上倾泻而下，相贵的强攻也失败了。

相贵的诱敌计未见效果，强攻也不能奏效，虽有多次进攻尝试，但是都被梓州守军击退，最终战事陷入了胶着状态，持续了八十余日也没有攻下梓州城。

最后，大宋朝廷的援兵及时赶到。

> 李顺寻遣其党相贵帅众二十万来攻，雍与斌登堞望之，贼所出兵，皆老弱疲惫，无铠甲。——《续资治通鉴长编》卷三十六

张雍的持久战打得很艰苦，但这八十余日的坚持，终于为他们赢得了胜利的希望：援兵来了。王继恩派遣数千士兵打破了两军的胶着状态，与城内的张雍军双面夹击，使起义军腹背受敌，溃败而去。

在保住梓州城、大败起义军之后，卢斌等人乘胜追击，解除了阆州（今四川阆中市）、蓬州（今四川仪陇县）的危险。

宋太宗对这第二次的关键较量甚感满意，亲自写了诏书表扬张雍等人，并给予了实际的物质奖励。

天平倾斜了

大宋官军的两次关键胜利，在气势上给予起义军重重打击，为最终打败起义军赢得了足够的筹码。双方之间较量的天平慢慢向大宋官军倾斜了。

王继恩在剑门、梓州胜利之后，相继收复了绵州、阆州、蓬州、巴州（今四川巴中市）、剑州（今四川剑阁县）等地。李顺辛辛苦苦打下来的江山在两个月时间内已经消失大半，多处州县的失守，使大蜀首都所在地成都很快成了一座孤城，李顺也被围困在成都。

战争形势的瞬息变化，战局的发展直接影响到了成都，城内的气氛也变得沉重、游移起来。

首先，军心生变。

围城凡八十余日，会王继恩遣内殿崇班石知颙分数千兵来救，贼始溃去。斌出兵追击之，降者二万余。——《续资治通鉴长编》卷三十六

上手诏褒美，自雍以下悉加赏焉。——《续资治通鉴长编》卷三十六

面对接连的失败，起义军的军心有点动荡起伏，他们本是普普通通的百姓，随着王小波、李顺的揭竿而起，陆续加入了起义队伍，在受到朝廷的严厉镇压、围剿之后，他们对当朝天子和大宋朝廷的敬畏之心开始出现，恐惧情绪占据了上风。

再加上剑门失败之后，李顺斩杀三百余名将士的举动，也让起义军感到寒心，在他们看来，李顺已经不是当年同甘共苦的好兄弟了，失望情绪也开始蔓延、泛滥。

其次，物资紧缺。

绵州、阆州、蓬州、巴州、剑州等地失守之后，各地的残兵败将大都逃回了成都。这些人不属于成都的常驻军，一齐涌入成都之后，成都的生活物资有点供应不及。

再次，新征兵员缺乏战斗力。

李顺在多地失守之后，知道与大宋官军的最后一战不可避免。但是与人员众多、装备先进、战斗力强的官军相比，成都的军力堪忧。为了最大可能地获得胜利，李顺决定在关键时刻背水一战，将成都城内能够作战的人员全部编入队伍中来，以补充军队力量。

> 顺方欲尽索城中民，黥其面以隶军籍，前一日城破，民皆获免。——《续资治通鉴长编》卷三十六

在这种危机重重的情况下，王继恩大军又至。李顺虽然集结军士奋力迎击，但来自乡里百姓的起义军并没有经过严格的军事训练，也没有大规模作战的经验，

在大宋朝廷没有大规模围剿之时，面对作恶的贪官或者小部分官兵时，他们还具有一定的优势。现在形势逆转，起义军在巨大的实力差距面前，最终因寡不敌众以及供给不足等问题被击败，三万人被斩首，李顺及相关大蜀官员也被俘获。

成都再次回到大宋朝廷手里。

成都一战，与前面的两次关键较量相比，攻打的难度要小，攻打的时间上也要短一些，但是，它的效果是最直接、最具打击性的，直接推翻了大蜀政权，除去逃亡的部分残余部队之外，宋太宗交付的围剿李顺起义军的任务基本完成。

王小波、李顺起义，在坚持了一年多的时间后，终被镇压。三万多名起义军战死，八名首领被斩杀，唯独李顺下落不明，这一问题从成都被官军占领之时就疑窦丛生。事情的真相是怎样的呢？还能查清李顺的下落吗？

头儿哪里去了

根据《续资治通鉴长编》《宋史》等史书的记载，大蜀政权被推翻后，大蜀王李顺也被活捉。那么，对于这样一位敢于挑战宋太宗权威的叛军首领，宋太宗会如何处置？李顺最后的结局如何呢？

王继恩至成都，引师攻其城，即拔之，破贼十万余，斩首三万，擒贼帅李顺及伪枢密使计词、吴文赏等，并甲铠、僭伪服用甚众。——《续资治通鉴长编》卷三十六李顺最后的结局在历史上可谓迷影重重，众说纷纭。

第一，李顺在乱战中遇害。

此说法认为李顺并没有被活捉，亦不是在押解途中被杀，而是在成都危急之时，他亲身投入战争之中。可惜，刀枪不长眼，李顺在乱战之中被大宋官军杀死，血肉模糊，看不出原来的样子。

> 李顺力屈势穷，藏于群寇，乱兵所害，横尸莫如，既免载于槛车，亦幸逃于枭首。——《全蜀艺文志》卷四十五（线装书局2003年版）

第二，李顺伪装潜逃。

此种说法认为李顺作为大蜀王，眼看大蜀江山即将破灭，在官兵攻陷成都之时，他为自己寻得了一条比较好的出路。这一说法很富有传奇色彩。

这一说法以《老学庵笔记》《梦溪笔谈》《宋稗类钞》为代表，三者说法略有差异，但故事的大体情节是基本相同的。

在宋朝官兵攻陷成都的前一日，面对官兵日益高涨的呼喊声，李顺忽然下令，让城中数千名僧人到宫殿里为大蜀祈福，又命令城中数千人的孩子到官府，为他们剃除头发，让他们穿上僧人的衣服，申时时分从东西两门出城。等到这些僧人出城之后，李顺也不知所终，所以，最大的可能便是李顺自髡之后混在僧人中离城而去。

> 及王师薄城，城且破矣，顺忽饭城中僧数千人以祈福，又度其童子亦数千人，皆就府治削发，衣僧衣。晡后，分东西两门出。出尽，顺亦不知所在，盖自髡而遁矣。——《老学庵笔记》卷九

官兵攻陷成都之后，在大蜀王宫殿中并没有见到李顺的影子，后来抓到一个多须之人，样貌和李顺

很相似，便将此人杀死了。实际上此人并非李顺。

至于李顺逃亡何处，或者说是岭南，或者说隐居在荆渚。

"李顺伪装潜逃"说，给李顺这一替百姓说话、将怨愤化为实际行动的英雄人物安排了一个好一点的归宿，得以全身而退，符合百姓的心愿。但是，这很可能仅仅是一种美好的心愿，不见得就是真实的历史。

原因一：《老学庵笔记》《梦溪笔谈》《宋稗类钞》等文献有舛误之处。

记载李顺伪装潜逃的这三种文献，有一定的史实错误。如《梦溪笔谈》认为王小波不够体恤起义军，所以众人推举李顺为首领，这显然不是史实。李顺是在王小波战死之后才接的班。

原因二：李顺并未出现在起义军残部接下来的战斗之中。

宋朝官军占领成都之后，李顺起义军有部分人逃走，成都城十里之外仍控制在李顺起义军残部手中。李顺的手下大将张余重整旧部，形成了一万余人的队伍，继续抵抗。张余拉起的队伍与当初王小波起义之时的人员数量大体相当，具有一定的战斗力。如果李顺尚存人间，重回张余队伍，无疑对起义军有极为关键的凝聚作用，那么，他为什么一直不露面呢？

所以说，李顺伪装潜逃的说法真实性不大。

明日，王师入城，捕得一髯士，状颇类顺，遂诛之，而实非也。——《老学庵笔记》卷九

王继恩虽径拔成都，而郭门十里外犹为贼党所据，伪帅张余谓王师孤绝无援，复啸聚万余众攻陷嘉、戎、泸、渝、涪、忠、万、开八州。——《续资治通鉴长编》卷三十六

第三，李顺死于押解途中。

根据《宋史》《续资治通鉴长编》《宋会要》等记载，大蜀政权的八位要员在凤翔被处以极刑，进而推测李顺也在凤翔被杀。这是宋朝官方文献的基本说法。

但是，这种说法存在许多疑点。

疑问一：李顺是否在被处死的名单之中？

无论是《宋史》还是《续资治通鉴长编》，对于李顺党羽卫进、计词、吴文赏、李俊、徐师中、吴利涉以及彭荣等八人之死做了记载，但李顺是否在被杀名单之中，官方文献并没有给出明确的说法。认为李顺亦在凤翔被杀只是一种推测。

疑问二：为何杀李顺的具体细节语焉不详？

即便李顺在被杀人员名单之中，但是对于这样一位影响力巨大的"贼首"，其被杀的情形却只有一个"磔"字。如此重要的事件，宋代的官方记录却含糊其词，简单隐晦，不禁让人怀疑其真实性与可靠性。

疑问三：为何要在凤翔处死李顺？

李顺作为国之大贼，如果要处以极刑，以儆效尤，最合适的地点，莫过于一国之都开封，在偏远的凤翔处死作乱的贼首，对中原百姓所起到的作用肯定要小很多。

疑问四：为何要在押解途中处死李顺？

李顺本是要押解到开封去的，最起码要让宋太宗验明正身之后，才能进行下一步的处置。在押解途中将其正法，实在令人困惑。

如果宋军没有捕获李顺，为什么官方史书中还要有混淆是非、含糊其词、语焉不详的记载呢？以上诸多疑问，后人多认为这是王继恩甚至是宋太宗的掩饰之举。

后人对于上述四个疑问的解释，无论是从宋太宗立论，还是从王继恩入手，都有一个共同点，即王继恩的大军并没有抓到真正的李顺，杀死李顺只是他们的一次政治作秀，是秀给百姓看的。

先看王继恩邀功说。

王继恩作为讨伐李顺的主帅，并没有抓到真正的李顺，但是为了讨赏，为了在宋太宗那里有个交代，必须找到一个"李顺"，又为了避免被宋太宗识破，只好在半路将李顺杀掉。

王继恩虽说是宋朝官军的总指挥，为人品性亦有可诟病之处，但在这样的关键问题上，他应该不会如此胆大妄为。其中的利害关系，王继恩应当明白。宋太宗的性格，王继恩也应当清楚，况且派出去的大军几十万人，耳目众多，一旦以他人冒充李顺并私自处死的事情被宋太宗知道，他本人的身家性命也就堪忧了。

所以，王继恩为邀功而私自伪造、杀害假李顺的说法是很难成立的。

再看宋太宗稳定说。

宋太宗兴师动众讨伐李顺，必定要将李顺捉拿并处以极刑，方能显示其权威，对百姓也会起到一定的威慑作用，所以他必须有个"李顺"，不管真李顺有没有被抓住，他都需要一个"真李顺"以堵住百姓之口，稳定民心。哪怕这个"真李顺"是伪造的！

宋太宗的这种心理，在李顺起义被镇压后的一个事件中可以得到明显的展现。张舜卿秘密上奏宋太宗，说他听说李顺早已经逃走，百姓所献的首级并非李顺的首级。此语一出，宋太宗震怒，将张舜卿呵斥出去，并准备将他斩杀。后来虽然加以宽恕，但张舜卿也因此被免官。宋太宗对于处罚张舜卿，给出的说法是：张舜卿的言论是在抹杀诸位将领的战功。其实，其潜台词是：这是在抹杀我大宋皇帝的平乱之功，这是扰乱军心、民心，如此给我添堵，怎能不收拾你！

通过以上观点、材料的罗列与分析，一种可能性较大的推测是：王继恩大军在攻占成都之后，并没有抓获李顺，更没有将李顺诛杀，真实的情况是李顺在与宋朝官军的作战中英勇牺牲了。宋朝官方文献中李顺被诛杀等说法是宋太宗政治作秀的体现，是宋太宗稳定民心、军心的必然举动。

大宋官军攻占了成都，推翻了大蜀政权，再一次控制了成都，宋太宗力图安抚蜀地百姓，使其向朝廷靠拢。但是在成都这样富庶而偏僻的地方，王继恩大军再一次重复了历史，引发了民愤。那么，宋太宗对于收复之后的蜀地，有什么新的指示？对于王继恩有怎样的处理？

> 有带御器械张舜卿者，因奏事，密言：「臣闻顺已逸去，所献首非也。」太宗以为害诸将之功，叱出，将斩之。已而贷之，亦坐免官。——《老学庵笔记》卷九

余波未息

《四十四》

王继恩率领数十万大军,经过剑门、梓州、成都三次关键性战役,最终推翻了农民起义军建立的大蜀政权,基本上消灭了农民起义军的有生力量。王继恩顺利接手成都,进行战后处置工作。但是,王继恩在蜀地又重蹈覆辙,犯下了严重的错误,引发了蜀地军民的不满与怨愤,矛盾日益激化。同时,李顺手下大将张余等部分军士逃出成都,聚拢力量,重新反扑。面对双重问题,宋太宗该如何应对呢?

残兵成了气候

成都被攻陷，李顺死了，起义军或被杀，或被俘，王小波、李顺起义至此基本上被镇压。但是火势燎原的大起义并没有被完全扑灭，还留下了些许星星之火，正是这星星之火，使官兵在多日厮杀之后，又经受了一次严峻考验。

这星星之火便是起义军张余残部。

张余是李顺手下的大将。在成都激战之中，张余奋勇杀敌，以求保卫成都躲过劫难。但毕竟起义军与官兵在各个方面都存在一定的差距，所以张余的愿望没能实现。张余在力战无果之后，与手下士兵在混乱之中逃出成都，以求保存实力，他日东山再起。

张余逃到成都城外，占据了一些战略要地，很快聚集起一万余人的队伍。成都城周围十里之外，仍然处在起义军的控制之中。如此，王继恩大军虽攻下成都，但也被围困在了成都城里，孤立无援。张余率军队乘势攻陷了嘉州、戎州（今四川宜宾市）、泸州、渝州、涪州、忠州、万州、开州等地。

张余军队在短时间内攻陷了八州，这是一项很大的战果。之所以能取得如此大的战绩，主要有四个原因。

第一，宋军驻军不足。

被攻陷的八州本有驻军，但当时王继恩要一举歼灭成都起义军，尽可能多地集结了有生力量去攻打成都。在保证成都军力充分的同时，各地驻军的数量在一定程度上自然减少。

按照之前的驻军数量来看，一州的驻军人数在几千人左右，而张余集结的人数是一万余人,而且这些人是带着复仇的怒火与必胜的信心投入战斗的,战斗力要更强一些。在这样的情况下,被攻陷八州的驻军由于数量不足,战斗力就相对弱一些。一旦进行持久战,驻军取胜的可能性便很小了。比如开州之战,开州被围日久,城中的军备物资及战略物资不能及时供应,虽有监军身先士卒,倾尽自己的积蓄,也不能挽救失陷的命运。

第二,军心懈怠。

成都之战取得了决定性的胜利,一举摧毁了大蜀政权,这让长期处于忧惧、紧张状态中的成都附近各地驻军多多少少有些懈怠,军士们认为可以暂时让自己的神经松弛一下了。因此,他们并没有预料到起义军残部会反扑,自然没有做好战略防备。

第三,心有余悸。

在被攻陷的八州中,有曾经被起义军占领过的。起义军气势高涨及勇往直前的斗志,他们曾经领略过,并且是记忆犹新、心有余悸。一则没有预料,猝不及防;二则曾经打得自己满地找牙的对手又来到了自己身边,心中的恐惧感再次涌上心头,还没开打,已落下风。

第四,官兵倒戈。

起义军势力的扩充,除了张余聚集起义军残余力量之外,还有大宋官军的倒戈投降。这些官军以张嶙为首,有两千人,全是精锐。

张嶙隶属王继恩麾下的王文寿部，王文寿这个人对士兵管理非常严酷，士兵皆对其不满，时间一久，便生杀心。在一个风高月黑之夜，王文寿尚在睡梦之中，被张嶙派兵杀掉了。张嶙便率领这两千精锐士兵投靠了当时驻扎在嘉州的张余。张嶙一部的投靠，使起义军数量增加，战斗力增强。张余军队在一举攻破八州之后，决定乘胜追击，以全部兵力攻打夔州。宋太宗在成都收复后没安稳几天，张余又来给他添乱，怎能不龙颜大怒？于是，他将伐蜀大军中的另外一路派了出来。

当初宋太宗派出的伐蜀大军有两路，陆路由王继恩率领直击大蜀政权，水路由峡路挺进，配合、接应王继恩大军。王继恩挺进四川的过程中，经过了三次关键性战役，比较顺利地完成了任务，因此，水路大军基本上没有参与攻打大蜀的直接战斗。

张余军队进行反扑，王继恩大军却要在成都进行战后的安置工作，也不可能腾出很多的兵力来应对张余。在这样的情况下，宋太宗开始启用伐蜀的峡路大军，由他们来剿灭张余残部。

宋太宗任命白继赟(yūn)为峡路都大巡检，率领精兵数千人，日夜兼行，帮助当地驻军讨伐张

> 文寿御下严急，士卒皆怨。一夕卧帐中，指挥使张嶙遣卒排闼入，斩文寿首以出。——《宋史·王继恩传》

> 贼乘胜攻夔州，列阵西津口，矢石如雨。——《续资治通鉴长编》卷三十六

> 先是，上复遣如京使白继赟为峡路都大巡检，统精卒数千人，晨夜兼行，助讨遗寇。——《续资治通鉴长编》卷三十六

> 时嘉州贼帅张余有众万余，嶙即以所部与之合，贼势甚盛。——《宋史·王继恩传》

余残部。峡路官军在伐蜀过程中一直没有机会一展身手，看着王继恩的赫赫战功，峡路官军也是跃跃欲试。宋太宗的命令，对于他们无疑是一针振奋剂，他们也要努力在平乱事业中留下自己的一笔。

白继赟很得力，在巡检使解守颙(yóng)的配合之下，以其人之道还施其人之身，给张余军队也来了个"出其不意，攻其无备"，两军双向夹击，张余军腹背受敌，几乎全军覆灭，被杀二万余人。

至此，起义军的主体部分及参与力量都被镇压，即使再有逃亡的，也只是一小撮，不会再掀起大风大浪了。经过两年的全力围剿，让宋太宗闹心不已的王小波、李顺起义最终被完全镇压。

虽然起义军的军事威胁消失了，但是，矛盾丛生的蜀地仍不能让太宗高枕无忧。那么，宋太宗怎样面对战后的蜀地百姓呢？

必须先定个调

对于王小波、李顺率领的起义军，宋太宗从骨子里厌恶至极，一来给他的文治功业抹黑了，二来起义的时间选择在他与李继迁周旋之际，给他添乱了。所以，宋太宗从个人感情来说，恨不得将这些作乱之人统统严惩、诛杀，甚至是大卸八块，方解心头之恨。

> 是月庚午，继赟入夔州，出贼不意，与巡检使解守颙腹背夹击之，贼众大败，斩首二万余级，流骸塞川而下，水为之赤，夺得舟千余艘，甲铠数万计。——《续资治通鉴长编》卷三十六

但是，宋太宗不是一个普通人，他是一国之君。普通人该有的情绪，他可以有，但在关系国家安危的问题上，宋太宗还是能抑制自己的情感，以大局为重的。宋太宗对于王小波、李顺起义的原因有所了解，对于百姓的要求也明白。所以，在控制自己情绪的同时，宋太宗以一国之君的身份做了一件事情，为大宋官军稳固战争果实奠定了基调。

区别对待。

在王继恩大军征讨起义军取得大胜之后，宋太宗下了一道诏书。

这道诏书要求王继恩以及属下将领，对于那些顽固抵挡官军的贼党，立即诛杀；对于那些受人胁迫不得不造反，但主动归顺者，可以释放，并且要对他们倍加关怀、劝慰。

宋太宗的这一区别对待的诏书，实际上是在"招安"。即使是当初主动叛乱的人，宋太宗都为他们想好了归顺朝廷的借口，只要说自己是被胁迫，或者说自己是主动愿意归顺，那么朝廷的大门就会向他们敞开。这在一定程度上瓦解了起义军的心理防线，在官军的猛烈进攻之下，起义军心中还是有所游移的。

宋太宗的这道诏书，不论是出于战略考虑，还是出自本心，在怎样对待起义军的问题上，已经有了明确指示，奠定了安抚的基调。

三月甲寅，诏王继恩戒前军所至处，其贼党敢抗王师，即当诛杀；本非同恶，偶被胁从而能归顺者，并释之，倍加安抚。——《续资治通鉴长编》卷三十五从这项举措来看，在官军占据优势的前提下，宋太宗是倾向于与民为善的，不想过于严厉镇压，更不想牵涉无辜百姓。

宋太宗在讨伐起义军之后，对于怎样治理蜀地，有着比较好的定位。但是，有人开始添乱了！宋太宗的经虽好，却被王继恩念歪了，而且歪得很离谱、很不着调。

最可怕的麻烦还是出现了

王继恩率军攻陷成都，推翻了大蜀政权，蜀地便由王继恩暂时掌管，进行战后的处置、安抚工作。

王小波、李顺起义之前，蜀地一直是矛盾重重。王小波、李顺起义之后推行了"均贫富"的措施，百姓之怨略有疏解，宋太宗却把给百姓带来福祉的起义军给灭了。虽说在军事上，宋太宗取得了胜利，但是并没有因为战争的胜利而赢得百姓的信任，并没有因为大蜀政权的灭亡而消除百姓心中的不满与反抗的火苗。因此，战后的安置工作是极为重要的，它是对大宋王朝为政理念的检验，是对蜀地百姓的一个交代。

战后安置工作直接关系到大宋在蜀地的统治，安置工作做得好，蜀地百姓的心被捂暖了，或许就能死心塌地地接受大宋的管理；如果安置工作不得力，蜀地百姓心中反抗的火苗仍会被瞬间点燃。

王继恩在战后成为这一重任的担当者。但是，王继恩却不是一个合适的人选。也正是他的诸多行为，进一步激起了百姓的不满。新的危机正在酝酿！

王继恩为人品性不端，除去其善于政治投机之外，小肚鸡肠，不能容人，亦是为将之大忌。这一性格在王继恩对待马知节一事上展露得极为明显。

当初王继恩攻打剑州之时，马知节为先锋，两人之间便有嫌隙产生。马知节是将门子弟，颇有谋略，对于王继恩并没有像其他人那样刻意巴结逢迎。位高权重的王继恩享受惯了众人对他的吹捧，对马知节清高不低头的态度甚为恼火，总想找机会打击一下马知节，以泄心头之恨。

> 王继恩之克剑州也，西京作坊使马知节实为先锋。知节将家子，每以方略自任，继恩挟势骄倨，恶知节不附己，群小从而间之。——《续资治通鉴长编》卷三十六

机会很快来了。

王继恩派遣马知节守卫彭州，他给马知节配备老弱病残士兵三百人，并且将原先跟随马知节的宿将旧卒全部召回成都。让马知节以三百名老弱病残之兵来守护彭州一城，来对付起义军的大批人马，王继恩之心昭然若揭，就是想置马知节于死地。

> 继恩遣知节守彭州，配以羸兵三百。彭之旧卒，悉召还成都，知节屡乞师，继恩弗听。——《续资治通鉴长编》卷三十六

马知节多次请求王继恩增兵援助，但王继恩置若罔闻。就这样，马知节三百人与李顺十万人对阵，若想胜利，无异于天方夜谭。马知节虽然率领士兵殊死搏杀，从黎明坚持到日落，终因寡不敌众，士兵多被惨杀。日暮时分，李顺起义军疲惫，攻势渐弱。马知节便率领幸存下来的士兵退守官署。马知节义愤填膺，越想越不是滋味，他自然知

> 贼十万众攻城，知节率兵力战，自寅至申，众寡不敌，士多死者。——《续资治通鉴长编》卷三十六

道王继恩这是要借刀杀人。生性好强的马知节骂了几遍王继恩之后,心中坚定了一个想法,那就是决不能让王继恩的阴谋得逞。心思落定,马知节在李顺起义军懈怠之时,手持长矛,奋勇突围,竟然杀出重围,逃至郊外。

> 即横槊溃围而出,休于郊外。——《续资治通鉴长编》卷三十六

在马知节担惊受怕地待了一晚上之后,第二天黎明时分救兵才到,众将士擂鼓呐喊,群起而攻之,最后迫使李顺起义军离去。

> 黎明,救兵至,遂鼓噪以入,贼众败去。——《续资治通鉴长编》卷三十六

援兵究竟是谁人派出?《续资治通鉴长编》没有做出明确说明。如果不是王继恩派出的援兵,那说明王继恩够狠,马知节命够大。如果是王继恩派出的援兵,那王继恩救兵到来的时间也很耐人寻味,明显是要将马知节置于死地而后快。

从这件事上可以看出王继恩肚量之小,他竟然敢冒着丢失城池的危险来陷害一名不逢迎他的将领。不过,出乎意料的是,马知节命大,没有死!这让王继恩的阴谋没能得逞。

奇怪的是,宋太宗听说马知节的事情之后,认为马知节在敌众我寡的情况下,能够做到坚守城池,实属不易,对马知节进行了嘉奖。宋太宗只嘉奖马知节,而对如此胆大妄为的王继恩却没有进行处罚,其中的原因当是王继恩向宋太宗汇报时隐瞒了自己的责任。

> 上闻而嘉之,曰:"贼盛兵少,知节不易当也。"授益州钤辖。——《续资治通鉴长编》卷三十六

王继恩在马知节一事上，显露了两个性格特点：一是"顺我者昌，逆我者亡"；二是"翻手为云，覆手为雨"，欺上瞒下。这样的人，一旦有权，野心、私心就会极度膨胀，是很危险的人物。但是，宋太宗还是让王继恩这样的阴险人物坐上了治理蜀地的头把交椅。

接手之后，王继恩面对天府蜀地的花花世界，把持不住了，他的毛病又犯了。

第一，不扩大战果。

王继恩手握重兵，但是他并没有在攻陷成都之后将手里的牌打出去，而是留在自己手里，维持其话语权，以致军粮都不能及时供给。

> 继恩握重兵，久留成都，转饷不给。——《宋史·王继恩传》

第二，寻欢作乐。

王继恩在战争基本结束之后，并没有将安抚百姓、追讨起义军残部作为主要工作任务，而是将大把的时间放在宴饮游乐之上，在大蜀王李顺的宫殿里恣意享乐，日夜不息。

> 专以宴饮为务。——《宋史·王继恩传》

第三，耀武扬威。

作为蜀地的最高军事长官，王继恩自谓荣耀万分，尊贵无比，每次进出，前后都得弹奏音乐，作为他的"出行进行曲"与"归家交响乐"，而且每次出门都要求骑兵带着棋盘跟随，以此来显示自己的尊贵。如此出行，其目的就是使蜀地各个郡县皆能知晓自己的威望。

> 每出入，前后奏音乐。又令骑兵执博局棋枰自随，威振郡县。——《宋史·王继恩传》

第四，纵容掳掠。

宋太祖当初伐定后蜀之时，就是因为将士的恣意妄为，烧杀掳掠，引起民愤。王继恩对此并没有引以为鉴，军队进入成都之后，没有下达约束将士的命令，反而放纵将士抢夺钱财物帛及民间女子。如此一来，不仅军士毫无斗志，还引起了蜀地百姓的不满与反抗。

百姓的不满与怨愤最终化作激烈的反抗，他们有人投靠李顺起义军残部，攻陷了王继恩占领的部分州县。瞬息变化的蜀中形势，让远在开封的宋太宗有点坐不住了，对于自己曾经信任无比的王继恩，宋太宗的看法也发生了一些变化。

> 仆使辈用事恣横，纵所部剽掠子女金帛，军士亦无斗志。——《宋史·王继恩传》

指挥变调了

宋太宗授予王继恩"便宜行事"的特权，让他当上伐蜀大军的最高指挥官，可谓恩宠无比。当然，王继恩没有让宋太宗失望，他率领军队比较顺利地攻陷成都，推翻了大蜀政权，为宋太宗除去了一块心病。

但是，随着时间的推移，宋太宗对王继恩的看法也发生了变化：由最初的信任无比，到有了猜疑、有了不满。这主要是由两个关键性的事件引起的。

第一，宰相为王继恩邀功。

在李顺的大蜀政权被推翻之后，宋太宗令朝中大臣商议为众将士行赏之事。对于伐蜀大军的第一指挥官王继恩,中书门下提议授予王继恩宣徽使的职位。

对于这个提议,宋太宗予以否定。宋太宗认为当上宣徽使,下一步就要进入掌管国家事务的高层。为防止宦官乱政,宋太宗不想授予王继恩这一职位,要求授予其他职位,以示嘉奖。

在宋太宗否定了中书门下的提议之后,宰相却极力劝说宋太宗将宣徽使这个职位赐给王继恩,认为除了宣徽使这个职位,没有其他的职位足以配得上王继恩的功绩,没有其他职位足以显示宋太宗奖掖将帅之心。

最初,中书门下的提议,并没有让宋太宗心中不快,也没有产生其他想法,但是宰相的一再坚持,却让宋太宗心中起了波澜,心情陡然变坏,也使得宋太宗与王继恩的密切关系发生了微妙变化。

宦官为刑余之人,身份低下,即使获得一定的权力,也为一般士大夫所不齿。再加上宦官经常充当皇帝监督朝中大臣的工具,所以,一般情况下,宦官与朝中大臣是处于对立关系的。但是,北宋宦官与朝中权臣的勾结,却是一大特色。王继恩作为深得宋太宗宠幸、权倾朝野的红人,成为朝中大臣巴结的对象。此次宰相的提议就是王继恩与宰相勾结的表现,这对宋太宗来说,是一个危险的信号。本来是怕大权旁

> 朝议赏功,中书欲除宣徽使。——《宋史·王继恩传》

> 太宗曰:"朕读前代史书,不欲令宦官预政事。宣徽使,执政之渐也,止可授以他官。"——《宋史·王继恩传》

> 宰相力言继恩有大功,非此任无足以为赏典。——《宋史·王继恩传》

落，引起"黄袍加身"的兵变，才将自己的心腹王继恩派往蜀地，没料到，派出去的王继恩也不是善茬儿，也不是好约束的，不仅在蜀地掌握大权，竟然还跟朝中的宰相有勾结。宦官与宰相相互勾结，可以内外交通，宦官可以凭借宰相的权力来进一步扩大势力，宰相也可以通过宦官与皇帝的特殊关系，猜度皇帝的心理，以投其所好，得其青睐。时间一长，权力一大，宦官与宰相完全可以将皇帝架空，历史上的宦官乱政不就是这个路子吗！想到这儿，宋太宗瞬时感觉有把刀架到了自己的脖子上，有点"聪明反被聪明误"的感觉，觉得自己被耍弄了。

既懊恼又愤怒的宋太宗，一方面狠狠地将宰相责骂一通，以示警告；另一方面坚持己见，让学士张洎、钱若水等议定任命王继恩为宣政使。

> 怒，深责相臣，命学士张洎、钱若水议别立宣政使，序位昭宣使上以授之。——《宋史·王继恩传》

第二，王继恩的恣意妄为。

本来在王继恩去往蜀地之时，宋太宗还派有其他的官员、宦官跟从，这些官员、宦官有的是宋太宗用来监视王继恩的，要随时将王继恩的举动告知宋太宗。

当然，对于宋太宗的这一安排，春风得意的王继恩并没有觉察到，还以为是跟随伺候他的呢。所以，王继恩去往蜀地，攻下成都之后，并没有感觉到来自宋太宗的压力，不但纵容士兵巧取豪夺，侵占民利，自己也不加约束，很是威风，俨然一副"小皇帝"的派头。

这种飘飘然的状态，被宋太宗派往蜀地监视王继恩的人上报到了开封。宋太宗可以容许将士在蜀地抢夺，但是绝对不能容忍他们在远离朝廷的边缘之地拥兵自重。

王继恩受命为伐蜀大军统帅，本是为了避免大权旁落而使出的下策，不料一介宦官也如此不知好歹。这种状况是宋太宗最不愿意看到的。

在王继恩这一问题上，宋太宗应该感谢他多疑的性格。正是因为他的多疑，才有了对王继恩的监督，才有了消息的及时传递，才有了他最终的胜券在握。

远在开封的宋太宗，围绕一个"平乱安定"的原则，马上进行人事调动，进行战略补救。

首先，变动蜀地最高长官。

王继恩之所以给宋太宗制造了麻烦，最重要的便是授予他的权力太大了，手里可支配的兵力太多了。宋太宗对此了然于胸，所以他的补救措施也是对症下药，首先是削减王继恩的权力。当然，凡事要有一个度，在蜀地局面不稳的情况下，在王继恩有一定势力的情况下，宋太宗需要做的是"冷水煮青蛙"，一点一点地、循序渐进地达到目的。

综合考虑各种情况，宋太宗并没有撤掉王继恩的职位，而是派出卫绍钦与王继恩共同治理蜀地，也就是说，蜀地的长官变成了两个人，有关事项不是王继恩

> 太宗知之，乃命入内押班卫绍钦同领其事。——《宋史·王继恩传》

一个人说了算了，那么，这样一来，就可以实现权力制衡，限制王继恩拥兵自重。

其次，增加运粮队伍。

蜀地在讨伐成都之后，一下增加了几十万大军，吃饭问题就成为迫在眉睫的难题。王继恩进入成都之后，对这一问题并没有重视，而是整天忙于享乐，将士肚中饥饿，心中便有怨言。对将士的怨愤，也是需要及时加以疏解、安抚的，如若不然，他们或许比王继恩的威胁还要大，在王继恩不能控制将士之时，将士们揭竿而起、反戈一击也是很有可能的。

对于这一迫切的问题，宋太宗决定将蜀地的部分将士抽出，补充到运粮队伍中，以保证军粮能够及时、迅速地运至蜀地，避免引起军乱。

> 议分减师徒出蜀境，以便粮运。——《宋史·王继恩传》

宋太宗的举措，比较及时地遏制了王继恩的为非作歹，也避免了将士的内乱，暂时避免了新一轮星星之火的复燃。但是，王继恩的恣意妄为还在继续，蜀地的顺利交接还是没有实现，蜀地百姓心中的不满、怨愤还是没有消解。那么，宋太宗是如何化解矛盾，如何维护稳定的呢？

大蜀政权被推翻了，王小波、李顺起义被镇压了，起义军的残余势力也基本被消灭了，但是蜀地长期以来存在的各种矛盾并没有完全因为起义军被镇压而消解。蜀地最高指挥官王继恩的恣意妄为，进一步激化了官军与百姓的矛盾。对此，宋太宗很不满意，这并不是他的本意。大宋朝廷必须采取相应的举措，以求用最快的速度将蜀地百姓安顿好，避免再与朝廷对抗。那么，宋太宗对蜀地采取了怎样的措施呢？这些措施能消除蜀地百姓心中的怨愤与不满吗？

四十五

尘埃落定

来了个行家

蜀地难治，宋太宗闹心；王继恩恣意妄为，宋太宗闹心；王继恩让蜀地更加难治，宋太宗更加闹心。所以，在王小波、李顺起义军主体力量被镇压之后，大宋朝廷必须迅速采取有效的措施，恢复被起义军与大宋平叛军双重蹂躏过的蜀地的安定。

在下诏将成都府降为益州之后，大宋朝廷做出了两大关键的人事任命。

任命一：任命雷有终。

雷有终是宋太宗任命的第一任益州行政长官。

宋太宗重用雷有终，主要着眼于其军事打击才能。

宋太宗任命雷有终之时，正是刚刚平定李顺起义之时，百废待兴。此时，尚有李顺起义军的残余势力，而且百姓中间也有不安定因素存在。因此，宋太宗将善于谋略、亲历战争，且有一定治蜀经验的雷有终任命为第一任行政长官。

雷有终在讨伐李顺起义军的过程中，有两件事情显露了其才能，颇得宋太宗赏识。

一是调度有法。

在讨伐起义军之时，雷有终的职务是峡路随军转运使、同知兵马事，主要负责军队的军粮运输、兵马安排。对于这两项与战争成败密切相关的事务，雷有终做得严

诏降成都府为益州。——《续资治通鉴长编》卷三十六

雷有终墓志（陕西合阳出土）

整有序，稳稳当当。

二是奇兵破贼。

在由水路进发蜀地途中，雷有终率领的军队遇到了阻击。当时的情形对雷有终很不利，一是天降大雨，二是将士长途跋涉之后，饥渴难耐，三是敌人众多。在这样的情形之下，军中将士心生恐惧。唯有雷有终镇静自若，待到敌军合围之后，立即命令设置的奇兵从敌人后方及时出击，最后竟然以少胜多。

雷有终因为主要着眼于军事平叛，再加上他与王继恩各自的性格原因，在当时的情况下，手握重兵的王继恩实际上比益州行政长官说话有分量，王继恩并没有将雷有终放在眼里，所以，很快就有了新的任命。

任命二：任命张咏。

张咏是宋太宗任命的第二任益州行政长官。宋太宗做出如此人员变动是着眼于心理安抚。

此时李顺起义军主力已经被消灭，宋太宗对蜀地的政策也有所改变，由最初的武力征服慢慢过渡到招安抚慰，故此，久负美名并且有官员举荐的张咏成为益州的第二任行政长官。

张咏临行之前，宋太宗当面叮嘱：蜀地在王小波发动叛乱之后，民不聊生，社会动荡，为了更好地开

> 有终由峡路入蜀，调发兵食，规画戎事，皆有节制。——《续资治通鉴长编》卷三十六

> 师行至峡中，遇盗格斗，将士渴乏，会天雨，军人以兜鍪承水饮之，且行且战。进至广安军，军垒濒江，三面树栅，会夜阴晦，贼众奄至，鼓噪举火，士伍恐惧，有终安坐栉发，气貌自若。贼既合围，有终引奇兵出其后击之，贼众惊扰，赴水火死者无算。——《续资治通鉴长编》卷三十六

展工作，可以便宜从事，具体问题灵活处理，不必上报请示。

此前，宋太宗曾经授予王继恩这样的权力，在王继恩之后，宋太宗将至高的权力又授予张咏，不能不让人联想到王继恩入蜀之后的恣意妄为。这次人事调动以及权力赋予，当与控制王继恩有一定关系。

张咏到任之后，围绕安抚百姓的工作重心，有针对性地开展了五项工作。

第一，解决军粮。

张咏到达益州，面对的最大问题便是官兵无粮。当时益州城总共驻军三万人，而粮食仅能供应半个月，虽然朝廷派出了运粮队伍，但一时半会儿到不了益州。官兵可以保障安抚工作顺利进行，但在无粮的情况下，也是一大不安定因素，极易发生新的兵变、民变。

对于这一迫在眉睫的问题，张咏先是做了一番调查，最后决定就地取材。张咏解决问题的方法是"以盐易米"。当时益州城有一个不对等的情况，一方面是益州普通百姓一直以来饱受"盐荒"之苦，百姓所购买的食盐价格很高，另一方面则是某些大户富商家里的仓库中，存有大量的食盐。探知到这一情况之后，张咏马上下令降低盐价，并且允许百姓用米来换取食盐。此令一下，百姓纷纷争着抢购食

> 上面谕之曰：「西川乱后，民不聊生，卿往，当以便宜从事。」——《续资治通鉴长编》卷三十六

> 是月，张咏始至益州。先是，陕西课民运粮以给蜀师者，相属于路，咏亟问城中所屯兵数，凡三万人，而无半月之食。——《续资治通鉴长编》卷三十六

盐。不到一个月，张咏就筹集到数十万斛的米，而且这些米的质量都很好，远胜于此前从百姓手里征集到的掺杂土糠的差米。

张咏到达益州之后，烧的第一把火很成功。人在忍饥挨饿的时候，突然能够吃上饱饭，这是莫大的乐事，也是莫大的恩赐。因此，益州城的士兵们对张咏赞赏有加，认为他确确实实是治国之能手。

张咏对于军粮问题的顺利解决，当然也是发自内心地高兴，然而，他的高兴绝不止于此，他更高兴的是，他初到益州，就已树立了声威，为以后命令的下达与执行铺好了路。

第二，督促讨贼。

张咏面对的第二个问题是剿灭起义军残余势力，这也是张咏与王继恩的首次交锋。

此前筹集军粮的问题，张咏还没有与王继恩正面过招，应该说张咏也是为王继恩解决了一大难题。但这次，张咏所面对的对象就是深受宋太宗宠幸、手握重兵的王继恩。王继恩在起义军残余势力尚存的情况下，关闭益州城门，每日里只知道饮酒作乐，不思进取，根本不想彻底剿灭敌人。王继恩为什么如此？一是战略物资缺乏，这可以作为一个借口，但这一点是可以解决的。我们很难推

军士欢言：『前所给米，皆杂糠土不可食。今一一精好，此翁真善干国事者。』——《续资治通鉴长编》卷三十六

咏访知民间旧苦盐贵，而私廪尚有余积，乃下盐价，听民得以米易盐，民争趋之，未逾月，得米数十万斛。——《续资治通鉴长编》卷三十六

时四郊尚多贼垒，城门昼闭，王继恩日务宴饮，不复穷讨。——《续资治通鉴长编》卷三十六

咏闻而喜曰：『吾令可行矣。』——《续资治通鉴长编》卷三十六

测他的想法。不过，一旦蜀地乱平，王继恩就得班师开封，远没有在这里的权力与自在，或许也因为这一点，他才迟迟不肯将起义军彻底清除。

对于这个棘手人物，张咏也使出了两手策略：

一是筹集战略物资。

张咏知道，在敌军残余势力尚存的情况下，全力剿灭是必需也是必要的举措。为了让剿灭行动顺利进行，张咏未雨绸缪，由官府出钱征收百姓手里的饲料来喂马。这本是一举两得之策，既能征集到饲料，又能安抚百姓的情绪。但是，一直以来在蜀地趾高气扬的王继恩对官府出钱极为恼怒，因为在他的词典中"强权即一切"，百姓手里的东西还需要用钱买吗？直接拿过来用不就得了。王继恩不仅生气，而且还当面质问张咏为何要拿国家的钱来买饲料。

> 官支刍粟饲马，咏但给以钱，继恩怒曰：『国家征马岂食钱耶！』——《续资治通鉴长编》卷三十六

张咏与王继恩分属不同系统，一个是行政系统，一个是军事系统。作为益州最高行政长官，张咏有自由行使行政命令的权力，但是王继恩却没有把张咏当盘菜，还是以为自己说一，别人就不敢说二。这一怒责，便是王继恩给张咏的下马威。张咏可不是雷有终，更不是他王继恩手下的阿谀逢迎者，不仅没被王继恩吓到，而且还给予了有力反击。张咏对于王继恩只知道吃喝玩乐不知讨敌的行为大加否定，认为如果开门击敌，便能从对手那里夺取战略物资，就能省下支付给百姓买饲料

的钱。

二是上书宋太宗。

张咏毫不示弱的回击出乎王继恩意料，一直以来王继恩过惯了前呼后拥、说一不二的日子，突然来了这么一个不惧他的人，他反而有点迷糊了。

当然，这只是暂时的感觉。真正让王继恩这种暂时的感觉持续下去的，是张咏身后那一双眼睛，那无形的权力。张咏也正是从王继恩的这种心理出发，明确告知王继恩：你王继恩之前的举动以及我张咏的举措，我都已经全部上奏给当朝天子了。张咏的一番话，实际上是对王继恩的警告，最好安分守己、恪守职责，要不然哪天天子怒了，后果就不堪设想了。张咏说完这番话，王继恩也不敢再有他语。

这是张咏的第二把火，也是与王继恩的第一次交手。这把火烧得很是红火，很是有效。

正好朝廷这时派卫绍钦前来督促围剿，王继恩才开始下令军队围剿起义军残余势力，斩杀义军众多，招降也至数万人，降低了益州所受到的威胁。

当然，在王继恩出兵的同时，张咏并非置之不理，而是提供了极为重要的后勤保障：军粮

咏曰：'城中草场，贼既焚荡，刍粟当取之民间，公今闭门高会，刍粟何从而出？若开门击贼，何虑马不食粟乎！' ——《续资治通鉴长编》卷三十六

咏曰：'……咏已具奏矣。'继恩乃不敢言。——《续资治通鉴长编》卷三十六

会卫绍钦亦以诏书来督捕余寇，继恩始令分兵四出。别将西河杨琼趋邛、蜀，荡贼巢穴，遂克蜀州，曹习等又破贼于安国镇，诛其帅马太保，斩获甚众。绍钦破贼于学射山，攻拔双流等寨，招降数万众。——《续资治通鉴长编》卷三十六

充足,足以供两年使用。张咏的这两把火,让远在开封的宋太宗龙颜大悦,对张咏赞赏有加:当初益州缺粮,不断请求朝廷支援,张咏到了益州没多久,便有了两年的军粮储备,如此人才,什么事情干不好呢!

张咏以自己的努力,赢得了宋太宗的欢心,也赢得了宋太宗的放心。当然,宋太宗"朕无虑矣"的感慨,不是一时心血来潮,张咏确实有两把刷子,他的能耐还不止于此。

第三,化贼为民。

虽然在第一次交手中,王继恩落败,但是王继恩是何等人物,他怎么会甘心受他人约束。于是,在剿敌大胜之后,王继恩开始给张咏出难题了。

王继恩故意将俘获的三十余名义军送到张咏处,让张咏来处置。这些事情本属军事系统负责,王继恩手下的将帅就可以处理,让张咏来处置,这是要挖个坑让张咏往里跳。

张咏对王继恩的盘算心知肚明,但他还是将这三十多人直接放了,让他们各归乡里,种田生活去了。决定一出,王继恩自以为抓到了张咏的把柄,私自放走乱贼,要说起来罪过也不小呢。孰料张咏早已等候良久,对于王继恩的质问淡然处之,简洁而有力地说出了这样几句话:此前李顺逼迫百姓为贼,现在我们携手将盗贼变为百姓,有何不妥!

> 继恩既分兵四出,咏计军食可支二岁,咏至未久,乃奏罢陕西运粮。上喜曰:"乡者益州日以乏粮为请,今有二岁之备,此人何事不能了,朕无虑矣。"
> ——《续资治通鉴长编》卷三十六

> 继恩尝送贼三十余辈请咏治之,咏悉令归业。继恩怒,咏曰:"前日李顺胁民为贼,今日咏与公化贼为民,何有不可哉!"
> ——《续资治通鉴长编》卷三十六

张咏这一番话,不仅将王继恩也拉进了这个事件中,而且铿锵有力,无疑再一次打击了王继恩的嚣张气焰,让其无言以对。正所谓一物降一物,慢慢地王继恩对雷厉风行的张咏也只能是敬而远之了。

第四,和平共处。

张咏与王继恩的两次交手,都以张咏的胜利结束,王继恩的行为有所收敛,这已经达到了目的。对于王继恩,张咏要限制,但并不想过于得罪,毕竟王继恩还是宋太宗宠信的人,况且,一旦他们两人关系恶化,对于整个蜀地来说都是致命的。所以,两次交手之后,张咏与王继恩之间形成了一种默契:和平共处。

有一个例子很能说明两人之间的微妙关系。

王继恩帐下有士卒仗势侵夺百姓财物,百姓诉讼到张咏处。犯事的士卒连夜出城逃亡,张咏派人追拿,并告诫说:逮到了就捆绑起来,直接扔到井里,切勿将其押回。张咏此举可谓一举三得,既满足了百姓的诉讼要求,又警诫了军士,让他们不敢肆意行事,更照顾到了王继恩的面子。因此,王继恩对于张咏处罚帐下士卒的举措并没有怨恨。

张咏与王继恩的相安无事,保证了蜀地领导层的稳定,宋太宗安抚百姓的意图得到了很好的贯彻执行。

继恩有帐下卒颇恃势掠民财,或诉于咏,卒缒城夜遁,咏遣吏追之,且不欲与继恩失欢,密戒吏曰:『得即缚置井中,勿以来也。』——《续资治通鉴长编》卷三十六

吏如其戒,继恩不恨,而其党亦自敛戢云。——《续资治通鉴长编》卷三十六

第五，化解谣言。

在社会动荡之时，总有谣言兴起惑众。张咏治蜀期间，民间就有谣言，说有白头翁在午后吃小孩子，说得有鼻子有眼，使得本就动荡不安的社会秩序再次经受挑战，民心动荡，到了晚上，都没人敢上街了。

> 时民间讹言，有白头翁午后食人儿女，一郡嚣然。至暮，路无行人。——《宋史·张咏传》

"谣言止于智者"，张咏就是止住谣言的智者。他派出得力人马，四处寻访谣言的制造者与传播者，最后将造谣惑众者捉拿归案，当众斩首，迅速将这一不安定因素遏制住。

> 既而得造讹者戮之，民遂帖息。——《宋史·张咏传》

第六，确保正常班师。

经过张咏的努力经营，王继恩有所收敛，百姓生活相对稳定，起义军的残余势力也基本剿灭完毕，讨伐大军可以准备班师回朝了。这时，张咏心里忐忑起来，忐忑的原因还是一直让他头疼的王继恩。

张咏入蜀之后，一定程度上抑制了王继恩的嚣张行为，但因为张咏并不想过于得罪王继恩，所以王继恩麾下将士自恃平定李顺起义军有功，时有粗暴蛮横的举动。张咏担心王继恩及其手下军士的行为，会使班师回朝之事出现意外。张咏知道单靠自己的能力不足以完成这个任务，为了确保大军可以顺利地班师回朝，张咏决定未雨绸缪，向宋太宗求援，请求宋太宗派出可以弹压王继恩的心腹重臣，来分散

> 王继恩御军无政，其下恃功暴横。——《续资治通鉴长编》卷三十六

宋太宗在收到张咏的密奏之后，马上派出张鉴、冯守规去往成都，分散王继恩的可控军力。在这一任命上，宋太宗还是本着安定军心、不致生变的原则进行人事调动的。宋太宗不想在关键时刻刺激王继恩，考虑到既要让王继恩好接受，又要防范军士猜忌，避免军心生变。

张咏的危机意识，赢来了宋太宗的及时任命。从日后事态的发展来看，这一举措是至关重要的。在张鉴到达成都之后，王继恩尚不改其盛气凌人之状，傲慢无比。可以想见，如果任由王继恩胡作妄为，或许真会出现难以预料的事情。

在到达蜀地之后，张鉴与张咏一起，令王继恩的一些心腹回京，督促王继恩继续追捕残余的起义军，联合安抚一些不顺从的百姓，一方面分散了王继恩的军力，并让王继恩有了明确的任务，以免惹是生非；另一方面则通过安抚措施稳定了百姓的生产生活，蜀地的秩序基本上趋于正常。

必须变个调

不到两年时间，轰轰烈烈的王小波、李顺起

义，就被宋太宗派出的围剿大军镇压了。反观农民起义，其失败与起义军自身的缺陷和失误，也与宋太宗的应对及时、方法得当有关。

虽然宋太宗得到蜀地起义的消息比较晚，但他应对得还比较及时，马上派出大批人马前往蜀地讨伐。在讨伐过程中，根据战争的具体走势，及时进行人事调整，确保了战争的最大胜利，保证了战后的顺利接收。

在平定了王小波、李顺起义之后，宋太宗长时间绷着的神经总算松了下来。在松弛之余，宋太宗也在思考，何以王小波、李顺一介百姓，能够掀起如此大的风浪？虽然这一浪被压下去了，之后还会不会出现新的更大的浪头呢？

带着这样的思考，宋太宗针对蜀地百姓的具体情况决定改弦更张，采取了一些缓解矛盾的措施。

第一，下罪己诏。

在张余的起义军余部基本被消灭以后，宋太宗下了一道罪己诏，向全国百姓特别是蜀地百姓道歉，表明自己的态度。

这份罪己诏是由翰林学士钱若水起草的，在诏书起草完毕之后，钱若水呈献给宋太宗过目。作为大臣来起草当朝天子的罪己诏，这一任务不太好完成，这涉及对宋太宗的评价问题，所以，钱若水的用词很慎重，毫厘之间都得拿捏好。

上以蜀寇渐平，下诏罪己。——《续资治通鉴长编》卷三十六宋太宗看过之后，感觉钱若水起草的诏书尚不够严厉，并没有点到问题的痛处，这样百姓看了会认为他是在作秀。当然，宋太宗自然知道为皇帝起草罪己诏的难度，于是，就笑着说让朕来润色一下，既照顾到了钱若水的为难之处，又体现了自己的想法。宋太宗在草诏表述不够确切或者尚未点到根本的地方都做了修改，其修改的总体原则便是自我检讨要深刻、要发自内心，修改之后确实精当不少。

宋太宗根据王小波、李顺起义的原因，将自己的罪责归于任命地方官不当，治理不明。因为自己的任命不当，出现了两类不该出现的事情：

一是地方官的肆意妄为。

地方官本该是联系老百姓的纽带，但正是这些应该亲民的地方官，从"为民父母"的位置自以为是地升到了"官老爷"的位置；不以为民谋福利为做官之根本，而是把怎样最大限度地捞取好处作为为官的最高目标。如此一来，极大地伤害了百姓的感情，造成了百姓与朝廷的对立。

在王小波起义之前，地方官的暴虐贪婪确实是激起百姓愤怒的重要原因。宋太宗的这一究责应该是有一定的针对性的，也是能切中百姓的心声的。

二是下层官吏的贪婪无耻。

在王小波起义之前，禁榷制度的存在，使百姓的

初命翰林学士钱若水草诏，既成，进御，上笑谓若水曰："朕为卿润色，可乎？"若水顿首谢，因命笔亲审数字，皆引咎深切，尤为精当。——《续资治通鉴长编》卷三十六

利益受到了损害，本来生活在"小康水平"的中小工商业者失去了存活的可能，一下跌入失业者的队伍中去。

宋太宗在罪己诏中列出了禁榷的诱导作用，但是宋太宗并没有从制度层面加以否定，而是从具体执行禁榷制度的官吏来反思的。宋太宗提到执行禁榷制度的官吏，以最大限度地榨取百姓的财利为目的，苛刻严酷，侵扰百姓，致百姓无法忍受，起而为贼寇。

> 诏辞略曰：'朕委任非当，烛理不明，致彼亲民之官，不以惠和为政，笐榷之吏，唯用刻削为功，挠我蒸民，起为狂寇。'——《宋史全文》卷四

宋太宗对于王小波、李顺起义原因的探求，应该还是比较对路的，这两个方面的原因都是王小波、李顺起义的原因。至于土地制度、禁榷制度的局限与危害，无论是从宋太宗所处的时代，还是从宋太宗的身份出发，或者是因为客观局限，抑或是出于主观回避，宋太宗对此都没有提及。

第二，免除部分赋税。

两年战争的破坏，造成田地荒芜，百姓困苦，为了表示安抚之心，宋太宗下诏免除襄州、唐州、均州、汝州、随州、邓州、归州、峡州等地百姓上一年未交的租税，以减轻百姓的负担。

> 蠲襄、唐、均、汝、随、邓、归、峡等州去年逋租。——《宋史·太宗本纪二》

宋太宗的举措在一定程度上缓和了当时的阶级矛盾，减轻了对蜀地百姓的盘剥，其实这也是王小波、李顺起义军用血的代价换来的。

还是留下了隐患

在肯定宋太宗的心意以及举措的同时，也应当看到宋太宗的战后安置措施并非十全十美，也并没有完全平息百姓的怨愤，而且还遗留了隐患。

第一，蜀地矛盾并没有完全化解。

在战乱之后，宋太宗面对土地荒芜的情况，下诏蜀地有能力买下田地并能高倍缴纳田租者，可以优先给予土地。在这样的情况下，蜀地肥沃的土地再次成为地主豪强的囊中之物，田地依旧控制在豪强手中，以致当时因战乱而流落他乡没有着落的人，在战乱停止之后还是不能回家，只能流落他乡。

> 乱亡之后，田庐荒废，诏有能占田而倍入租者与之，于是腴田悉为豪右所占，流民至无所归。——《宋史·谢绛传》

在此之前，我们已经说过，大土地所有者的霸权与垄断，是造成蜀地百姓困苦的根本原因。对于宋太宗来说，他可以给予一定的免税优惠，但是绝不可能动摇当时的土地制度，进行土地改革。个中原因，应当从北宋攻打蜀地的历史说起。

当初北宋收复蜀地的过程，应该说是比较顺利的，基本上没有遇到激烈的抵抗，这多多少少与当地地主豪强的支持有关。因此，北宋政府并没有对蜀地地主豪强的势力加以限制，反而是通过保护经济权利拉拢、安抚豪强，即便是在王小波、李顺起义这样的大动荡下，宋太宗也没有对地主豪强占据的田产进行彻底查抄。

如此一来，宋太宗所采取的安抚措施，并没有从根本上解决蜀地存在的矛盾冲突。百姓与大土地占有者之间的矛盾作为蜀地的一股暗流一直在较着劲。几年后（咸平三年，1000），蜀地又爆发了一次叛乱，但这是宋真宗朝的事情了。

第二，朝廷隐患出现。

围剿大军班师回朝之后，对于平蜀的最高军事长官王继恩，宋太宗给予了相当高的奖赏，并任命他为灵州防御使。

王继恩为人好大喜功，结党营私，在此之前就凭借宋太宗对他的信任与恩宠，时不时地在宋太宗面前推荐朝中大臣，以至于朝中想通过捷径晋升者都向王继恩靠拢。成功平定蜀乱之后，王继恩的势力进一步扩大，形成了一股不可小觑的力量。

在平蜀成功后的第二年（996），有一位布衣韩拱辰通过上访为王继恩讨赏，认为王继恩平定李顺起义军有大功，按照他的贡献，应当主持国家的机要事务，而宋太宗仅仅授予他防御使的职务，与其功劳比起来，实在是太微不足道了。韩拱辰认为宋太宗的赏赐不足以激励全国上下的进取之心，不足以让天下苍生信服。

在王继恩平叛过程中，宰相已经为王继恩讨过一次赏，被宋太宗骂了个狗血喷头。在平蜀之后又有

> 喜结党邀名誉，乘间或敢言荐外朝臣，由是士大夫之轻薄好进者从之交往，每以多宝院僧舍为期。——《宋史·王继恩传》

> 至道二年春，布衣韩拱辰诣阙上言：「继恩有平贼大功，当秉机务，今止得防御使，赏甚薄，无以慰中外之望。」——《宋史·王继恩传》

人为他讨赏，不过这次是民间百姓，借助"民心"来向宋太宗施压。

布衣韩拱辰或许是王继恩直接指使的，或者是巴结王继恩的人操纵的，但不管如何，都可以看出王继恩在宋太宗执政晚期已经具备很大的影响力了。

通过这两次讨赏事件，宋太宗应该能嗅出其中的味道，能够感觉到王继恩的影响，但是，不知道出于什么心理，宋太宗只是以"妖言惑众"的罪名，将布衣韩拱辰刺配崖州，对于王继恩并没有进一步处罚和限制。

王继恩这个人，就是因王小波、李顺起义，成为宋太宗遗留下来的另一大祸端。

由于宋太宗的积极应对与周密部署，历时两年的王小波、李顺起义最终被镇压。宋太宗可以暂时喘口气了，但是，平定起义军之后的第二年，宋太宗离世了，时年五十九岁。是什么原因导致宋太宗离世的？

> 上大怒，以拱辰惑众，杖脊黥面配崖州。——《宋史·王继恩传》

太宗驾崩

〈四十六〉

从淳化四年（993）至至道元年（995），大宋朝廷用两年时间平息王小波、李顺起义，国内又一次恢复了稳定。在对外方面，宋太宗实行了不主动出击的和平外交策略，虽有党项李继迁不断捣乱，但并没有出现类似雍熙北伐"全民皆兵"的局面。内外环境的基本安定，为宋太宗实现文治理想提供了重要的条件，为国家的进一步繁荣提供了可能。就在形势一片大好的情况下，宋太宗却驾鹤归西了，他夙兴夜寐的"超越梦"也因此戛然而止。大宋王朝的第二位君主宋太宗是因何而死的？他有没有对大宋王朝未来的稳定与发展做好预案呢？

病死无疑　病因不一

至道三年(997)三月二十九日,大宋王朝的第二位皇帝宋太宗驾崩于开封皇宫万岁殿,走完了他五十九年的人生历程。

宋太宗的一生,是充满谜团的一生,宋初的几件迷雾重重的大事件,都与他密切相关。对这样一位与诸多疑案相关联的人物,后人对他的死也充满好奇。那么,宋太宗是因何而死的?他的死是否也是一桩迷案呢?

对于宋太宗的死,《续资治通鉴长编》《宋史》的记载都很简略:

"二月辛丑,上不豫,始决事于便殿……壬辰,帝不视朝。癸巳,崩于万岁殿。"《续资治通鉴长编》卷四十一

"壬辰,不视朝。癸巳,追班于万岁殿,宣诏令皇太子柩前即位。是日崩,年五十九。"《宋史·太宗本纪二》

《宋史》提及宋太宗在去世前夕不再临朝听政,说明宋太宗的身体出现了问题。《续资治通鉴长编》的记录中对宋太宗的身体状况也有所说明,多次出现"不豫"二字,"不豫"就是天子有病的讳称。那么,从《续资治通鉴长编》与《宋史》虽然简略却很清晰的记载中可以看出,宋太宗是因病而亡,这一点是毋庸置疑的。也就是说,宋太宗的死,应该属于正常死亡,没有任何凶杀嫌疑,没有任何阴谋。

宋太宗病死的肯定性描述,让有强烈探知欲望的人很失望,也使传奇人物身上的传奇色彩变得暗淡。然而,正史记载的简略,恰恰给后人的探究与想象留下了充足的空间。对于因病而死的宋太宗,其病因便成为众人关注的焦点。于是,历史上有关宋太宗的死

亡，在认同正常死亡的前提下，产生了两种不同的看法。

一种观点认为，宋太宗是因箭伤而亡。

此种观点，以南宋王铚的《默记》为代表。《默记》今传有三卷，主要记载了北宋时期的朝野遗闻。根据《默记》的记载，宋神宗将宋太宗死亡的原因追溯到高梁河之战。宋神宗说高梁河之战，宋太宗大腿受了箭伤，而且在回京之后，宋太宗的箭伤也没有彻底治愈，以致年年都会复发，最终因为箭疮发作而亡。

而另一种观点认为，宋太宗不是因箭伤而亡，是因病而死，这种病或是过度劳累，或是家族遗传病，或是染上不治之症，总之不是箭伤致死。此观点极力反对宋太宗因箭伤发作而死的说法，主要有两方面原因：

原因一：史书中并没有明确记载宋太宗死于箭伤发作。

原因二：《默记》本身的问题。《默记》的记载是有关宋太宗之死非常重要的材料，但是，力主"宋太宗非死于箭伤"的人对于《默记》的记载不太信服。

首先，《默记》是一部笔记类文献，记载的是朝野逸事，有的带有小说意味，不可尽信。从情理上推测，不可能仅宋太宗一人中了两箭，而大将反无一人

> 太宗自燕京城下军溃，北虏追之，仅得脱。从人宫嫔尽陷没。股上中两箭，岁岁必发。器尽为所夺，其弃天下竟以箭疮发云。——《默记》卷中

受伤。

其次，在"高梁河一战"的记载上存在自相矛盾之处。除上面的一段记载之外，《默记》对于高梁河之战中宋太宗的遭遇还做了另一番说明：宋太宗在平定北汉之后，没有犒赏将士，直接进发幽州，以致发生军变。宋太宗率近臣逃亡，钱俶掌控后军，连续斩杀六人，控制了局势，宋太宗才得以顺利逃脱。

对于《默记》提到的"箭伤"与"军变"的两处记载，反对者认为，既然军变后宋太宗因为钱俶的应付得宜而侥幸夜遁，那么，前面所说的"中箭受伤"就不可能发生。这是否认宋太宗死于箭伤发作的主要证据，其证据并非没有可议之处。

首先，史书中没有明确记载，并不代表事实不存在。

史书的记载首先面临史料的选择问题，再则还要考虑为尊者讳的问题。对宋太宗而言，高梁河一战绝对不是什么光彩的事情，按照宋太宗的行事作风，这种事情他极力隐藏还怕藏不住，他是绝对不会允许记录在案的。

其次，《默记》的问题。

《默记》是笔记，其材料来源不一，传播渠道不一，传播过程中还不断加工，难免有不实的成分，这一点是不用否认的。反对者认为既然存在钱俶救驾的事情，就

> 太宗与所亲厚夜遁。时俶掌后军，有来报御寨已起者，凡斩六人。度大驾已出燕京境上，乃按后军徐行，故銮辂得脱。——《默记》卷上

不可能再有身中两箭的事情。这种结论明显是非此即彼的思维。不妨反过来想想，为什么就不能是太宗中箭是真，钱俶救驾是假呢？或者说，为什么两种情况就不能同时存在呢？

《默记》中记载的"箭伤"，从其故事来源来看，存在一定的可信度。《默记》明确记载材料的来源："章敏公为先子言。"章敏公即滕元发，是宋神宗非常器重的一位大臣。宋太宗中箭的事情是宋神宗亲自对滕元发讲的。"先子"是对故去的父亲的称呼，《默记》的作者王铚的父亲叫王萃，与滕元发素有交往，滕元发将此事告知了王萃。如果属实，那么，宋太宗中箭事件的来源很清晰：宋神宗—滕元发—王萃—王铚。当然，在这个材料来源的线索中有一个环节我们是不知道的，即宋神宗如何得知此事，所以，还不能完全证死。

那么，史书的记载是否为我们留下了探寻历史真相的蛛丝马迹呢？宋太宗是否曾中箭受伤？箭伤是否为宋太宗死亡的直接原因呢？

史书中的线索

首先看宋太宗是否曾中箭受伤的问题。

高粱河一战，宋太宗中箭受伤，这在前面我们已经不止一次地提过，但是因为存在不同的看法，有质疑的声音，所以需要在这一问题上再做说明。

第一，《辽史》中的相关证据。

有关宋太宗受伤的记载，除了《默记》《烬余录》的记载，《辽史》

亦是重要的参照。

《辽史》中关于高梁河之战宋太宗败逃的记载，集中在《景宗本纪》《耶律休哥传》《耶律沙传》中。

《景宗本纪》提及宋太宗"仅以身免，至涿州，窃乘驴车遁去"，《耶律沙传》则说"至涿州，微服乘驴车，间道而走"，从这两处记载可以看出，至少在辽国人掌握的资料中，宋太宗是乘坐驴车逃走的。那么，为何宋太宗要坐驴车而不骑战马？

宋太宗善于骑射，而且他的坐骑是千里良驹"碧云霞"，此马速度快，善于征战。宋太宗一直对"碧云霞"很喜爱，正因为如此，此马在宋太宗死后，伤心欲绝，后来没过几个月便死去了。有如此良驹为伴，按照常理，宋太宗是可以快速逃命的。与"碧云霞"的速度相比，驴车的速度自然要慢很多。在逃亡过程中，选择速度慢的代步工具，自然是这一工具更适合当时的情势，更适合宋太宗的逃亡。

或许有人会说，这是宋太宗的障眼之法，躲在驴车之中，不容易被发现。要知道，宋太宗是在夜晚从高梁河的战场逃亡的，驴车一样会引起辽国追兵的怀疑，一旦被发现，那宋太宗只有被俘就绑的份儿了。宋太宗此举颇不寻常，其中必有蹊跷。

《辽史·耶律休哥传》的记载或许可以解答这一问题。

上下冈阪，其平如砥，下则伸前而屈后，登高则能反之。——《玉壶清话》卷八

后闻宴驾，悲悴骨立。真宗遣从皇舆于熙陵，数月遂毙。——《玉壶清话》卷八

耶律休哥在高梁河之战中受了三处创伤，在追击宋太宗的过程中，因为身上有伤不能骑马，只能坐车追至涿州，此时宋太宗已经逃走了。以此类推，宋太宗也很有可能是因为身上有伤，不能骑马，只能退而求其次，选择乘驴车逃命，这是迫不得已的无奈之举。当然，也正是因为耶律休哥未能骑马追击，致使追击速度慢了下来，宋太宗才有了逃命的时机。

> 休哥以创不能骑，轻车追至涿州，不及而还。——《辽史·耶律休哥传》

第二，《续资治通鉴长编》中也有相互参照的内容。

除了《辽史》的记载，《续资治通鉴长编》也提供了一定的线索。端拱二年（989），开封等地"自三月不雨，至于五月"《续资治通鉴长编》卷三十，后来宋太宗亲自过问京城开封的在押囚犯，并分派四十二人到全国各地审理刑狱之事。发布命令当夜，天降甘霖。为此，宋太宗极为高兴，与近臣说起人君之职，认为为人君者，应当以节俭为务，宋太宗便是以此来督促自己的。宋太宗列举自己的节俭表现时，提到了一条："晨夕下药，常以盐汤代酒。"《续资治通鉴长编》卷三十宋太宗列举的都是自己的生活习惯，由此可知，晨夕用药已经成为宋太宗的习惯，而且是用盐汤代替酒来下药的。根据许洞（沈括的舅舅）的《虎钤经》可知，这多是用来治疗金疮（中医指刀、箭等金属器械造成的伤口）跌打的方法，"每用，先以盐水洗疮，后用药敷之，日一换之"《虎钤经》卷十（中华书局2017年版）。这说明端拱二年之前，宋太宗就已经有金疮之疾，而从高梁河一战至端拱二年，宋太宗再也没有到过前线，没有得金疮之疾的可能。

通过以上的材料梳理，可以看出，宋太宗中箭的可能性应该是存在的，现代学者的研究成果也证实了这种可能性（参见何冠环《宋太宗箭疾新考》，《香港中文大学中国文化研究所学报》第20卷，1985年）。

高梁河之战，宋太宗中箭，是"箭伤致死说"的前提，但是，高梁河一战是在太平兴国四年(979)发生的，距离宋太宗死亡的至道三年(997)，中间有十八年的时间。十八年的时间不算短，十八年前的箭伤是否会成为宋太宗的死亡原因？要想证明这一问题，必须有更多的证据。

太宗的表现

再看箭伤是否最终导致了宋太宗的死亡。

如果说宋太宗的箭伤确实存在，并且是导致他死亡的直接原因，那么，十八年间的箭伤折磨，对宋太宗而言首先是身体无休止的疼痛，同时也是宋太宗一直挥之不去的梦魇。这种疼痛与梦魇，在宋太宗的行事作为中不会没有体现。所以，通过追索宋太宗的举动，应当可以对这一问题做出回答。

第一，重用方技之士。

高梁河之战以后，宋太宗陆续任命、提拔了一些方技之士。这些人中，有在"东山又起"一章中提到的侯莫陈利用，此人就是因为能够暂时抑制住宋太宗的伤痛，而让宋太宗对其宠幸有加的。除了侯莫陈利用，这样的方技之士还有很多。比较出名的有潘阆、王得一、僧茂贞。这些方技之士在宋太宗一朝属于特殊群体。

首先，从地位上看，高官厚赐。

宋太宗对方技之士恩宠有加，给予高官职、厚赏赐，而且对于个别人日渐跋扈的行径，宋太宗是睁一只眼闭一只眼，不加约束。除此之外，这些方技之士有的还参与国家的政治大事，甚至参与立储大事。王得一经常出入宋太宗的居所回答问题，有时甚至会谈到半夜时分。对于朝廷政事，王得一非常敢说，没有太多顾忌，而且还请求立宋太宗的儿子襄王赵恒为太子。足见宋太宗对他们的依赖与重视程度。

其次，从时间上看，方技之士被重用的时间点比较特殊。

侯莫陈利用被宋太宗召见是在太平兴国初，高梁河之战发生在太平兴国四年(979)，这两处记载的时间大体相当，太平兴国四年还可以算是太平兴国初。

宋太宗回到开封之后，应该是马上召集御医来为他治疗箭伤，怎奈宫中御医对此并没有很好的根治方法，而且这种状况一直持续到宋太宗驾崩，也没有得到改善。当然，这或许是针对没有治

> 得一，河南人，以方技进，起布衣，授使职，数召见，锡赉甚厚。——《续资治通鉴长编》卷三十六

> 得一尝入对禁中，或至夜分，颇敢言外事。又潜述人望，请立襄王为皇太子焉。——《续资治通鉴长编》卷三十六

> 太平兴国初，侯莫陈利用卖药京城……枢密承旨陈从信得之，亟闻于上，即日召见，试其术颇验。——《续资治通鉴长编》卷二十九

好宋太宗的病来说的。有两个例子可以说明这种状况。雍熙四年(987)五月，宋太宗让全国举荐擅长医学者，送至京城开封，充任翰林医学《宋太宗皇帝实录校注》卷三十六；至道二年(996)，宋太宗直接指出了"朝中无良医"的状况，无奈之下，他只能遍寻名医，到后来底线进一步放宽，只要是能治疗他的伤痛就可以。侯莫陈利用就是宋太宗在受伤初期从民间召来为其疗伤的"江湖大师"。

僧茂贞，在淳化五年(994)九月之前被重用；王得一，被召见重用的时间当在淳化五年三月以后。

淳化五年九月，宋太宗将寇准从青州召回，任命为参知政事。此时的宋太宗已近人生的末年，急召寇准回来商量皇位继承人的问题。寇准面圣之时，备受脚伤折磨的宋太宗撩开衣服给寇准看自己的伤势，一时间不禁悲从中来，发出了"你怎么来得这样慢"的感慨。从中可以看出，宋太宗的脚伤不是一时半会儿之事。

僧茂贞、王得一被重用的时间与宋太宗脚伤严重的时间相距很近，而且《续资治通鉴长编》将这三件事情一起放在淳化五年

念翰林无良医，因遍令索京城善医者，得百余人，悉令试以方脉，又诏诸道州府，令访能医者，乘传置阙下，俾近臣各得荐所知以隶太医署。——《宋太宗皇帝实录校注》卷七十六

九月……乙丑，崇仪副使王得一求解官，优诏许之。得一，河南人，以方技进，起布衣，授使职，数召见，锡赉甚厚。未半载，上表自陈，不愿久当荣遇，并请舍所居宅为观，上悉嘉纳。——《续资治通鉴长编》卷三十六

初，参知政事寇准自青州召还，入见，上足创甚，自发衣以示准曰：'卿来何缓！'——《续资治通鉴长编》卷三十八

九月……先是，有峨眉山僧茂贞者，以术得幸。——《续资治通鉴长编》卷三十六

九月这一时间段记载，应该不是巧合，这说明僧茂贞、王得一被重用与宋太宗脚伤发作有直接关系。

这里需要说明一下宋太宗遭受箭伤的部位。根据《默记》的记载，宋太宗是"股上中两箭，岁岁必发"，大腿受伤，但是《续资治通鉴长编》所记淳化五年宋太宗脚伤严重。如果说这两处记载都是真实的话，那么，这应该是宋太宗大腿的箭伤引发了并发症，扩散到脚部。

潘阆被召见是在至道元年(995)四月十四日。潘阆是卖药郎中，根据《宋会要》的记载，潘阆之所以能被召见，是他擅长写诗。但这是由潘阆结交的权贵散布出来的，此时宋太宗的身体已经很差，已经不再像之前一样亲力亲为，不可能有精力召见潘阆这样的小人物，所以唯一的可能便是，潘阆在京师卖药的名声通过权贵王继恩等人传到了宋太宗耳朵里，宋太宗才召见潘阆至殿内一试身手。

从宋太宗对方技之士的态度以及方技之士被重用的时间可以看出，宋太宗兵败回到京城之后，他的箭伤并没有被根治。为了彻底治愈伤痛，"病急乱投医"，除了御医，宋太宗又搜罗一些民间方技之士，以求能恢复健康。

第二，编写医书。

宋太宗除了遍地寻求名医之外，还派人将天下药

> 阆卖药京师，好交结贵近，有言其能诗者，因召见，而有是命。——《宋会要辑稿》选举九之一

方编纂成书，刻印之后颁行天下，著名的有《神医普救方》与《太平圣惠方》。此次编写刻印医书，有三个特点：

首先，开始时间与宋太宗受伤时间很近。

宋太宗下诏编纂医书是从太平兴国六年(981)开始的，《神医普救方》是在太平兴国六年，《太平圣惠方》也是在太平兴国年间。

其次，所涉药方广博。

宋太宗编纂医书的药方来源主要有三个：

一是官藏药方。太平兴国六年十月，宋太宗命朝中医生将历代药方加以研读校理，每一科校理完成后，便立即进献给宋太宗审查。

> 命驾部员外郎、知制诰贾黄中与诸医工杂取历代医方，同加研校，每一科毕，即以进御，仍令中黄门一人专掌其事。——《续资治通鉴长编》卷二十二

二是医官家藏药方。古代的许多职业都是家族子孙相传，并具有一定的家法限制，家族秘方是不能外传的。宋太宗的医官也是如此，为了更好地搜集药方，宋太宗让医官将家传秘方上交，由朝廷派专人校正编次。

三是民间药方。太平兴国六年十二月，宋太宗以重赏号召民间百姓进献家藏医书：若是有想亲自送到皇宫的，由国家负责车旅食宿等；根据所进献医书的卷数赐予一定的钱帛，如若进献的医书超过二百卷，可以授予进献者一定的官职，如果进献者已有官职，便为其

> 太平兴国中，内出亲验者千余首，乃诏医局各上家传方书，命王怀隐、王祐、郑彦、陈昭遇校正编类，各于篇首著其疾证。——《文献通考》卷二二三

加薪。

宋太宗的这一举措很见成效。所谓"重赏之下，必有勇夫"，一时间，民间百姓纷纷进献医书，朝廷搜集到了很多官藏未见的医书。

众多的药方在较短时间内被搜集起来，极大地提升了宋太宗一朝的医术。医书是分类编排的，其中肯定有治疗金疮病的药方，而且宋太宗也成了治疗金疮病的能手洪迈辑《翰苑群书》卷九（景印文渊阁四库全书本）。

再次，大修寺观。

宋太宗修建寺观有三个特点：

一是佛寺、道观齐抓。宋太宗在位期间大建寺庙，对于道观亦等同视之，在各地大量兴建凌霄宫。

二是数量多。北宋京师开封的重要寺院，主要是宋太宗在位期间建造或整修的。这些寺院包括启圣禅院、妙觉禅院、太平兴国寺、开宝寺、天清寺、景德寺、普安院等。修建的道观有上清太平宫、太一宫、上清宫、太清观、灵仙观、寿宁观、洞真宫等。

三是规模大。开宝寺的灵感塔、天清寺的西慈塔及白云阁，规模都相当大，与所建的一些道观，蔚为京都开封胜景。宋太宗大规模兴建寺观，耗费民力、物力，在当时就有大臣劝谏。端拱二年(989)，王禹偁上书，将僧道之人称作"蠹人"《续资治通鉴长编》卷三十。对于太宗朝的寺观规模，王禹偁以"计其费耗，何啻亿

癸酉，诏：『诸州士庶，家有藏医书者，许送官。愿诣阙者，令乘传，县次续食。第其卷数，优赐钱帛，及二百卷已上者与出身，已任官者增其秩。』——《续资治通鉴长编》卷二十二

万。先朝不豫，施舍又多"《续资治通鉴长编》卷四十二来加以概括。

根据史书记载，宋太宗是比较有名的尊佛之人，他去世后，其小女儿申国公主削发为尼，并说这是为了践行宋太宗的敬佛之心；同时宋太宗也是崇道之人。但是宋太宗并非真正的信佛敬道之人。佛教与道教属于不同的宗教派别，教义、教规、主导思想都不同。一般来说，虔诚的教徒基于对本派教义的认同，对于其他的教派会有一定的排斥，至少不会同时信奉另外一种宗教。

宋太宗既尊佛又崇道，是有现实目的的，一方面是他治国理政的需要，另一方面便与他的箭伤有关。

首先，宋太宗朝最大的寺庙是在高梁河战败之后修建的。

宋太宗时工程最大、耗费最多的应是启圣禅院与开宝寺灵感塔。其中，启圣禅院建于太平兴国五年(980)。

其次，高梁河之战后不久，集中修建、整修了一批寺庙道观。

太平兴国五年，开始进行五台山及峨眉山寺院的整修；太平兴国七年开始，屡遣高品内侍入泗州处理修塔及建寺之事；太宗的译经计划始于太平兴国五年。

再者，宋代有造庙求福消灾的普遍认识。

《瓮牖闲评》记载了一则故事，一位老妇人胳膊疼痛不止，找名医，开良方，但是疼痛不仅没有消除，反而越来越厉害，疼得几乎无法忍受。在这种情况下，老妇人的儿子决心修佛像来为母亲消灾，将城中缺胳膊少腿的佛像都做了修补。结果这项工程还没有完全竣工，老妇人的胳膊就不疼了，跟得病之前一样。袁文《瓮牖闲评》卷八《《全宋笔记》第4编第7册，大象出版社2008年版》

这一故事与宋太宗的经历及心理非常相似，在社会普遍观念的影响之下，病急乱投医的宋太宗也开始修庙祈福。太平兴国八年，大理寺丞孔承恭上书劝宋太宗多修佛寺，以求得阴间之福。阴间之福是死后之事，宋太宗更为关注的是有生之福。宋太宗的这一心理，在宋朝并非秘密，至道三年（997）王禹偁针对宋太宗时期大建佛寺之事，提出批评，认为佛祖真的有灵的话，宋太宗就不会死了。虽是对宋太宗的批评，却也揭示了宋太宗"事佛求福"的心理。

最后，烧炼丹药。

或许是宋太宗的箭伤太特殊，即使遍寻天下良医、良方，也未能根治，修建寺观也没有使他像故事中的老妇人那样得以痊愈。到了晚年，宋太宗慢慢转入另外一种精神寄托，一种他认为可能会根治箭伤的方法，那便是丹药。

丹药在中国人的观念中颇带神秘色彩，它吸引人的地方主要是其益寿延年甚至羽化成仙的传说。中国历史上服食丹药的帝王有很多位，他们大多数是出于对皇位、世间的留恋与不舍。宋太宗与他们的追求相似，只不过多了箭伤的影响，因此，晚年的宋太宗更加依赖丹药。

为宋太宗献出炼丹方法的主要是潘阆，而

劝上于征战地修佛寺，普度僧尼，以冀冥福。——《续资治通鉴长编》卷二十四

佛若有灵，岂不蒙福，事佛无效，断可知矣。——《续资治通鉴长编》卷四十二

太宗晚年，烧炼丹药。——刘攽《中山诗话》（《历代诗话》，中华书局2004年版）

以为饮食器则益寿，益寿而海中蓬莱仙者可见。——《史记·封禅书》

且潘阆在宋太宗离世之前，一直备受重视。后来宋太宗离世之后，潘阆害怕被诛杀，遂隐遁深山为僧。这就说明，晚年的宋太宗在离世之前一直在服食丹药。

丹药有它的益处，也有危险之处，如果长期服用或者误食某些丹药，可能会引发中毒，甚至死亡，这在历史上是有先例的。那么，宋太宗晚年服食丹药是否也是其死亡的原因呢？

这个答案应该是否定的。为宋太宗炼制丹药的潘阆，在宋太宗死后确实是逃遁了，但他是参与了宋太宗儿子们的皇位之争，谋立楚王赵元佐失败之后逃亡的。

宋太宗的种种表现说明，他的箭伤从太平兴国四年(979)的高梁河一战之后，一直没有得到根治，到后来随着宋太宗年龄的增加，久治不愈的箭伤进一步恶化，从大腿扩展到脚部，最终箭疮发作死亡。这应该比较符合宋太宗离世的事实。

宋太宗离世，大宋江山需要有人来接替治理。宋太宗儿子众多，应该选谁来继承皇位呢？这是一个很令人纠结的问题。宋太宗的立储问题一波三折，波澜层生，以致新皇帝继位也不是一帆风顺的。那么，宋太宗最终确立的皇位继承人是谁？

步步惊心

四十七

至道三年 (997)，宋太宗离世。作为大宋王朝的最高统治者，除了一般人共有的对于生命的留恋之外，宋太宗还需要考虑皇位继承人的问题，这不仅是他政治生命的延续，更是事关大宋王朝命运沉浮的大事，所以必须慎重。在皇位继承人问题上，宋太宗一直很谨慎，早期并没有立定太子。然而，正是因为这种不明确，皇室中一直潜流暗涌，而且有人开始沉不住气了。那么，这个人是谁呢？宋太宗对此有何反应呢？

赵元僖的三步走

宋太宗在皇位继承人一事上真是煞费苦心。

或许从他登基那天起，就在思考这个问题了。宋太宗是通过兄终弟及登上皇位的，如果继续按照这个顺序，他的弟弟赵廷美也有登基继位的机会，但是，宋太宗并不想把他费尽心血得到的皇位让弟弟继承，他想将皇位传给自己的子孙。

苦心孤诣的宋太宗终于借助赵普扳倒了赵廷美，并顺利地将自己的儿子赵元僖推到了开封尹的位置上，成为准皇储。

赵元僖是宋太宗的次子，为了确立皇储的地位，赵元僖进行了三步走的工作：

第一步：刺激赵元佐。

宋太宗最初设定的皇位继承人是长子赵元佐，赵元佐因为赵廷美之事得了心疾疯了。疯子是不可以成为国家的最高统治者的，按照长幼顺序，自然轮到次子赵元僖（那时他还叫赵元佑）。对于赵元僖来说，这是一件梦寐以求的美事。但是，疯了的赵元佐后来病情有了好转。这对于赵元僖来说，不是好事，要知道，宋太宗最喜欢的便是他的长子赵元佐，要是赵元佐病好了，那说不准宋太宗就让赵元佐继承皇位了，而且可能性极大。

已经有了希望的赵元僖不愿让希望落空，他不能让哥哥阻碍自己的大业。雍熙二年（985）的重阳节，宋太宗与自己的儿子们在宫内宴饮，此时的赵元佐大病初愈，宋太宗便没有传召赵元佐。等到宴饮完毕，赵元僖特意转到赵元佐的府第，说是探望哥哥，实际是去刺激赵元佐，让他以为宋太宗已经将他这个儿子抛弃了。果不其然，赵元佐在"好心"弟弟的"探望"之后，就纵火焚宫了。

宋太宗对于儿子的管教甚严，面对赵元佐的悖谬之行，宋太宗不禁扼腕愤恨，将赵元佐废为庶人，把他清理出皇子的行列，也就剥夺了他继承皇位的资格。

这样，赵元僖在谋取皇位的道路上，迈出了成功的第一步。雍熙三年(986)十月，宋太宗任命赵元僖为开封尹。

第二步：借助赵普的力量。

做了开封尹，意味着成为准皇储。这对赵元僖来说，有成功的喜悦，但同时也有无尽的担忧。他知道自己的这个位置并不安稳，他的哥哥赵元佐始终是他最大的竞争对手，另外还有几个弟弟，也可能会成为他的阻碍，给他使绊子。

赵元僖丝毫不敢掉以轻心，他一直在不断地寻找机会，寻找可以让他安心的良药。

终于，机会来了，他瞄准了京城之外的赵普。

赵元僖之所以选中了赵普，应当出于四重考虑：

考虑一：提升自己的人气指数。作为两朝元老，虽然赵普远离朝廷中心，但在朝中仍有着他人无法媲美的威望与强大的人脉。借助赵普的威望与人脉，可以为自己赢得更高的人气指数。

考虑二：打击赵元佐的势力。赵元佐虽被贬为庶人，但朝中还是有人心系于他，希望赵元佐可以重出江湖，这也是一股不容小觑的反对势力。赵元佐与赵普之间，因为赵廷美之事已经结下了梁子，所以，借助赵普可以进一步打击支持赵元佐的敌对力量。

考虑三：赵普有被联合的可能。赵普并不甘心"身处江湖之远"，他一直有重回权力中心的渴望，因此，赵元僖联合赵普，赵普断不会拒绝。

考虑四：宋太宗渴望赵普复出。宋太宗在雍熙北伐之后，国内舆论汹汹，迫切需要赵普出山。赵元僖如果出面为宋太宗解决这一问题，可能会赢得宋太宗的好感。

考虑完备之后，赵元僖于雍熙四年(987)上书宋太宗，请求再次起用赵普。结果无须再说，赵元僖一箭四雕，逐渐稳固了自己的准储君地位。

第三步：与吕蒙正联合。

赵普再次出山之后，与赵元僖达成了默契，在短时间内清除了"五人帮"集团，二人相互扶持，相互帮助，取得了共赢，二人在朝中的声望都有所提升。这就说明，赵元僖的第二步走对了。

但是，赵普第三次拜相时，已经六十七岁，加上宋太宗的猜忌，赵普于端拱元年(988)七月淡出权力中心，在家养病。失去了赵普这一助力，赵元僖有遗憾，但并没有太多的忧虑，他借助赵普提升威望、稳固地位的目的已经达到，赵元僖逐渐形成了自己较为强劲的势力圈。

此时的赵元僖，考虑的是怎样将自己名片上的"准"字去掉，成为真正的皇储。

这得从宋太宗在皇储问题上的坚持与犹豫说起。

宋太宗虽然任命赵元僖为开封尹——准皇储的标志性职位，但是从被任命为开封尹的雍熙三年，到赵元僖要有所行动的淳化二年

(991)，经过了六年时间，宋太宗一直没有立太子的意思。宋太宗之所以迟迟不立太子，根据他自己的说法，主要有三点原因：

第一，以史为鉴。

立储为国之大事，历史上因立储而开启争端的事例太多了，为了国家的长治久安，立储之事必须慎重。

> 屡有人言储贰事，朕颇读书，见前代治乱，岂不在心！——《续资治通鉴长编》卷三十二

第二，避免不安定因素。

若过早地确定太子人选，朝中大臣都要向太子称臣，而且会引起整个官场职位的大变动，导致朝中不安定因素增加。

> 近世浇薄，若建立太子，则宫僚皆须称臣。宫僚职次与上台等，人情之间，深所不安。——《续资治通鉴长编》卷三十二

第三，诸子年幼。

宋太宗认为自己的孩子还没有成熟，还需要跟随良善之士多加学习，多加历练，等到他们长大成人、学有所成之时，立储之事自有定夺。

按照宋太宗的观点，他认为当时并不是议定皇储的最佳时机。当然，也有人认为，宋太宗之所以迟迟不立太子，主要原因在于他心中的最佳人选还是他念念不忘的长子赵元佐。

> 盖诸子冲幼，未有成人之性，所命僚属，悉择良善之士，至于台隶辈，朕亦自拣选，不令奸险巧佞在其左右。读书听书，咸有课程，待其长成，自有裁制。——《续资治通鉴长编》卷三十二

宋太宗自有他的道理，但是他的坚持与犹豫对于赵元僖来说，无异于一种折磨。被任命为开封尹的六年，是赵元僖逐步提升实力的六年，也是赵元僖被担忧、恐惧萦绕的六年。毕竟宋太宗没有将

其立为太子，没有名正言顺的仪式、诏令，他赵元僖就不是太子，任何变数都有可能出现。当然，为了太子之位而努力了多年的赵元僖，不想也不允许变数出现。在赵普这棵大树离去之后，他将橄榄枝伸向了吕蒙正。

吕蒙正在赵普罢相后，独居相位，大权在握。赵元僖为了尽早实现名正言顺的梦想，与吕蒙正的关系日渐密切，并且派人多次向宋太宗进言，要求宋太宗尽早确立储君。

老谋深算的宋太宗对于赵元僖与吕蒙正的这种亲密关系自然是清楚的，一再说明立储之事他自有定夺。但是，这帮人不懂得见好就收，在宋太宗说明心意之后，以左正言、度支判官宋沆为首，五名大臣向宋太宗联名上书，要求尽早册立赵元僖为太子，直接挑明储君人选。朝中大臣纷纷上书，最终惹得宋太宗大怒，决定严加惩处，以儆效尤。

> 于是左正言、度支判官宋沆等五人伏阁上书，请立许王元僖为皇太子，词意狂率。上怒甚，将加窜殛，以惩躁妄。——《续资治通鉴长编》卷三十二

宋太宗的恼怒表面看是针对不听从旨意而妄加行动的大臣，但更为深层的含意是针对吕蒙正与赵元僖，因为他们挑动了宋太宗紧绷着的猜忌神经。宋太宗的防范之心一直很强，他不允许有人觊觎他的皇位，哪怕这个人是自己的儿子。联合上书的官员之首宋沆是吕蒙正的姻亲，当初也是因为吕蒙正才得以擢升。那么，宋沆等人的上书，与吕蒙正也脱不了

> 沆又宰相吕蒙正之妻族，蒙正所擢用。——《续资治通鉴长编》卷三十二

干系，当然，与他的儿子赵元僖也有关联。但是，宋太宗没有责罚赵元僖，一方面是出自血缘亲情，一方面他认为这或许是吕蒙正等人讨好赵元僖，并非出自赵元僖的本意，所以只是以私自提拔亲属的由头将吕蒙正罢为吏部尚书。

> 己亥，制词责蒙正以援引亲昵，窃禄偷安，罢为吏部尚书。——《续资治通鉴长编》卷三十二

宋太宗没有责罚赵元僖，但对吕蒙正、宋沆等人的处罚，已经起到了敲山震虎的作用。赵元僖见势老实下来了，安心做他的开封尹。但是，没过多久，赵元僖尚未获得太子的名位，却突然暴毙，这是怎么回事呢？

离奇的暴毙

淳化三年(992)十一月，在开封尹位置上坐了七年的赵元僖突然死去，最终也没有获得太子的名位，而且引起了一番动荡。

首先，赵元僖的死很突然。

十一月的一天清晨，赵元僖赶着参加早朝，刚刚到达殿中，就突然感觉身体不适，剧痛难忍，便没有入朝参拜宋太宗，径直回到了自己的府第。

> 十一月己亥，开封尹许王元僖早朝，方坐殿庐中，觉体中不佳，遂不入谒，径归府。——《续资治通鉴长编》卷三十三

宋太宗早朝时得知赵元僖身体突感不适的消息后，赶忙起身前往赵元僖府第探望，哪料想，等到宋太宗到达时，赵元僖已经处于弥留之际了。年事已高的宋太宗看到之前还好好的儿子，一下子变得气若游

丝，不禁老泪纵横，一遍遍呼喊着儿子的名字，希望能借他的天子之威留住儿子的性命。刚开始宋太宗呼喊赵元僖的时候，赵元僖还能分辨出是父亲的声音，虽然回应费力，但还能应出声来，可过了没一会儿，便没了声息，彻底地离开了陪伴在他身边的父亲，远离了他日夜期盼的皇位，年仅二十七岁。

> 车驾遽临视，疾已亟，上呼之，犹能应，少选薨，年二十七。——《续资治通鉴长编》卷三十三

赵元僖的死，对宋太宗是一个很大的打击。宋太宗当初费尽心机将赵廷美害死，为的就是他这一脉的子孙可以将大宋江山传承下去。但是，他的长子赵元佐疯了，现在次子赵元僖又死了，这是不是老天在惩罚他？这是不是天理昭彰？想到此，白发人送黑发人的宋太宗更加悲痛起来，哭得左右之人都不忍直视。

> 上哭之恸，左右皆不敢仰视。——《续资治通鉴长编》卷三十三

对于赵元僖，史书上说他为子孝顺，为官仁孝，沉默寡言，能力很强，宋太宗对于这个儿子还是比较喜欢的。因此，在赵元僖死后，宋太宗晚上经常因为思念而哭泣，通宵不睡，并为赵元僖写了《思亡子诗》。在悲痛之余，宋太宗忽然想起了儿子一生中最大的心愿莫过于太子之位，在儿子生前，自己因为某些考虑，没有及早册立儿子为太子。现在儿子走了，作为父亲，宋太宗想满足儿子生前的愿望，决定追赠赵元僖为太子，谥号为恭孝。

> 及薨，追念不已，或悲泣达旦不寐，作思亡子诗以示近臣。——《续资治通鉴长编》卷三十三

其次，赵元僖的死很蹊跷。

> 性仁孝，姿貌雄毅，沉静寡言，尹京五年，政事无失，上尤所钟爱。——《续资治通鉴长编》卷三十三

赵元僖死后，宋太宗的悲伤并没有持续很久，因为他的悲伤终被暴怒替代。

在赵元僖死后不久，有人就告诉宋太宗赵元僖的死事出有因，并非自然死亡，而是中毒而死，导致赵元僖最终中毒而亡的是他的宠妾张氏。

赵元僖的夫人是隰州团练使李谦溥的女儿。但是，赵元僖所宠爱的不是他的正妻，而是他的一个小妾张氏，名叫张梳头。仗着赵元僖的宠爱，张氏恣意妄为，甚至将家中的奴婢殴打致死，并哄着赵元僖为她死去的父母在京城开封的西佛寺招魂，逾越礼制规定，安葬其父母。

根据《默记》的记载，赵元僖的一再纵容与宠爱，使张氏内心的欲望越来越强，她不再满足于妾的位置，她要当赵元僖的正妻，而且赵元僖也与她有此约定。但赵元僖的正妻是宋太宗做主娶的，赵元僖也不敢妄自废嫡立庶。苦等无果的张氏，决定先下手为强，想出了一个狠毒阴险的法子，就是将赵元僖的正妻神不知鬼不觉地毒死。

事先，张氏做了周密的安排，花了万金让人做了一个带有机关的酒壶。这个酒壶，一身可两用，一边装着普通的酒，一边装着毒酒，可以针对不同的人倒出不同的酒来。

那天，正好是赵元僖的生辰，在赵元僖上朝之前，妻妾共同为赵元僖祝寿。张氏主动拿起自己预先准备好的酒壶，为赵元僖倒了一杯普通的酒，为李氏倒了一

> 未几，人有言元僖为嬖妾张氏所惑，尝恣捶仆妾，有至死者。而元僖不知，为张氏于都城西佛寺招魂，葬其父母，僭差逾制。——《续资治通鉴长编》卷三十三

杯毒酒。如果一切按照张氏预计的发展，过不了多长时间就可以梦想成真。可令她没有想到的是，赵元僖与夫人敬酒之时，相互交换了酒杯，赵元僖拿到了本属于李氏的毒酒，一饮而尽。躲在屏风后面的张氏，看见此情此景，焦虑万分，懊恼万分，但她却不敢作声，不敢出面制止，只能眼睁睁地看着赵元僖饮尽了那杯毒酒。没过多久，赵元僖便撒手归西了。

赵元僖死得太匆忙，既然有人对他的死亡提出了另外的说法，作为父亲的宋太宗自然不能坐视不理，马上命令王继恩前往查证，事情很快得到了证实。

《默记》的记载，填补了历史的空白点。赵元僖的死，不仅蹊跷，而且很具有戏剧性，其中或许有笔记小说的渲染之处，但是基本情节应该是可靠的，也就是说赵元僖是被毒杀的。

可疑的处决

赵元僖死得很蹊跷，但是更为蹊跷的是宋太宗对此所做的处理决定。在确定赵元僖的真正死因后，宋太宗大怒，下了一道命令，主要针对两个人：

第一个人是张氏。张氏毒死了赵元僖，宋太宗令张氏自缢，并将张氏父母的坟墓挖掘烧毁，张氏的亲属也被流放到边远荒野之地。

第二个人是赵元僖。宋太宗叫停赵元僖的太子册礼，葬礼的规格也骤降，仅以一品官死后的仪仗入葬。赵元僖生前的左右亲信也被一一逮捕入狱，由王继恩亲自审问，最后全部处以杖刑，且全部免职处理。

宋太宗处理张氏，我们没有疑问，毕竟张氏是害死赵元僖的直接罪魁。按照常理，儿子的死因找到了，置儿子于死地的凶手找到了，父亲定然要让凶手得到应有的惩罚，以告慰儿子在天之灵。但是，宋太宗对赵元僖的处理决定很不寻常，引人怀疑，引人探究。

首先，处罚赵元僖的理由不合常理。

赵元僖是宋太宗的儿子，他死后宋太宗的悲痛不是作秀，是一位遭遇丧子之痛的老父亲的真情流露。同样是自己的儿子，为什么可以瞬间悲痛，瞬间又愤恨不已呢？为什么之前一心想着满足儿子的愿望，一下子又要夺其所愿呢？

赵元僖作为皇子，宠幸妇人而致死，虽然可叹可怜，但终归不是什么不可饶恕的罪行，况且人都已经死了，没有必要再因此而加以处罚。

其次，给予赵元僖的处罚过重。

宋太宗取消了追封赵元僖的太子之位，并将其丧礼规格降低，从这些处罚措施来看，赵元僖的罪

丙辰，诏罢册礼，但以一品卤簿葬焉。——《续资治通鉴长编》卷三十三

捕元僖左右亲吏系狱，令皇城使王继恩验问，悉决杖停免。——《续资治通鉴长编》卷三十三

行,绝对不是宠幸妇人那么简单,必定是宋太宗无法饶恕的罪过。

其次,逮捕赵元僖亲信内有隐情。

如果说宋太宗处罚赵元僖是因为赵元僖个人不检点所致,勉强还可以说得过去,那宋太宗事后又逮捕赵元僖生前的左右亲信,这就让人有些看不懂了。赵元僖之死,并非赵元僖的亲信所致,张氏也没有勾结赵元僖的亲信,所以,这件事与赵元僖的亲信毫不相干。

唯一的可能,便是王继恩在查证的过程中,发现了其他的事情,而且对于宋太宗来说,是不可饶恕的事情。那么,究竟是什么发现惹恼了宋太宗?

对于此事,史书里面记载得很隐晦,并没有提及具体的事件,只是无一例外地将宋太宗的恼怒之状记载下来。但是,历史记载也为这一谜案提供了一定的线索。

按照《宋史·魏羽传》的记载,当初宋太宗追捕赵元僖的亲信,意图将整个事情彻底查清。这时,左谏议大夫魏羽乘机向宋太宗进言,建议宋太宗不要大张旗鼓,也不要太过追究。魏羽向宋太宗进言之时,援引汉朝戾太子之事,以此说明赵元僖的罪过远没有戾太子严重。戾太子是汉武帝的太子,在汉武帝晚年之时,因巫蛊之乱被奸臣江充陷害,最后举兵反抗汉武帝。魏羽此处将赵元僖与戾太子相关联,自然是二者之间具有一定的相似性,虽然魏羽说赵元僖的罪过没有戾太子严重,但

> 羽乘间上言:"汉戾太子窃弄父兵,当时言者以其罪当笞耳。今许王之过,未甚于是。"——《宋史·魏羽传》

绝对不是什么好事，至少赵元僖的罪过是指向宋太宗的。

另外，《续资治通鉴长编》还提到，在赵元僖死后，朝中的传言，除了赵元僖被毒死一事外，还有人说到赵元僖的宫闱私事。联系魏羽的进言，这种宫闱私事，不光是指男女之事，更大的可能是赵元僖试图夺权之事。

原来，平时沉默寡言的"好好儿子"赵元僖私下里却并不安稳。多次努力要达成做太子的愿望，都在宋太宗面前碰了钉子，他心中不甘，不甘心一直以"准皇储"的身份过活；他心中很害怕，害怕自己苦心孤诣得来的威望与权势，一朝拱手让于他人。赵普、吕蒙正的相继罢相，使得赵元僖的危机意识进一步增强，最后他决定铤而走险了，联合左右亲信开展了另一番的争权活动。这也就是后来宋太宗要惩处赵元僖亲信的原因所在。

当然，赵元僖的希望落空了，导致这种局面的不是他日夜提防的敌人、对手，而是在他身边服侍左右的枕边人。在某种程度上说，赵元僖与张氏是一类人，他们都是野心家，为了达成自己的目的会不择手段，只不过，张氏的野心过早地葬送了赵元僖的野心，使得赵元僖的野心没有得到暴露。

但是，人算不如天算，力图还原儿子的死亡真相，要为儿子的死讨个说法的宋太宗，在派人进入赵元僖府第查证的过程中，竟然获悉了赵元僖一直隐藏着的想法。自己一直喜爱的仁孝之子，现在突然变成了一个野心家，一

> 又言元僖因误食他物得病，及其宫中私事。——《续资治通鉴长编》卷三十三

个觊觎他皇位的人。这种反转让宋太宗在心理上很难接受，而且猜忌心重的宋太宗，绝不允许任何威胁他的人待在身边，也绝不允许威胁他的事情发生。之前处罚吕蒙正等人时，即使知道赵元僖对于太子之位的渴望，宋太宗也没有因此责罚赵元僖，因为这种渴望尚属于正常的可理解的范围，但是宋太宗的这种容忍，换来的不是赵元僖的幡然醒悟，而是更大的行动。这一扑面而来的剧变，无异于在猝不及防之间给了宋太宗一记响亮的耳光，就是这样的不孝之子，自己还追赠他为太子，还为他痛哭流涕，日夜不眠。这种感觉，根本无须考虑，一下子就把宋太宗激怒了，因此，他要发泄被耍弄的不满，他要以惩罚来调节自己的情绪，这才发生了一系列令人不解的事情。

儿子要夺老子的权，这本不是什么光彩之事，再加上宋太宗当初当上皇上，朝廷与民间都有一些议论，慢慢从恼怒中清醒过来的宋太宗，知道父子之间的这种丑事，如果弄得沸沸扬扬，天下皆知，那对于他的君主形象是很不利的。最后，宋太宗决定不再穷究赵元僖之事，而是将此事压下不提。

宋太宗选定的第二个继承人赵元僖死掉了，宣告了宋太宗此次选择的失败。赵元僖的不轨之举，进一步激化了宋太宗内心的猜忌与不安。所以在此后很长一段时间内，大宋的皇储之位一直空缺。但是，随着年龄的增大，身子骨的每况愈下，宋太宗不得不再次对未来继承人做出抉择。那么，宋太宗第三次选定的继承人是谁呢？他是最终的人选吗？

淳化三年（992），宋太宗选定的第二个皇位继承人赵元僖突然离奇死去。赵元僖之死，对宋太宗是一个极大的打击。真相被揭露之后，更让宋太宗无法面对，他似乎又想起了自己当初弑兄夺位时的心理，所以此后的两年，他绝口不提立储之事。怎奈天不佑人，宋太宗的病情愈加严重，立储之事势在必行。那么，宋太宗最后确定的皇储是谁？对此决定，朝中大臣有什么反应呢？

四十八

立储风波

第三人选

赵元佐疯了,赵元僖死了,宋太宗心凉了。

一方面,作为父亲,宋太宗也希望自己的孩子能够健康平安,但是,两个钟爱的孩子,一个疯,一个死,宋太宗的内心实在是太悲摧。

另一方面,作为国君,宋太宗希望能够选定优秀的接班人,但是,他选定的两个人选,都很不理想,赵元佐不了解他的苦心,赵元僖有不轨之举,宋太宗对此深感痛心。

赵元僖死后,很长一段时间内宋太宗都沉浸在爱与恨的矛盾交织中。宋太宗想将时间定格在调查赵元僖死因之前,这样,他心目中的儿子便是一副仁孝之貌,他的心中也能生出一丝丝暖意。但是,每当回忆完儿子的仁孝之后,他就会陡然恼怒,为什么要把我内心的这种美好打碎?

这时,似乎是从他的心底窜出来一个声音:你的儿子就是你的翻版!

其实,这一隐藏在他内心的魔鬼,已经不是一次两次地出现了,只不过之前是在责问他自己,现在却将儿子也一起说了。儿子是自己的翻版,真是这样吗?宋太宗问了自己不止一次两次,最后,他不得不向心中的魔鬼低头,儿子的心理不就是自己当初的心理吗,自己现在坐着的皇位,对于他人来说,是一个多么大的诱惑啊!这种诱惑,当初不也是让自己乱了心志,铤而走险了吗?这是不是咎由自取?

这样的心理纠结，一直持续了两年时间，宋太宗一直走不出这种心理困境，便绝口不提立储之事。两年之后，宋太宗才开始主动提出立储之事。那么，是什么让宋太宗做出了改变呢？

第一，改变缘由：病重。

一个身体健康的人，心情一直郁闷的话，还会憋出病来，更何况本身就有箭伤的宋太宗了。淳化五年(994)，宋太宗的伤病再次发作，病情加重。在此情况下，宋太宗自知命不久矣，立储之事不能再耽搁了，于是不得不将搁置两年的皇储问题作为刻不容缓之事来做了。

第二，选定对象：赵元侃。

宋太宗选定的对象是他的三儿子襄王赵元侃，其母为元德皇后李氏。之所以选中赵元侃为继承人，并不是赵元侃有多么奇异之处，而是为了稳固政权。

宋太宗共有九个儿子，赵元佐、赵元僖都不能成为皇位继承人了，当时赵元侃在其他皇子中年龄最大，也不过二十六岁。宋太宗对于朝中大臣的动向也很明白，立储不当会引起朝廷大乱，如果立赵元侃为太子，一来按照长幼尊卑，大臣不会有异议；二来年龄大可以更好地压制住群臣；三来赵元侃一直安分守己。

第三，关键人物：寇准。

宋太宗心中有了立储对象，不过前两次确立准皇储的失败，让他心中仍存疑虑，仍然想听听别人的意见。为此，淳化五年(994)九月，宋太宗特意将被贬为青州知州的寇准召回，任命其为参知政事，商定立储问题。

寇准之所以被宋太宗选定参与立储大事，是因为宋太宗一直比较信任寇准。宋太宗看重寇准，主要有以下两个理由：

一是有能力。宋太宗对寇准的评价是"临事明敏"《续资治通鉴长编》卷三十六，遇到事情不会慌乱，既能洞悉事情的真相，又能机敏地妥善处理。

二是有担当。寇准直言敢谏，不惧宋太宗的权威。有一次寇准上书言事恳切率直，不顾君主颜面，惹恼了宋太宗，宋太宗一怒之下，准备离座而去。结果寇准一个箭步上去，拉住宋太宗的衣服，请宋太宗坐下重新处理他上奏之事，事情处理完，方才让宋太宗离去。寇准这种敢于逆鳞的勇气，确实令人佩服。为此，宋太宗将寇准比作辅佐唐太宗的魏征。

> 准尝奏事切直，上怒而起，准攀上衣，请复坐，事决乃退。上嘉叹曰：『此真宰相也。』又语左右曰：『朕得寇准，犹唐太宗之得魏郑公也。』——《续资治通鉴长编》卷三十八

宋太宗见了寇准之后，心情很是激动，不禁发出了"你怎么来得这么慢"的感慨。君臣见面，宋太宗直接询问寇准：众位皇子中间，你看谁可以担当继承大统的重任？立储之事非同小可，聪明如寇准，怎能不了解个中轻重，之前宋沆等人就是要求宋太宗立赵元僖为太子而被贬官，前车之鉴，不可不小心。况且寇准知道宋太宗心中大体已有主张，那么，自己提出的人选如果与宋太宗的人选相同，那自然万事大吉，如果不同，那至

少会给宋太宗添加很多不必要的麻烦，让他多费思量。不过，寇准毕竟是宋太宗看重的寇准，即使不想麻烦上身，也能将宋太宗心中的结解开。寇准前后回答的几句话，思想很统一，就是将立储决定权完全归于宋太宗，建议宋太宗自定人选，坚持己见，没有必要向嫔妃、宦官、大臣询问。

听到寇准这样的话语，宋太宗心中略微松了一口气，命令左右人等全部出去，待到只剩下他与寇准君臣二人之时，宋太宗俯下头悄悄对寇准说出赵元侃的名字，明确询问寇准此人选是否可行。寇准此时只回应了一句话"非臣所知也"，意思还是要宋太宗自己定夺。

见寇准没有反对，宋太宗坚定了想法，很快就册封赵元侃为寿王，并让他坐上了开封尹这一具有特殊意义的位置。在任命赵元侃为开封尹时，宋太宗还亲自为儿子讲了一番为人君治国理政之道，足见宋太宗对赵元侃寄予了厚望。

有关宋太宗确定太子人选，宋人笔记中还提到另一个关键人物，那便是陈抟。在确定太子人选之前，宋太宗因为陈抟擅长相人之术，就想让陈抟看一下赵元侃有无帝王之相。陈抟奉旨前往开封府，走到开封府门口便回去了。有人问他为何匆匆而归，陈抟说：开封府干杂活儿的人都是将相之才，更不用说王

> 陛下诚为天下择君，谋及妇人宦官，不可也；谋及近臣，不可也。惟陛下择所以副天下之望者。——《续资治通鉴长编》卷三十八

> 上俯首久之，屏左右曰：'元侃可乎？'——《续资治通鉴长编》卷三十八

> 壬申，以襄王元侃为开封尹，改封寿王，用寇准之言也。——《续资治通鉴长编》卷三十六

爷了。没见赵元侃陈抟就知他必定会当帝王。正因为陈抟的这句话，宋太宗最后确定太子就是赵元侃了。

当然，宋太宗在犹豫不定之时，询问一下相术之士，或许也有可能，但这只是传闻，议定储君这样的大事，不可能单凭陈抟一人之言便可确定。

关于确定太子人选的两个不同版本，主角不同，情节也有差异，但是宋太宗自己提出来的太子人选是赵元侃，那就说明，赵元侃是宋太宗经过深思熟虑之后的选择，只不过对于这一选择，他还不是很有信心，需要借助他力来确认一下。

终立太子

宋太宗选定赵元侃为皇位继承人，但是宋太宗并没有将赵元侃直接立为太子，赵元侃与之前的赵元僖一样，还是处于"准太子"的位置。

那么，宋太宗为什么非要坚持弄一个"准太子"？为何不直接给儿子一个名正言顺的名位呢？

原来，除了之前宋太宗自己的解释之外，其中还有一个深层的原因，那就是宋太祖赵匡胤的皇后宋氏还健在。宋太祖的皇后健在，意味着宋太祖的时代还没有完全画上句号。自己的皇位是怎样来的，宋太宗很清楚，也清楚朝中尚有一些人对他的这一举动不满，为

> 帝以其善相人也，遣诣南衙见真宗。及门亟还，及问其故，曰："王门厮役皆将相也，何必见王？"建储之议遂定。——《邵氏闻见录》卷七

了谨慎起见，为了不起事端，在自己的身体还能坚持的情况下，宋太宗一直不册立自己的儿子为太子，他要让自己的儿子名正言顺、顺顺利利地走向皇位。要是赵元僖能够明白父亲的这番苦心，或许就不会有不轨之思了。

到了至道元年(995)四月，开宝皇后宋氏去世。如此一来，宋太宗最后的也是最重要的顾虑消失了，因此，在至道元年六月，宋太宗正式立寿王赵元侃为太子，并改名为赵恒。

> 壬辰，制以开封尹寿王元侃为皇太子，改名恒。
> ——《续资治通鉴长编》卷三十八

册立赵恒为皇太子，这不仅是赵恒一生中的大事，更是宋太宗一生中的大事，从两种表现可以看出：

第一，册立皇太子典礼盛大。

册立皇太子，意味着宋太宗的皇帝之位得到了承认，他的儿孙的皇帝之位也最终尘埃落定。想到这些，宋太宗的心情瞬间飞扬起来，他之前的心酸与努力，值了！他要向世人宣告他的喜悦。因此，宋太宗对于册立皇太子的仪式非常重视，规模很隆重。

自五代十国以来，战乱频仍，政权更替频繁，册立皇太子的盛大仪式被废弃不用近百年之久，宋太宗决定将这一册封大礼重新启用。

> 自唐天佑以来，中国多故，不遑立储贰，斯礼之废，将及百年，上始举而行之，中外胥悦。
> ——《续资治通鉴长编》卷三十八

为了让册立皇太子典礼顺利隆重地进行，宋太宗任命翰林学士承旨宋白为册皇太子礼仪使，总理此项事务。在有司确定册礼程序后，宋太宗对于具体的细小问题也一一过问。

经过一个月的准备，至道元年(995)九月，宋太宗在朝元殿举行册立赵元侃为皇太子的典礼，参加皇太子册立典礼的有朝廷百官与地方官员的代表，这种规格与每年岁首皇帝朝会群臣的庆祝活动相同，排列次序也相同。

具体的册立仪式包括三大程序：

一是颁发册立诏书。

具体仪式是皇太子从东宫穿着平常服装乘马至朝元门，在准备好的帷帐里换上远游冠、朱明衣，在礼仪人员引导之下进入朝元殿，接受宋太宗亲自颁发的策命诏书，由太尉率领百官朝贺皇太子。

二是皇太子接受百官参拜。

此项程序的地点是皇太子的东宫。皇太子换上常服接受百官朝贺，参拜的顺序是诸王宗室，中书门下文武百官、枢密使内职、师保宾客而下，文武百官、宫臣三品以下。

三是拜谒太庙。

太庙，是供奉皇帝先祖的地方，皇太子册立之后拜谒太庙，意味着将自己的身份告知祖先神灵，以求得到他们的承认与佑护。

仪式，是对公众的宣告，是对身份的认可，它

> 皇太子自东宫常服乘马，赴朝元门外幄次，改服远游冠、朱明衣，三师、三少导从入殿，受册、宝，太尉率百官奉贺。——《续资治通鉴长编》卷三十八

> 皇太子易服乘马还宫，百官常服诣宫参贺。——《续资治通鉴长编》卷三十八

> 庚午，具卤簿，谒太庙五室，常服乘马出东华门，升辂。——《续资治通鉴长编》卷三十八

不是可有可无的，在某种意义上，仪式还是达成政治目的的必要手段。宋太宗就是靠着册立皇太子的仪式，赢得了认可与支持。

第二，太子师傅很给力。

册立皇太子，意味着宋太宗自己这一脉能够名正言顺地统治大宋江山，然而宋太宗的志向不是让自己的儿子坐上宝座那么简单，他还希望他的子子孙孙能将他的事业传承下去。从宋太宗册立皇太子之后，为皇太子改的名字就可以看出宋太宗的这种愿望，"恒"，持久、恒久之义。同时，宋太宗知道，坐上江山，不代表坐稳江山、坐久江山，而要达到他所希望的局面，子子孙孙传承下去，自身素养及能力也很重要。

为了让太子赵恒洞悉为君之道，宋太宗精心为他选拔了一支优秀的教师队伍。他们分别是尚书左丞李至、礼部侍郎李沆，他们二人共同担任太子宾客，太子要以师傅之礼对待他们。

> 今立为储贰，以固国本，当赖正人辅之以道。——《续资治通鉴长编》卷三十八

> 以尚书左丞李至、礼部侍郎李沆并兼太子宾客，见太子如师傅之仪。——《续资治通鉴长编》卷三十八

宋太宗为太子选师傅很慎重，也很严格，他有两个标准。

标准一：才学渊博。

太子就是未来的一国之君，需要面对的问题很多，需要掌握的技能必须全面而精到，因此，只有学贯古今、思维敏锐、见解独到的人方能担起教育太子的重担。

李至，自幼勤奋好学，擅长写文章，年长之后，文笔日渐华赡，考中进士。端拱元年(988)，宋太宗设立秘阁，李至兼任秘书监，负责国家藏书的搜集、整理、校勘、刻印工作，以求"总群经之博要，资乙夜之观览"《续资治通鉴长编》卷三十一。可见，李至经眼与精审过的书籍是非常多的，符合宋太宗的要求。

> 幼沉静好学，能属文。及长，辞华典赡。——《宋史·李至传》

李沆从小就喜欢读书，气度不凡，他的父亲曾向人夸耀自己的儿子，认为李沆长大后必定能成为天子之佐。李沆父亲的预言确实在后来得到了验证。

> 沆少好学，器度宏远，炳尝语人曰："此儿异日必至公辅。"——《宋史·李沆传》

标准二：为人正直。

宋太宗交给太子师傅的任务很明确，就是教导好太子。宋太宗对于李至、李沆的学识很放心，知道对于可以帮助太子了解为君之道的古代典籍，李至、李沆等人都很熟悉、很擅长，这无须他担心。唯独有一点还必须单独强调，即人品须正。具体到教育太子，宋太宗还提出了更为细致的准则，那就是严肃态度，严格要求，太子有错误或不当的地方，必须力谏直言，不能一味顺从太子。

> 至如礼、乐、诗、书之道，可以裨益太子者，皆卿等素习，不假朕多训尔。——《续资治通鉴长编》卷三十八

> 当赖正人辅之以道。——《续资治通鉴长编》卷三十八

宋太宗择选太子师傅的第二条标准，李至、李沆也达标了。

> 卿等可尽心调护，若动皆由礼，则宜赞成，事或未当，必须力言，勿因循而顺从也。——《续资治通鉴长编》卷三十八

李沉，秉性亮直，内行修谨。宋太宗对李沉很欣赏，在很多场合公开表达过对李沉的褒扬，"嘉士""贵人"，就是宋太宗对李沉学识人品的概括提炼。

> 李沉风度端凝，真贵人也。——《宋史·李沉传》

李至，刚强严峻，严肃郑重。《宋史》认为重用李至是非常合适的。

> 李至刚严简重，好古博雅，其于柄用宜矣。——《宋史·李沉传》

宋太宗对太子师傅的选择很用心，选出来的师傅是学识人品俱佳之人，对于太子赵恒各方面技能的掌握，必定有很大的帮助。

第三，侍从之臣很忠心。

宋太宗为皇太子赵恒专门设置了一个职位，便是左春坊谒者，以左清道率府副率王继英为首，主要负责皇太子宫内部事务。

皇太子本来就有通事舍人负责宫内事务，现在宋太宗又重复设置官职，并且这一职位的级别很高，为此，宋太宗还招致了后人的非议，认为这是宋太宗的失误。

> 然谒者本内侍之职，而太子有通事舍人，掌宣传导引之事，不名谒者，又十率品秩颇崇，非趋走左右者所宜为，盖执政之失也。——《续资治通鉴长编》卷三十八

但是，宋太宗设定这一职位，自有他的理由。

先来看一下左春坊谒者的领头羊王继英。

王继英年轻时，曾经跟随赵普，负责起草公文案牍之事。后来赵普被罢为太子少保，平时跟在赵普屁股后面的逢迎之人，见势纷纷离去，唯有王继英对赵普愈加恭敬，侍奉赵普愈加尽心。

> 继英少以笔札事赵普。普自河阳罢为太子少保，常从者皆去，惟继英奉事愈谨。——《续资治通鉴长编》卷三十八

宋太宗看重的就是王继英的忠心,在正式任命之前,宋太宗对王继英说的一番话,也说明了这一点。宋太宗说:之前你侍奉赵普的事情,我都知道得很清楚,现在让你侍奉我的儿子,你应该更加尽职尽责,忠心侍奉。

宋太宗选拔的其他左春坊谒者,史书中没有留下他们的名字与事迹,但是通过王继英就可以窥其全貌,这些人也必定是忠心耿耿之士。

如此一来,宋太宗的官职设置,不是重复,这些人与普通的通事舍人相比,"忠心"是更为重要的特征,宋太宗给予他们高俸禄,要收买的也是他们的"忠心"。

赵恒虽然被立为皇太子,但是还没有登基,其间任何不测都有可能发生,宋太宗不希望他选择的第三个皇位继承人再出意外,所以,他要在赵恒身边安置可以保护他、帮助他的人,这批人就是赵恒的近身亲信——左春坊谒者。

> 汝昔事赵普,朕所备知,今奉亲贤,尤宜尽节。——《续资治通鉴长编》卷三十八

微妙的动荡

宋太宗如愿以偿地将赵恒扶上了太子之位,并且为其准备了盛大的典礼,安排了相应的教育与辅助人员,册立皇太子一事,算是尘埃落定。

大宋百姓对于宋太宗立赵恒为太子一事,欢喜雀跃,尤其是京城百姓,对此显示出极大的热情与支持。

祭拜完太庙的太子赵恒返回东宫的路上，在街道两旁列队欢迎的京城百姓，顿时发出了雷鸣般的掌声与欢呼声，发自内心地赞扬赵恒为社稷之主，感叹选了一个好的国家接班人。

> 京师之人见太子，喜跃曰：『真社稷之主也。』——《续资治通鉴长编》卷三十八

对于京城百姓的这种热情，我们需要做两点说明：

第一，这是对大宋安定繁荣的肯定。

五代十国时期，没有一个政权进行过册封太子的典礼，之所以没有进行，是因为条件不允许，战乱纷争，国家不宁。

有前面割据政权的例子，宋朝进行了册封太子典礼，这就是大宋对五代十国割据政权的超越，这就是大宋国家安定、经济繁荣的表现。

宋朝在册封太子之礼几近废弃的情况之下，从礼书、史书中寻找资料，恢复、重演了太子之礼，这是大宋文化繁荣的表现。

作为大宋的子民，他们自然希望大宋蒸蒸日上、昌盛繁荣，他们对于册立太子表现出来的热情，实际是一种自豪感与自信心的展示。

第二，他们关注的是立太子这一事件本身，而非太子为谁。

对于太子赵恒，京城百姓知道的就是：宋太宗的第三子，曾担任过一年开封尹。至于赵恒的才学及人品，普通百姓并不是很清楚，赵恒也没给百姓留下深刻的印象。

在当上开封尹之前，赵恒没有什么轰轰烈烈的战功，也没有在朝政治理方面显示出他的不俗，这一方面是他还年轻，另一方面则是被他的两位哥哥盖住了风头。当上开封尹之后，史书中出现的是宋太宗为其配备辅助官员的事情，对其在位表现并没有记载，可见，赵恒在开封尹位上无大作为，这主要是时间原因，短短一年的时间，赵恒或许才刚刚熟悉开封府的诸多事宜。

赵恒无功，但也无过。在普通百姓心里，这一条就够了，只要这个人选不是罪大恶极、引起共愤之人，他们都可以接受。因为百姓关注的不是谁为太子，而是立太子这一事件本身，也就是说，如果换上宋太宗的另外一个儿子为皇太子，京城百姓还是会欢声一片。国家大事终于尘埃落定，空缺多年近乎废弃的礼仪重现，而他们在有生之年见证了这一时刻，他们安心，他们骄傲。

太子赵恒是宋太宗册立的，没想到百姓的欢呼却引起了宋太宗的不满与恐慌。

在听到了百姓的欢声之后，宋太宗火速召见立储的关键人物寇准，责问道：天下百姓都归心于太子，这是想把我置于何地呢？宋太宗的一句话，透露了他的不安，他的疑心病又犯了。

百姓的欢呼雀跃，宋太宗只记住了一句"真社稷之主也"的赞叹。赵恒为社稷之主，那坐在皇帝宝座上的自己算什么呢？自己把儿子扶上马，难不成把自己拉

上闻之，召准谓曰：'四海心属太子，欲置我何地。'——《续资治通鉴长编》卷三十八

下来了？这样的事情，宋太宗是不愿意做的，如果把一道选择题放在他面前：

A. 自己稳坐皇帝宝座，子孙后代能否当上皇帝不确定。

B. 子孙后代可以做皇帝，但自己不能再当皇帝。

宋太宗会毫不犹豫地选择A项，在二者可以共容的情况下，宋太宗会为子孙后代做出长远打算。如果二者不能共容，宋太宗绝对不会让任何人、任何情况威胁自己的皇位，哪怕这个人是自己的亲骨肉。这种情感，在处理赵元僖一事中，已经得到了很好的体现。当然，宋太宗在册立太子之后的不安，与他对赵元僖的极端处理可以相互印证，证实了我们前面说过的赵元僖曾存有不轨之心。

正是因为之前赵元僖有过不轨之心，听到百姓欢声之后的宋太宗才更加不安，羡慕嫉妒恨一起涌来，他恼了，他怒了，他钻进牛角尖出不来了。

寇准不愧是寇准，不愧是宋太宗看中的寇准，总是能在宋太宗心烦不定的时候，送出一颗"定心丸"，选定太子人选是这样，册立太子之后也是如此。

寇准的话很简单，却有四两拨千斤之效，他对宋太宗说：太子是陛下您选出来的，这本身是您的功劳，是造福子孙万代的大功劳。寇准首先给宋太宗戴了一顶高帽，肯定宋太宗选定"社稷之主"的功劳，既而对症

> 陛下择所以付神器者，顾得社稷之主，乃万世之福也。——《续资治通鉴长编》卷三十八

下药，解除宋太宗的心结：百姓拥戴"社稷之主"，而"社稷之主"又是宋太宗选出来的，自然百姓更拥戴具有真灼眼光的伯乐了。

宋太宗怕就怕太子的声望盖过自己，既然百姓更拥戴自己，也就无须与自己的儿子较劲了。看来，"社稷之主"的分量真是重，不仅是衡量明君圣主的标志，还差点击垮了父子间的亲情。

听到这番话，宋太宗笑了，之前的不轻松豁然冰释，既然不相容的问题已经不存在了，自己便可以从如坐针毡的纠结中解脱出来。于是，宋太宗快步回到宫中，将心中的喜悦告知六宫妃嫔，共同庆祝这一欢欣鼓舞的时刻。毕竟，百姓拥戴，拥戴自己与太子是一件喜事，得民心者才能得天下。

上趋宫中，语后嫔以下，六宫皆前贺。——《续资治通鉴长编》卷三十八当然，宋太宗的这种不安之后的喜悦，更要与解开他心结的寇准分享，也唯有寇准，才能品出他的喜悦。于是，宋太宗再次出宫，宴请寇准，君臣二人举杯庆祝，最后大醉而归。

> 经过近二十年的努力，宋太宗排除外在及内心的障碍，终于使自己的儿子当上了太子。从此以后，他对儿子尽心督促，悉心照顾，希望太子赵恒可以在未来独当一面，有所作为。
>
> 宋太宗在微妙的心理波动之后，稳住了自己的心态。但是，当时朝中还存在着一小股不安定势力，要想实现权力的顺利交接，必须提前做好准备。那么，对不安定势力，宋太宗是如何应对的呢？他为太子赵恒的顺利登基又做了哪些努力呢？

上复出，延准饮，醉而罢。——《续资治通鉴长编》卷三十八

赵恒登基

〈四十九〉

至道元年（995），宋太宗举行了规模盛大的册立太子的典礼，正式向文武百官与天下百姓宣告了自己的接班人。立储完成之后，身体越来越虚弱的宋太宗开始考虑接下来的一个关键问题——怎样实现权力的顺利交接。综合各种因素，宋太宗最后选定了吕端来担当大任。宋太宗的担忧在他离世之际被证实了，朝中的不安定势力不愿意看到赵恒登基，他们开始活动了。那么，两大势力的对决，最终结局如何呢？吕端能否完成宋太宗交付的任务呢？

谁能保驾护航

宋太宗立储主要围绕着两个关键问题：

一是立谁为太子。这一问题，最终在至道元年(995)尘埃落定，宋太宗的第三子赵恒被立为太子。

二是怎样保证太子顺利登基。自至道元年太子册立，到至道三年宋太宗去世，这一直是宋太宗考虑的头等大事。对于宋太宗来说，这个问题更费脑筋。

确定太子人选，是宋太宗健在之时完成的，宋太宗登基近二十年来，到至道元年，已经稳固了自己的统治，他有足够的能力与信心将儿子推到历史的前台。但是，太子登基，是在他死后要进行的事情，死了的人是无法左右变幻莫测的政治局势的，加之太子还很年轻，在朝中的威望并不是很高，一旦有人趁机作乱，那后果将不堪设想。

宋太宗曾设想过两个动乱之后的结局：一是太子不能顺利登基，自己其他的儿子登基；二是太子与自己其他的儿子都不能顺利登基，其他人篡位称帝。当然，这两种结局都不是宋太宗想要的，这两种结局不管出现哪种，他的儿子都会流血，社会都会大乱，尤其是第二种结局，是他万万不能容忍的，他处心积虑得来的皇位，呕心沥血稳固的江山，不能就这样毁于一旦。

阻止动乱局面的出现，唯一的途径便是找到强劲的辅佐大臣，在宋太宗死后，能够凭借辅佐大臣的威望与能力，保驾护航，稳定局面。

至道元年(995)前后，进入宋太宗视野，使其可以依赖、托付的大臣，主要有三个人：吕蒙正、寇准与吕端。在这三个人中，宋太宗最后选定的人是谁呢？

先来看吕蒙正。

吕蒙正是太平兴国二年(977)的头名进士，是宋太宗登基后首次开科取士选拔的人才，是地道的天子门生。宋太宗曾经将他作为重要的栽培对象，在赵普第三次拜相之时，希望赵普可以指点、帮衬一下吕蒙正，让他早日可以独当一面。在赵普罢相之后，由吕蒙正独自担任宰相一职，这在宋太宗时代是不多见的。但是，吕蒙正是第一个被宋太宗排除在外的人。其中原因，可能有两点：

第一，有前科。

淳化三年(992)，吕蒙正曾与赵元僖关系密切，有弄权之嫌，宋太宗为避免大权旁落，罢免了吕蒙正的宰相之职。此次宋太宗选择辅佐大臣目的是确保权力集中到太子手中，野心太大的人，是首先要排除的。

第二，不配合。

淳化四年，吕蒙正再次拜相，独掌朝政。令宋太宗没有料到的是，再次拜相之后的吕蒙正，不知道中了什么邪，处处和自己作对，不给自己台阶下。

淳化五年上元节的晚上，宋太宗大宴群臣，宴会一片和乐之象，心情舒畅的宋太宗对着宰相吕蒙正说了一番话。他对比前代混乱之状，提出自己常怀一颗忧患之心，勤于政务，事无巨细，都要操心，正是靠着这种努力，才达到了现在的繁盛景象。这番话，是宋太宗当时的真实感受，也是宋太宗对自己政治生涯的总结。但是，宋太宗的热情与欢快，被吕蒙正接下来的一盆冷水浇得踪影全无，冷遍全身。吕蒙正直言宋太宗的话语不符合真实情况，国家并未达到繁盛局面，在都城之外不出数里，因为没衣没食而被冻死饿死的人多的是。

吕蒙正的话，让宋太宗的心情瞬间跌落到冰点。面对着众多大臣，吕蒙正这么不给自己面子，宋太宗很恼怒，但人家说的并不全是虚妄之词，自己也不能反驳，所以只能是"变色不言"《续资治通鉴长编》卷三十五。

宋太宗并非容不得大臣批评，他认为大臣忠言进谏是本分，也是需要提倡的，但是，吕蒙正的这一批评，说得太狠，一来针对的是宋太宗关于其政绩的自我评价，直接否定了宋太宗夸耀的繁荣之象；二来不分场合，无视君主颜面。所以，宋太宗对吕蒙正不满意了。

皇帝也是人，也有自己的私心，有自己的情感，对自己厌恶的人委以重任，这是需要大智慧、大谋略的，宋太宗做不到，况且这个人还并不是那么完美无瑕，必不可少。所以，吕蒙正被毫无悬念地筛除了！

再看寇准。

寇准在册立太子一事中是关键性人物，也是宋太宗一直很欣赏的人物，但是，宋太宗并没有将寇准作为

> 朕躬览庶政，万事粗理，每念上天之贶，致此繁盛。——《续资治通鉴长编》卷三十五

> 臣常见都城外不数里，饥寒而死者甚众，未必尽然。——《续资治通鉴长编》卷三十五

最后的人选，并且还将寇准的职务罢免了。

寇准没有被选中，主要有三点原因：

第一，年轻气盛。

寇准是太平兴国五年（980）的进士，当时只有十九岁，三十多岁时出任参知政事。加之天子无上荣宠，寇准对于朝中大臣不以为然，好多人都入不了寇准的法眼，因此，寇准得罪了很多人，树敌很多。特别是太宗朝的一些老臣、旧臣对寇准特别不满，寇准与这些老臣在工作中互相看不顺眼，有了矛盾之后，寇准又不知也不肯退让，这就为自己制造了许多逾越不了的障碍，出知青州就是最明显的例证，再次回朝的寇准并没有吸取教训、收敛言行。对于这些情况宋太宗了然于胸，他知道寇准行事太过招摇，树大招风，不足以负重，绝不可委之以辅国重任。寇准最大的毛病是不合群，而只有合群的政治家才能够动员大多数人。

第二，擅权谋私。

至道二年（996）七月，宋太宗将寇准的参知政事一职罢免，降为给事中。这就是宋太宗不重用寇准的信号与标志。

寇准的被罢免是他长期在朝中树敌导致的。之前，宋太宗在郊外举行祭祀天地的典礼，按照以往的惯例，郊祀之后，朝中百官都会晋升官职或者增加俸禄，但是负责主要事务的寇准却根据自己的喜好随意来处理这一关键之事，他所喜欢的人，多得到清贵官职，而他平素厌恶的人，则要受到压制。

先是，郊祀行庆，中外官吏皆进秩，准遂率意轻重，其素所喜者，多得台省清秩，；所恶者及不知者，即序进焉。——《续资治通鉴长编》卷四十在寇准厌恶的官员中，有一位叫冯拯的，与寇准素有嫌隙。寇准这次的刻意打击，激起了冯拯内心长久的愤懑与不满，于是，冯拯便搜集相关材料，上书宋太宗，以"弄权"之名状告寇准。除了冯拯之外，岭南东路转运使康戬也上书宋太宗状告寇准结党营私、任意妄为、祸乱国制。

结党营私、擅权妄为，这是宋太宗内心的大忌讳，是他的雷区，不管是谁，只要踏进雷区一步，必无法全身而退。冯拯与康戬非常有针对性地挑起了宋太宗对寇准的不满。之前宋太宗对于寇准的处事方式或有不满，但还属于可以容忍的范围，这次寇准就没那么幸运了。寇准多次反驳、多次辩白，非要和宋太宗争出个青红皂白，结果事与愿违，让宋太宗对他心生厌恶，干脆将其调出京城，到地方去任职。

第三，外戚身份。

宋太宗处置寇准，不让他担当辅国重任，还有一个原因是寇准的特殊身份。寇准的妻子是宋太祖开宝皇后的妹妹。寇准如果不擅权还好，一旦擅权，加上他这一敏感的身份，长此以往，难免不会生事，这样危险的人物，是断断不能授以辅佐太子登基重任的。

如果说对吕蒙正的处理，还有点宋太宗的个人情

> 皆不敢与准抗，故得以任胸臆，乱经制，皆准所为也。——《续资治通鉴长编》卷四十

> 准犹力争不已，上先已厌准，因叹曰：'雀鼠尚知人意，况人乎？'翌日，准又抱中书簿领，论曲直于上前，上益不悦，遂罢之，寻出知邓州。——《续资治通鉴长编》卷四十

感在里面，那么，寇准的落选完全属于"咎由自取"。

最后看吕端。

吕端似乎一生与皇储有割不断的关联，赵廷美、赵元僖、赵恒都曾被任命为开封尹，具有了准皇储的身份，而吕端两次任开封府判官，先后侍奉赵廷美、赵元僖。侍奉赵廷美、赵元僖，让吕端无端被贬，而辅佐赵恒则让他声名鹊起。

与吕蒙正、寇准年少时的春风得意不同，吕端的仕途屡生波折，他是凭父亲的官职，荫补入仕，其后在官场一直不太顺利，从地方到中央又从中央贬到地方，再从地方到中央，宦海沉浮。"是金子总是要发光的"，也正是在这种反复之中，吕端的大智慧展现出来，并被宋太宗看好。

至道元年（995），宋太宗罢免吕蒙正的宰相之职，任命吕端为宰相。宋太宗认为此时任命吕端已经有点晚了，这样的人他早就该起用了，并作《钓鱼诗》勉励吕端，诗中借用周文王与姜太公之事来表明心意，希望吕端可以像姜太公辅佐周武王那样辅佐太子顺利登基，并成就一番盛世伟业。此时的吕端已经六十岁了，确实是大器晚成，宋太宗以姜子牙比喻吕端，不仅仅是一种赞颂，他还给了吕端一种类似于姜子牙的待遇：朝廷宰相只有吕端一人，并且中书事务必须先经过吕端审阅定夺，没有吕端的认

> 夏四月癸未，吏部尚书、平章事吕蒙正罢为右仆射，参知政事吕端为户部侍郎、平章事。
> ——《续资治通鉴长编》卷三十七

> 上作钓鱼诗，断章云："欲饵金钩深未达，磻溪须问钓鱼人。"意以属端也。
> ——《续资治通鉴长编》卷三十七

可，不得上呈宋太宗。这种殊荣与待遇，在宋太宗一朝，绝无仅有，可谓一个奇迹，足见宋太宗对吕端的倚重。

吕端之所以能从群臣中脱颖而出，最终被宋太宗相中，主要与他的为官智慧与人格魅力有关。

第一，遇事沉着冷静。

吕端的这一特点，赵普非常欣赏。他曾经对宋太宗说过，吕端行事不急功近利，以平常心来对待官场上的升降与荣辱，言行得当，不形于色，实在是做宰相的好人选。赵普见多识广，看人的眼光很毒，也很准。

赵廷美一案、赵元僖之死，是宋太宗时期的重要事件，作为牵涉其中的重要人物，吕端表现得很不一般，在其他同僚恳请宋太宗饶恕之时，吕端反而认为自己辅佐不力，心甘情愿接受惩罚。吕端本是宋太宗千挑万选出来辅佐赵元僖的，之前对吕端的才能早有耳闻，现在的不俗表现，让宋太宗不免对吕端高看一眼。

在被贬期间，吕端的胆识与气量再次展现。端拱元年(988)四月，吕端等人出使高丽，在返回途中，遇上了大风浪，波涛汹涌，船桅都被折断了，见多识广的船夫遇到这种情况也害怕了，更不用提其他人了，全船上下只有吕端一人怡然读书，淡然处之。最后，同行之人只能将出使得到的财货全部沉到海里，才

> 自今中书事必经吕端详酌，乃得闻奏。——《续资治通鉴长编》卷三十七

> 时赵普在中书，尝曰：“吾观吕公奏事，得嘉赏未尝喜，遇抑挫未尝惧，亦不形于言，真台辅之器也。”——《宋史·吕端传》

> 臣辅佐无状，陛下又不重谴，俾亚少列，臣罪大而幸深矣！——《宋史·吕端传》

保住了性命。

吕端的胆识与人格魅力，都被宋太宗看在眼里，记在心里。登基之事，事关国本，只有老成稳重之人才能应对自如。这是吕端胜出的第一条。

第二，有容人之量。

吕端胜出的第二条在于他的"三不"原则：不与人为敌，不斤斤计较，不怕吃亏。

吕端上任之后，很多人对此很不理解。有一次一个小官员说了一句：这样的人也能当上参知政事？这是对吕端能力的质疑，吕端听见了，却装作没听见离开了。按照吕端的官职，完全可以找个机会打击一下、报复一下的，然而他没有。

还有一次，御史中丞李惟清因为个人升迁问题而怪罪于吕端，趁着吕端养病不能上朝的机会，上书宋太宗狠狠参奏吕端，说尽坏话。吕端知道后，一不辩白，二不质问，仿佛此事与自己没有任何关系一样。

吕端的"三不"原则，在与寇准的相处中体现得最为明显。

吕端曾经与寇准同列，并且还曾得到过寇准的帮助。在宋太宗任命他为相之后，吕端担心寇准会心生不满、牢骚满腹，就主动上书宋太宗，请求允许寇准与他轮流掌管中书大印，同升政事堂处理国家事务。

吕端这种不专权，着意处理好同僚关系的举动，深

——还，遇风涛，帆樯折，舟人大恐，端恬然读书不辍，祐之悉取所得货沉之，乃止。——《续资治通鉴长编》卷二十九

——吕端初与寇准同列，及先任宰相，虑准不平，乃上言：『臣兄余庆任参知政事日，悉与宰相同，愿复故事。』——《续资治通鉴长编》卷三十七

得宋太宗欣赏，也让寇准的一些举动落了下风。

第三，大事不糊涂。

吕端的一系列举动，被当时很多人看作为人糊涂的表现。当初宋太宗决定任命吕端为相时，朝中有人提出了反对意见，反对的理由便是吕端为人糊涂。好在宋太宗不糊涂，他当时对吕端已经有了很深入的了解，认为吕端的糊涂只是在小事上不计较，看似糊涂，实际上此人胸中"有料"，在大事上绝对不会犯糊涂。

> 时吕蒙正为相，太宗欲相端，或曰：『端为人糊涂。』太宗曰：『端小事糊涂，大事不糊涂。』决意相之。——《宋史·吕端传》

宋太宗的话确实不假，吕端虽然在平时与同僚不太计较，但是关系到国家安全利益的事情，吕端却从不含糊。

当初，李继迁侵扰西部边陲之时，大宋士兵将李继迁的母亲抓获。因为李继迁的节节进逼，受够了折磨的宋太宗想要借此大做文章，决定将李继迁的母亲杀死，以此警诫李继迁部。对于此事，宋太宗召见了寇准，与寇准商议，确定了最后方案。等到寇准回去之后，遇见吕端，吕端知道寇准是被宋太宗召去商议处置李继迁母亲的事情，便对寇准说：边境上的日常事务，我可以不知道，可以不参与，但是如果是军国大事，我作为一朝宰相，不能不知道，不能不发表意见。寇准平时很少听到吕端如此坚决的语气，便不再隐瞒，将宋太宗的决定一五一十地告知吕端。吕端

> 初，李继迁扰西鄙，保安军奏获其母。至是，太宗欲诛之。——《宋史·吕端传》

> 边鄙常事，端不必与知，若军国大计，端备位宰相，不可不知也。——《宋史·吕端传》

听罢，马上入宫奏请宋太宗改变主意。吕端以历史上项羽俘获刘邦父亲的事情为例，说明不可以极端手段来对待李继迁的母亲，相反要将老人好生安置，一来可以安抚李继迁，二来可以将老人作为人质。

吕端的一番话，观点明确，入情入理，让宋太宗瞬间清醒，不敢再感情用事。虽然李继迁并没有因为母亲被俘而投降，但后来李继迁的儿子竟然请求归附，《宋史》中认为这应当与吕端直言敢谏有关。

> 其母后病死延州，继迁寻亦死，继迁子竟纳款请命，端之力也。——《宋史·吕端传》

宋太宗在综合考察三位候选人的能力、人品、社会关系等方面后，最终将辅政大任交付吕端，希望他能在关键时刻为太子保驾护航。宋太宗之所以如此慎重选定一个可以为太子登基保驾护航的人，是因为朝廷和宫廷之中有不安定的势力，有人并不希望赵恒来接班。这些人是谁呢？他们这么做目的何在呢？

潜流暗涌

至道三年 (997) 三月，宋太宗一病不起，有几股不安定势力开始浮出水面，几种力量开始相互联合，一时间风云突起，一场政变即将来临。

联合阵线主要来自三方力量，分别是：后宫李皇后，宦官王继恩，朝中大臣李昌龄、胡旦等人。这三方力量，从各自的情感与利益出发，都不愿意太子赵恒登基称帝，他们不约而同地选定了另外一个目标：赵元佐。

先来看李皇后。

李皇后雍熙元年(983)被立为皇后，曾经生过一个儿子，可惜夭折了，之后便再也没有为宋太宗添丁，宋太宗的九个儿子没有一个是李皇后的亲生骨肉。后宫里聪明的女人会早早地为自己的将来打算，李皇后就是一个聪明人，她知道自己没有儿子，这在险恶的后宫里是很难立足的，即使她是皇后。在宋太宗的九个儿子中，李皇后比较喜欢赵元佐，所以早早便将赵元佐作为重点培养对象、拉拢对象，甚至还把赵元佐的儿子赵允升养在自己宫里，疼爱有加。李皇后的一系列举动，就是希望赵元佐登上皇位之后，自己还可以安稳尊贵地过完下半生。

赵元佐的发疯，打碎了李皇后的美梦，赵恒被册封为皇太子，也宣告了她此前诸多努力的失败。但是，赵元佐疯了，他的儿子赵允升没有疯，李皇后一直在寻找机会。根据史书记载，李皇后为了将赵元佐或者赵允升立为皇位继承人，走了极为凶险的三步：

第一，提议立赵元佐。

淳化五年(994)，宋太宗足疾严重，将立储之事提上议事日程，根据寇准的话语可以推测，宋太宗在确定储君人选时，曾经问过后宫嫔妃，尤其是李皇后。李皇后当时或许曾建议立赵元佐为太子，而这一选择与宋太宗自己心中的主张不一致，所以，他才会急切地召见寇准，希望寇准可以给自己一些建设性的建议。

第二，中伤赵恒。

至道元年(995)，宋太宗册立太子典礼隆重举行，在听到百姓对太子"真社稷之主"的赞叹后，宋太宗做出了父亲嫉妒儿子的匪夷所思之举，这除了宋太宗本身多疑的原因之外，李皇后的枕边风或许才是最为直接的原因。李皇后在此之前已经在宋太宗面前多次说过赵恒的坏话，引起了宋太宗对赵恒的疑心，所以，宋太宗才会在百姓的赞誉声中走向了极端。

这一推断，从宋太宗之后的表现可以得到证实，宋太宗经过寇准的一番劝慰，内心的不快涣然冰释。宋太宗马上回到后宫，告诉皇后及后宫诸妃嫔。如果之前后宫没有人质疑的话，宋太宗何必如此着急地赶去说明呢？

第三，联合朝臣。

在宋太宗病重之后，作为皇后的她，对后宫之事以及前朝之事，有了更多的参与机会，因此，蓄谋已久的计划终于等到了实施的最佳时机。李皇后决定趁机将赵元佐推上皇位，这样一来，赵元佐的儿子赵允升便可以顺理成章地成为皇太子，有朝一日也可以登基称帝。

这是李皇后的私心，是一个女人为自己着想的打算，同时也是一个女人在感情驱使之下的冒险之举。当然，她的冒险之举，是有一定的筹码作支撑的，除了自己后宫之主的身份外，她还有一个掌管禁军的哥哥李继隆（殿前都指挥使），军事实力是保障政变成功的必备条件。正是自信于这些筹码，李皇后出动了。

再看王继恩。

在这三股力量中，王继恩属于穿针引线的核心人物，他之所以会有拥立赵元佐为君的想法，与两个因素有关：

因素一：有经验。

王继恩是宋太宗登基的关键人物，正是靠着他的通风报信，宋太宗主动出击，化险为夷。宋太宗继位之后，对王继恩恩宠有加，即使王继恩平时恣意妄为，也并没有对其严厉处置。正是宋太宗的一再纵容，让王继恩深知拥立一个无缘皇位的人当上皇帝会换来何等的荣宠，这是一本万利之事。天下没有比拥立一位皇帝更一本万利了。

尝过甜头的王继恩，在面对近乎相同的机会时，怎能不激动？怎能忍得住内心不断翻腾的欲望呢？

因素二：有势力。

宋太宗登基之后，王继恩因为其特殊身份，赢得了朝中不少大臣的吹捧；讨伐李顺、王小波起义军，王继恩再火了一把，朝中不断有大臣向他暗送秋波。平定起义之后，朝中以王继恩为中心，形成了一股强劲的不安定势力。

正是靠着自己的特殊身份、独特经历，王继恩才有了再次拥立新君的想法，而他不断营造起来的势力圈，是他敢于再次谋乱的保障。大宋两朝天子的登基，都与王继恩有着直接的关联，不能不说，王继恩真是宦官中的极品！

最后看朝中其他大臣。

蠢蠢欲动的大臣中，为首的是胡旦、李昌龄等人。当时李昌龄任参知政事，是副宰相；胡旦是知制诰，负责起草诏书。

胡旦，本是宋太宗非常信赖的"五人帮"集团成员，赵普重返相位之后，率先开刀的便是"五人帮"集团，胡旦因此被贬。但到至道二年(996)，宋太宗又让胡旦官复原职，出任知制诰。宋太宗如果地下有知，他必定要为这次决定后悔不已，因为他招来的是一匹野心勃勃、不懂感恩的狼。

胡旦这个人不简单。为了至高无上的权力，他可以依附他人，可以隐忍不发，当然，还可以犯上作乱。权力是一个很可怕的东西，可以激发出人内心的贪婪与邪恶。一个对权力有着极大渴望的人，在与权力隔离多年之后，重新获得权力，那接下来便是"秋风扫落叶"，甚至是血流成河。

机会总是为有心人准备的，野心家对机会的敏感度要高于常人很多。在宋太宗病笃之时，胡旦敏锐地嗅到了令他兴奋的气息，与王继恩、李昌龄联合，开始策动新君登基。

胡旦的野心，为拥戴赵元佐为新君增添了第三个理由，即促使权力最大化。赵元佐是一个有病之人，病人是无法处理纷繁复杂的国家大事的。如此一来，拥立他登基的这几个关键人物，便会获得更大的权力，成为实际上的朝政控制者。

在宋太宗病危的时刻，野心勃勃的三方人马，组成了联合阵线。他们三方合力，分工明确：由李皇后、王继恩控制内宫，由胡旦负责宣告赵元佐为新君的诏书，由参知政事李昌龄负责朝臣的安抚工作，李皇后的哥哥李继隆掌控禁军，提供军事保障。

> 初，太宗不豫，宣政使王继恩忌上英明，与参知政事李昌龄、知制诰胡旦谋立楚王元佐，颇间上。——《续资治通鉴长编》卷四十一

三方人马的联合阵线，可谓强强联合。从理论上说，这一联合阵线达到了权力的最大化、联合的最强化，似乎拥立新君是板上钉钉、触手可及的事情了，在他们的眼前，似乎涌现出了各自期待的不同画面……

但是，历史总是会冒出一些不确定因素，从而改变预期的发展方向。那么，这一联合阵线能够实现他们的梦想吗？他们会不会忽略了一些影响历史发展的关键因素呢？

吕端大事真不糊涂

这一关键因素便是以"糊涂"著称的吕端。

吕端长期的隐而不发，长期的糊涂举动，迷惑了联合阵线过于自信的眼睛，但是，"吕端大事不糊涂"这句话，绝对不是宋太宗对吕端的虚假赞美，这是一个可以在大风大浪中闯出光明大道的人。

吕端成功击败联合阵线，最终按照宋太宗的遗愿成功将太子赵恒扶上皇位，他主要走了关键性的四步。

第一，急召皇太子。

至道三年(997)三月，宋太宗走完了他人生最后的旅程，带着对大宋江山的无限留恋、无限挂念，永远地走了。

在宋太宗驾崩之前，吕端到宫中探望宋太宗的病情，发现宋太宗当日的神情状态与往日不同，似乎有离世的征兆。在这一关键时刻，吕端发现太子赵恒却不在宋太宗身边，敏感的吕端马上感觉到这不是好兆头，怀疑是不是有情况发生了，说不定是赵恒被什么人牵制住了。在这样的时刻，太子必须时刻待在宋太宗身边，才能确保登基之事一切顺利。所以，吕端赶紧在他的笏板上写了"大渐"两个字，意思是宋太宗病危，悄悄地让自己的亲信之人赶紧去东宫寻找太子，一旦找到马上引领太子到万岁殿。

> 宰相吕端问疾禁中，见上不在旁，疑有变，乃以笏书"大渐"字，令亲密吏趣上入侍。——《续资治通鉴长编》卷四十一

第二，囚禁王继恩。

吕端的担忧不是空穴来风，联合阵线的人马上出动了，早就等待着这一天的王继恩带着重温往事的自信，开始了他的重要活动。历史是何其相似！二十二年前，同样是皇帝刚刚驾崩，新皇帝还未登基，王继恩送信给宋太宗，终于使历史定格。但是历史又不会完全地重复与复制，王继恩此次并没有继续他二十二年前的好运，他的一生也因此而定格。

宋太宗驾崩之后，王继恩在第一时间来到政事堂向吕端传旨，说李皇后已经在宫中等待吕端去商议新君继位之事。其实，一直在装糊涂的吕端在此之前，已经通过种种渠道了解到了王继恩等人的谋划，听到王继恩的传召之后，吕端还是装着糊涂，答应着王继恩，同时还给了王继恩一个突然袭击，他说宋太宗在去世前留下了遗诏，希望王继恩可以与自己一起到书房去检验一下，然后再一起去拜见李皇后。

> 及太宗崩，继恩自后至中书召端议所立。——《续资治通鉴长编》卷四十一

听闻吕端的一番话，王继恩有点蒙，作为宫中耳

目众多的资深宦官，他竟然不知道宋太宗还留有遗诏，留遗诏不是什么好事，这是宋太宗最后意旨的体现，如果还是让赵恒登基，必须想办法将遗诏销毁。当然，王继恩看了一下"糊涂"的吕端，他提着的心一下子又落了下来，心想靠着自己的聪明才智，对付吕端还是绰绰有余的。于是，王继恩自信满满地跟随吕端进入书房。没料到，刚进门他就被吕端锁了起来，任凭他怎么呼喊，吕端自是不为所动。王继恩此时看到的吕端，似乎变成了另外一个人，之前的柔和、懦弱被满脸的坚定、正气所代替，王继恩一下子犯糊涂了：这个人是之前自己认识的吕端吗？

> 端前知其谋，即给继恩，使入书阁检太宗先赐墨诏，遂锁之。——《续资治通鉴长编》卷四十一

随后，吕端是果断地离身去拜见李皇后，留下了悔青肠子的王继恩，独自在那里焦虑地拍打着书房的门窗……

第三，叫板李皇后。

吕端见到李皇后之后，满脸戚容的李皇后率先发问：皇帝已然离去，按照旧制，立定嗣君应当按照年龄长幼顺序，以求国家安顺，宰相你看现在应该怎么办？

> 宫车宴驾，立嗣以长，顺也，今将奈何？——《续资治通鉴长编》卷四十一

李皇后的意思自然是想立赵元佐为嗣君，她的询问只是一个形式，只是告诉吕端自己的决定而已。但是吕端接过李皇后的话语，严词以对：先帝当初立下太子，就是为了防备今日，防备不测之心。天子已

定,还议什么议!吕端的话掷地有声,不容置疑,一时间让李皇后"哑火"了,不知该怎样应对。

李皇后之所以无言以对,有以下三个原因:

一是宋太宗的威慑。吕端面对李皇后,使出了宋太宗这一撒手锏。他说立定赵恒为太子,让赵恒继位,是宋太宗早已有之的决定,如果改变人选,便是违逆宋太宗的旨意。这一罪名,李皇后肯定担当不了,虽然宋太宗已然离去。

二是吕端的转变。李皇后面对的这个吕端,沉着冷静、刚毅果敢,所说之话,不容有变,显示着维护赵恒的坚定决心,况且吕端是唯一的宰相,并且得到了宋太宗的托付,有着绝对的实力。

三是王继恩的缺席。李皇后在宫中的重要支撑与联络人是王继恩,此前吕端也是由王继恩去传召的,但是,此时只见吕端一人,不见王继恩的人影,李皇后心里就没底了,不知道王继恩出了什么差错,是不是他们的阴谋被吕端知晓了。

李皇后是个聪明人,虽然之前他们的联合阵线也有周密的谋划,但是,在情况发生变化的眼下,她还是不敢轻举妄动,以免现有的地位受到影响。

第四,验明真身。

王继恩和李皇后是联合阵线的核心,也是由他们来实施谋立新君计划的第一步,即拿下吕端。但他们的第一步反而被吕端摆平了,接下来的计划自然无从实施。史书中对于胡旦等人的活动没有记载,隐藏了他们的活动,或许是吕端行事迅速,让他们失去了机会。

一切落定之后,太子赵恒登基大典开始。按照惯例,新皇帝登基,需要宰相率领群臣朝拜,才算宣告正式即位。但是,此刻的吕端心里却并不平静,朝中大臣各存异心,意外情况随时可能发生,此刻的他还不能完全放下心来,他要确保宋太宗交给他的任务万无一失。在赵恒坐于大殿之上,群臣肃穆以待的情况下,吕端却没有朝拜,而是大步流星地走到赵恒所在的大殿之上,请求卷起赵恒前面的帘子,确定帘子后面的人是赵恒之后,才走下大殿,率领群臣高呼"万岁",向新皇帝朝拜。

> 上既即位,端平立殿下不拜,请卷帘,升殿审视,然后降阶,率群臣拜呼万岁。——《续资治通鉴长编》卷四十一

笔记中对于吕端的细心,刻画得更加形象,更加具体。在宋太宗死后,吕端在福宁庭中事先对太子赵恒进行了一番检查,登上赵恒的御榻,解开赵恒的衣服,仔细检查了一番,以确保是太子本人,而非他人假扮。吕端之所以能够知道太子赵恒的身体特征,主要是宋太宗事先曾经有过安排,要求吕端多与太子接触,暗地里留心太子的起居特点以及其他私密特征。正是宋太宗防患

> 太宗数私谓正惠公:"日与太子问起居。"既崩,奉太子至福宁庭中,而先登御榻,解衣视之而降,揖太子以登,遂即位。——陈师道《后山谈丛》卷五(中华书局2007年版)

于未然的一系列安排，才使赵恒能够在吕端的鼎力支持下，荣登大宝。

吕端作为宋太宗选定的辅政大臣，就是要在太子登基这一关键时刻发挥作用，以实现权力的顺利交接。吕端靠着自己的沉稳、冷静、坚定与细心，将一场政变消解于无形之中。当然，吕端的成功与宋太宗这位"伯乐"的赏识是分不开的。

吕端保驾护航，使得赵恒顺利登基，远在天国的宋太宗应该可以瞑目了，他也应该歇歇了。

宋太宗的离世，标志着大宋王朝开创时代的结束，守成时代的到来。宋太宗一生，怀揣超越的梦想，致力于实现太平盛世的大宋梦。为此，宋太宗兢兢业业、呕心沥血、孜孜以求。这种说法是不是对一个离世之人的虚假的褒美之词呢？我们不妨截取宋太宗的一天，看看这位勤勉的皇帝，一天之中都在干些什么。

太宗一日

五十

宋太宗是一位异常勤勉的皇帝。在这一点上,他自认为绝不比前代帝王逊色,而且颇为自负,还以此激烈地批判前代帝王。宋太宗的自负仅仅是他个人的自我感觉良好,还是事实的确如此呢?我们不妨看看宋太宗的日常工作状态,看看他在一天之内到底干了多少事情。

一份作息表：满负荷安排

宋太宗日常的作息时间，总体而言，是相当固定的。根据《续资治通鉴长编》等文献的记载，可以对宋太宗的作息时间做一个大致的说明，并以此展现宋太宗的工作态度。

五鼓（3—5点）起床。

《续资治通鉴长编》中有三处提到宋太宗的起床时间，其中，有两处都是宋太宗自己说的，一处是大臣张洎说的。综合这三处记载，宋太宗的起床时间有两种说法：

一种说法是"五鼓而起"《续资治通鉴长编》卷二十五，一种说法是"鸡鸣而起"《续资治通鉴长编》卷三十四、卷三十八。那么，这两种说法所指的时间是几点呢？

"五鼓"与"鸡鸣"反映的是中国古代的两种计时方法。"五鼓"也就是通常所说的"五更"，古代将一夜分为五个时段，通过打鼓报时，"五鼓"便是第五个时段，对应的时间是3—5点。"鸡鸣"是十二时辰中的第二个时辰，与"四鼓"的时间相当，是人睡得最沉的时候。一些歹人就趁此行盗窃之事，所以，"鸡鸣"也被称为"狗盗"之时。

如此一来，《续资治通鉴长编》中对于宋太宗起床时间的记载就出现了矛盾，那么，到底哪个对哪个错呢？其实，两者都对，宋太宗是在五更时分起床的。

之所以这样说，是因为"鸡鸣"除了明确地表示时刻

> 朕每日所为有常度。——《续资治通鉴长编》卷二十五

之外，有时仅仅是一个泛指。从字面意思来看，"鸡鸣"即表示"鸡叫了"这一情况，而在五更时分，鸡仍在打鸣，人们则慢慢从睡梦中醒来。宋太宗在使用"鸡鸣"之时，也只是选取了人们的一种习惯说法。所以，按照现在的计时，宋太宗每天五点之前就起床了。

卯时（5—7点）早朝。

卯时是十二时辰中的第四个时辰，指太阳出来，冉冉初升的时间，对应的是5—7点。这段时间是宋太宗的早朝时间。

中国古代帝王上早朝是古已有之的旧例，自先秦时期便如此。所以，《左传·宣公二年》中有赵盾"盛服将朝"的记载，只不过不同时期早朝的时间各有不同。

唐朝初年，每五日一上朝。安史之乱后，自唐肃宗开始都是单日临朝听政，双日不上朝，而且单日之时，如果遇到严寒或酷暑天气，或者阴雨天，道路泥泞，也要给百官放假，不上朝。双日之时，宰相奏事，或者赶上外国进贡、功臣归朝，皇帝都会在紫宸殿专门接见。

对于这种流传已久的旧例，宋太宗并没有遵循，而是每一天都要上朝听政，这在朝臣张洎淳化二年（991）的上书中有明确说明。

自天宝兵兴之后，四方多故，肃宗而下，咸只日临朝，双日不坐。其只日或遇大寒、盛暑、阴霾、泥泞，亦放百官起居。双日宰相当奏事，即时特开延英召对，或蛮夷入贡，勋臣归朝，亦特开紫宸引见。
——《续资治通鉴长编》卷三十二

陛下自临大宝，十有五年，未尝一日不鸡鸣而起，听天下之政。
——《续资治通鉴长编》卷三十二

辰巳(7—11点)批阅奏折、处理公务。

宋太宗每天在长春殿下早朝之后，便到崇政殿处理国家公务。

宋太宗处理的事务很多，有一等一的国家军政大事，也有烦琐细微的小事。在宋太宗看来，事无巨细，都要认真处理，必须亲力亲为。举两个发生在淳化四年(993)的例子：

例子一：处理废旧木材。

淳化四年四月，有关部门将陈旧废弃的木材废料调往东窑务，让其分解为柴火使用。宋太宗知道这件事之后，立刻派专人去细加查看，将可以做成器具的木材从中挑选出来，竟然用这些材料做成了数百张长床，分别赐给宰相、枢密使、三司使等。

对于此事，宋太宗有自己的解释。他说，这种事虽然琐碎细小，但是这些山林中的木头，都是耗费了百姓力气得来的，用来做柴火，实在是可惜了。

例子二：处理丢猪之事。

淳化四年的一天，京都开封附近一个叫牟晖的人敲响了登闻鼓，请求宋太宗为其主持公道。一般情况下，敲响登闻鼓就表示有重大事务，皇帝不管在干什么事情，都必须上朝处理。但这个牟晖敲响登闻鼓的原因却很滑稽：他控诉其家奴丢了他家里的一头

上孜孜为治，每旦御长春殿受朝，听政罢，即御崇政殿决事。——《续资治通鉴长编》卷三十四

有司调退材给东窑务为薪，上遣使阅视，择其可为什物者，作长床数百，分赐宰相、枢密、三司使。——《续资治通鉴长编》卷三十四

此虽甚细碎，然山林之木，取之极劳民力，乃以供爨，亦可惜也。——《续资治通鉴长编》卷三十四

猪,请求宋太宗为其追回损失,处罚家奴。

宋太宗听罢,下令赐给牟晖一千钱来补偿他的损失。事后,宋太宗对宰相说:像这等琐碎小事也要向我控诉,而我也要认真处理,看起来似乎很可笑。但是,如果能以这种态度来处理天下之事,那么天下就没有蒙冤的百姓了。

宋太宗处理百姓丢猪一事,他自己都感觉很可笑,但是,这种可笑之事为何会发生呢?是宋太宗自找的。百姓敢于击登闻鼓让宋太宗处理这等小事,是因为他们知道宋太宗一直以来都乐于处理琐细之事。

日中(11—13点)吃饭。

宋太宗早朝之后,就直接处理国家事务,一处理起来就是一上午,经常快到正午了,还没来得及吃饭。

对于宋太宗的这种工作习惯,金部员外郎(户部属官,掌判天下库藏钱帛出纳之事)谢泌上书请求宋太宗在上早朝完毕之后,先吃饭,然后再到便殿中处理具体事务。

对于谢泌的上书,宋太宗没有回复,也就意味着他不会改变这种习惯。之所以如此坚持,他讲了两条理由:

理由一:以文王为榜样。历史上周文王为了成

> 京畿民牟晖击登闻鼓,诉家奴失豭豚一。——《续资治通鉴长编》卷三十四

> 似此细事悉诉于朕,亦为听决,大可笑也。然推此心以临天下,可以无冤民矣。——《续资治通鉴长编》卷三十四

> 比至日中,尚未御食。——《续资治通鉴长编》卷三十四

> 请自今前殿听政毕,且进食,然后御便殿决事。——《续资治通鉴长编》卷三十四

就伐商大业，兢兢业业，经常是从太阳刚出来到太阳偏西一直在忙碌，无暇吃饭。宋太宗一直以古代圣王为榜样，追迹古代明君，那些圣王明君尚且如此，作为后人怎么能不追随呢！

理由二：珍惜时光。这条理由，实际上与上一条是相互关联的，不过是从反面来说的。宋太宗认为光阴似箭，一寸光阴一寸金，人的一生总共才多少天啊，即使天天这样工作，也做不了多少事情，怎么可以不努力呢！

下午(13—17点)读书。

宋太宗精力好，没有午休的习惯，即使在昼长夜短的盛夏也"未尝卧"《续资治通鉴长编》卷二十五。宋太宗素来喜欢读书，在处理完政务以后，大部分的时间几乎都用在了阅读上。

宋太宗每天开始读书的时间，一般是在处理完政事以后。如果没有政事，早朝结束后的巳时就开始阅读，持续到申时，甚至更晚。这一习惯，是雷打不动的。如果有其他急事耽误了，事后一定会找时间补上。当初一千卷的《太平御览》编纂完成后，宋太宗决定每天看三卷，要用一年时间把这部大书读完。宋太宗的话不是"大跃进"，他确确实实是在一年内完成了这项"任务"。

文王自朝至于日中昃，不遑暇食，此自有故事。——《续资治通鉴长编》卷三十四

寸阴可惜，苟终日为善，百年之内亦无几尔，可不勉乎！——《续资治通鉴长编》卷三十四

上于禁中读书，自巳至申始罢。——《续资治通鉴长编》卷二十四

既罢，即看书。——《续资治通鉴长编》卷二十五

朝中大臣担心一天读三卷书，会累坏身体，便建议宋太宗少读一点。宋太宗却说读书是自己的喜好，况且开卷有益，怎么会劳累呢？

当然，宋太宗看书是有着明确的倾向性与目的性的。他最大的目的便是以史为鉴，鉴古知今，即从历史典籍中学习治国理政的谋略、方法、思想，等等，以实现他开创大宋盛世的宏伟目标。

深夜：睡觉。

宋太宗每天睡觉的时间都很晚，经常是要到深夜才能入睡。

宋太宗的这一作息表，反映的是他大多数时候的作息时间，当然其中会有所变动，遇到紧急或特别的事情，下午与晚上也要工作。关于宋太宗的休闲活动，并没有明确的时间说明，而且休闲活动也不是宋太宗生活的常态，并非每天必备的活动，我们将在下一章中进行专门介绍。

通过对宋太宗作息时间的梳理可以看出，他原来也是一个"打工族"，每天都要按点准时"打卡"上班，只不过他是在为自己打工，为天下的百姓打工。这种双重身份，使宋太宗一天的工作量很大，处理的事务也很繁杂，可谓"压力山大"。那么，对于这样一种高强度的工作状态，宋太宗是如何看待的呢？

> 朕性喜读书，开卷有益，不为劳也。——《续资治通鉴长编》卷二十四

> 朕每退朝，不废观书，意欲酌前代成败而行之，以尽损益也。——《续资治通鉴长编》卷二十三

乐此不疲　乐在其中

对于自己每天固定不变的工作时间与大量的工作内容，宋太宗有四种态度：

第一，欣然对待。

对于高强度的工作，宋太宗并不反感，很多时候还颇为高兴。

雍熙二年(985)十月初一，宋太宗将京城的囚犯逐一审查，对大多数囚犯的惩罚都有所减轻。所有的囚犯审查完毕之后，天色已晚，宋太宗身边的近臣劝他多加休息，如此工作，实在是太辛苦了。宋太宗对此却不认同，他说倘若通过他的工作，可以让有苦无处诉的人得以申冤，让司法公平，他心里会感觉非常舒适，不会觉得辛苦！

第二，颇感自豪。

宋太宗笃行"有付出，才有回报"的信念，认为一国之君必须勤政爱民，国家才能达于大治。

宋太宗在工作中的自豪感，首先来源于他的功业。

宋太宗的起床时间很早，工作时间很长，处理事务巨细不遗。他认为正是靠着这种高强度的工作，他才能够究知国家安危之道，国家才能清明安定，没有徇私舞弊、纲纪废弛、上下失序的事情发生。

冬十月辛丑朔，上录京城诸司系囚，多所原减，决事遂至日昳。近臣或谏以劳苦过甚，上曰："不然，倘惠及无告，使狱讼平允，不致枉挠，朕意深以为适，何劳之有！"——《续资治通鉴长编》卷二十六

朕自君临，未尝一日不鸡鸣而起，听四方之政，至于百司庶务，虽微细者，朕亦常与询访，所以周知利害，深究安危之理，故无壅蔽替之事。——《续资治通鉴长编》卷三十八

其次，来源于他与前代君主的对比。

五代十国兵连祸结，人口多有减少，生灵涂炭。周太祖建立后周之时，百姓皆遭掠夺，当时人都以为天下无复太平之日。宋太宗认为自他接手宋太祖传递下来的江山之后，亲自处理各种政务，所以才能够达到一种举国上下的繁荣状态。

> 晋、汉兵乱，生灵凋丧殆尽。周祖自邺南归，京城士庶，皆罹掠夺，下则火光，上则彗孛，观者恐栗，当时谓无复太平日矣。朕躬览庶政，万事粗理，每念上天之贶，致此繁盛。——《续资治通鉴长编》卷三十五

宋太宗经常对比的另一位前代君主是后唐庄宗李存勖。他认为李存勖不恤国事，沉溺于田猎游玩，不配做一国之君，不是一个合格的君主。所以，他以此为鉴，认为君主必须勤政，方可避免身死国破的悲剧发生。

> 如后唐庄宗不恤国事，惟务败游……此甚不君也。——《续资治通鉴长编》卷三十

宋太宗在不同场合表达的自豪感，在别人看来可能有夸饰的成分在里面，但是，对于当时的宋太宗来说，他是发自内心地肯定自己的功业，肯定通过自己的努力创造的国家繁荣景象。

第三，矢志不渝。

宋太宗认为作为一个国家的主事人，辛苦是避免不了的，而且是必需的。那么，既然避免不了，就要一直坚持下去，永不改变，既不会改变工作的时间与强度，也不会改变处理事务的范围。

> 朕每自勤不息，此志必无改易。——《续资治通鉴长编》卷二十六

宋太宗对于国家之事，巨细无遗，这自然增加了他的工作量，但他认为这是保持下情上达的必要手段，也是国家安顺的前提。

> 若以尊极自居，则下情不得上达矣。——《续资治通鉴长编》卷二十六

第四，推而广之。

宋太宗不仅自己勤政，而且还将这种勤勉之心推而广之。宋太宗推广自己从政心得的对象有两类人：

一类是朝中大臣。

国家大事，并不是宋太宗一个人就能处理好的，还需要朝中大臣的分担。宋太宗希望自己的大臣要在其位谋其政，勤勤恳恳，不能懈怠。如此一来，君臣协作，共同提高，天下达于大治的理想绝对不是奢望，绝对会实现。

为了督促朝中大臣努力工作，宋太宗将大臣的俸禄发放与勤政联系在一起，只有做到勤政爱民，除奸惩恶，才能将每月的俸禄兑现为现钱发放。

另一类是宋太宗的儿子们。

宋太宗对儿子的教育，自然要比朝中大臣多出一份期许。他的儿子中，有人是要承继大统，完成他未竟的事业的，其他的儿子也要在朝中担负起重要的责任，因此，儿子们要争气，要努力。端拱元年(988)，宋太宗对诸子传授了他在位的心得体会，其中非常重要的一条便是"勤政"，只有这样才能得到众位大臣的尽心辅佐，只有这样，才能永守富贵而保终吉。

宋太宗满负荷的工作安排与乐此不疲的工作作

中外臣僚，若皆留心政务，天下安有不治者。——《续资治通鉴长编》卷二十六

公务刑政，惠爱临民，奉法除奸，方可书为劳绩，本官月俸并给实钱。——《续资治通鉴长编》卷三十六

朕每亲临庶政，岂敢惮于焦劳，礼接群臣，无非求于启沃。——《续资治通鉴长编》卷二十九

风,并不是所有大臣都能认同,其中不乏别样的声音。那么,朝中大臣对"工作狂"宋太宗的工作作风持什么样的看法呢?

不是只有掌声

在宋太宗津津乐道于自己的勤政表现时,朝中大臣则有不同的看法。

第一,善意提醒。

身为一国之君,勤政自然是好的,但要有个度,如果过于操劳,对身体会造成不良影响。朝中大臣对于宋太宗的身体也是极为关注的,根据《续资治通鉴长编》的记载,吕蒙正、李昉、谢泌等人,都相继有过劝谏,希望宋太宗以身体为重。这是对宋太宗过分勤政的善意提醒。

第二,委婉批评。

朝中大臣的善意提醒,主要是从宋太宗个人的身体方面着眼的,而委婉批评则是从整个朝政大局提出的。

首先,无须一切事务都要过问。

这是从宋太宗处理事务的范围来说的。淳化二年(991)二月监察御史张观的上书,比较全面地阐释了这一观点。张观的上书,问题意识相当明确,认为宋太宗"颇亦烦劳"《续资治通鉴长编》卷三十二的勤政,对于整个国家来说,会引发严重的后果,问题很大。

问题一:官员不作为。

宋太宗大兴科举,官僚机构规模大增,人员膨胀,但是,在宋太宗一朝，官员的工作积极性却不是很高。其中一个非常重要的原因，便与宋太宗的勤政有关。宋太宗事无巨细，都要插手过问，使朝廷官员放不开手脚，心有忌惮，生怕自己处理的事件也会被宋太宗过问，自己的处理意见与宋太宗相符尚且好说，一旦二者相悖，或许会给自己惹来大麻烦。因此，大宋官员经常抱着明哲保身、能拖则拖的心理来从政，大都在等着宋太宗的旨意行事。宋太宗的意见下达之后，不管是对是错，不管有无疏漏之处，一概顺从，一概叫好。朝中官员的积极性被挫伤，单凭宋太宗一人，又怎能提高总体质量呢？

问题二：多做多错。

古代君主的言行会被史官记载下来，流传千古，这就要求君主"慎言行"，一言一行都要谨慎，三思而后行。宋太宗从早到晚，要处理的事务很多，一个人的力量总归是有限的，忙碌之中难免会有思虑不周全的情况出现，一旦决策失误导致严重后果，那么青史留骂名是跑不掉的。

问题三：损伤国体。

君和臣是古代政治的两个必要组成部分，二者相互补充，相互促进，只有和谐的君臣关系，才能造就繁荣之象。但是宋太宗时候的君臣关系，在张观看来，出现了不协调的情况，官员的不作为、宋太宗的专权，对于国家的稳定与发展来说，都是不利的，长此以往，必生大事。

对于张观指出的这些问题，宋太宗自己或许会感觉很不公平，很不客观。他一个人辛辛苦苦，一大早就起来处理朝政，从来没有懈怠过，但是换来的却是大臣的不作为。

张观并不是一个"愤青"，他在指出问题后，还为宋太宗提出了解决问题的方法：

方法一：抓宏观大局。

一个好皇帝，不在于自己做多少，而是能在多大程度上调动其大臣的能动性，让他们各展其能，各尽其责。皇帝把握好大局即可，抓住当前社会的主要矛盾、紧急事务，定下基调，吩咐下去，细微小事就放权给大臣。以今天的眼光来看，处于权力金字塔最顶端的宋太宗，根本就是缺乏科学管理的理念。

方法二：调动积极性。

张观认为，朝中大臣不是不愿意贡献力量，如果宋太宗能多与大臣商量，尊重和重视他们，必定能让朝中大臣竭尽心力，社会大治也必然会达到。

其次，无须天天上朝。

这是从宋太宗处理政务的时间来说的。淳化二年(991)十月，右谏议大夫张洎上书，建议宋太宗改变上早朝的频率。

> 岂徒亵渎至尊，实亦轻紊国体。——《续资治通鉴长编》卷三十二

> 诚愿陛下听断之暇，宴息之余，体貌大臣，与之扬榷，使沃心造膝，极意论思，则治体化源，何所不至。——《续资治通鉴长编》卷三十二

张洎的上书也是从太宗辛劳、大臣不作为的现实出发，认为如果这种状况不加以改变，只会让宋太宗更加辛劳。所以，张洎希望宋太宗可以参照唐代的旧制，改每天上早朝为单日上早朝，如果遇到非常天气则不上朝。

与张观的建议相比，张洎的建议更易于实行，宋太宗不用改变好操心的习惯，只需略微放松一下即可。但是，无论是张观还是张洎的建议，宋太宗都没有采纳，依然我行我素。

张观、张洎指出的大臣不作为的情况，宋太宗心里其实也很清楚。淳化四年(993)，宋太宗对宰相李昉等人发了发牢骚，诉了诉委屈：朝中的大臣在没有被任命之前，都以为自己有管仲、乐毅一样的才能，但是被任命之后，纷纷"失语"，而自己作为一朝天子却是天天得不到空闲，究竟谁是君谁是臣呢？

既然如此，宋太宗又为什么不接受张观、张洎的建议，做些改变呢？

拼命三郎的坚持

宋太宗在兄弟中排行第三，工作起来如此拼命，叫他"拼命三郎"一点儿也不为过。

关于宋太宗对朝中大臣提建议的反应，可以参考

> 倘君父焦劳于上，臣子缄默于下，不能引大体以争，则忠亮之心有所不至矣。
> ——《续资治通鉴长编》卷三十二

> 在位之人，始未进用时，皆以为管、乐自许，既得位，乃竟为循默，曾不为朕言事。朕日夕焦劳，略无宁暇。臣主之道，当如是耶？
> ——《续资治通鉴长编》卷三十四

《玉壶清话》中记载的一个故事：宋太宗驾临翰林院，翰林朱昂向宋太宗建议减免上朝的次数，三五日上一次朝就可以。朱昂上奏之后，中书与台谏纷纷上书奏请，希望宋太宗能够采纳朱昂的建议。朱昂上书的主旨与张观、张洎的理由没有太大区别，无非从历史经验、调动官员积极性、保重身体等方面来陈述的，所以，朱昂一样不可能改变宋太宗的主意。只不过《玉壶清话》记载的最后结果与《续资治通鉴长编》不太一样，说宋太宗"久而才允"（《玉壶清话》卷六）。也就是说，朱昂上书很久之后，宋太宗终于同意三五日上朝一次。

如果《玉壶清话》的这则记载可靠的话，那又是什么让宋太宗做出了改变呢？

从时间上看，《续资治通鉴长编》记载的宋太宗拒绝张洎的建议是在淳化二年（991），也就是宋太宗同意朱昂的提议，至少要在淳化二年之后。再进一步来看，《玉壶清话》说的是"久而才允"，那么，宋太宗同意朱昂等人的提议是经过了很长时间的。淳化二年距离宋太宗去世仅有六年时间，在淳化二年之后很长一段时间，联系宋太宗的一贯作风以及他的身体情况，宋太宗做出改变当是迫不得已之举，应该与他的箭伤愈加严重有关，是在他生命的晚期被迫做出的改变。

> 今庶政清简，百执犹宁居于私殿，惟陛下凝旒听览，翻无暂暇，宜三五日一临轩，养洪算，蹈太和，合动直静专之道，扃摄思虑，保御真气。——《玉壶清话》卷六

当然，即便是由于身体原因不得不做出改变，减少上朝的次数，但宋太宗"拼命三郎"的劲头还在，在临近生命终点的时刻，他仍然没有放松国事。根据《续资治通鉴长编》的记载，至道三年(997)二月初六，宋太宗身体严重不适，虽然没有足够的体力与精力支撑，但他还是在便殿中处理国事；三月二十八日无法处理国事；三月二十九日就去世了。通过这三个时间可以推测，宋太宗在二月初六至三月二十七日这段时间依然在处理国事。

那么，是什么样的心理导演了宋太宗的"辛苦剧"呢？

第一，不能放。

宋太宗志存高远，要与古代圣王并肩而立，整天努力努力再努力，即使这样，他仍然害怕无法全面照顾到全国层出不穷的事情。

> 天下事急若奔驷，日日听断，尚恐有照烛不至者。——《续资治通鉴长编》卷二十六

张观、张洎等人建议不要管细微琐碎之事，这不是君主应该处处留心的事情，而宋太宗则认为这是一个君主必须做的事情，不处理细微之事，怎么能了解民间疾苦？不了解民间疾苦，又怎么能得到百姓拥戴？不能得到百姓拥戴，又怎么能称得上圣君？

> 而况唐末帝王，深处九重，民间疾苦，何尝得知！每一思之，诚可警畏。——《续资治通鉴长编》卷二十六

宋太宗认为自己还没有达到古代圣君的高度，必须时时怀有敬畏之心，处处尽到责任。这种因尚未达成目标而产生的紧迫感，让宋太宗不能放松。

第二，不敢放。

前面我们已经不止一次地提过，宋太宗是一个多疑之人，猜忌心极强，生怕别人把他的皇帝宝座夺去，因此，即使是细微的事情，他也不敢放权。权力是一个具有魔力的东西，极富诱惑力，对于宋太宗来说，只有牢牢抓稳了权力，才能睡得着，吃得香。一旦权力分散，他就寝食不安了。

这种因猜忌心理而产生的不安全感，让宋太宗不敢放权。

第三，不愿放。

宋太宗自视甚高，他即位以后，相继取得了一些成绩，国家统一，稳定发展，而他认为这些成绩的取得，主要得力于自己"昼夜孜孜，勤行不怠"的努力与聪明才智。宋太宗自认为在治国理政方面有着无与伦比的独到见解，一般的大臣他都不放心，不放心将事情彻底交给他们，害怕他们做不好，做不到位。

这种因自视甚高而产生的优越感，让宋太宗不愿放权。

宋太宗处理国政，事必躬亲，工作时间长，强度大，但他并不是呆板无趣的"工作狂"，在工作之余，他还从事了一些富有趣味的活动，调节着紧张的工作，组成了他完整的人生。那么，宋太宗生活的另一面是什么样子呢？

> 虽未能上比三皇，至于寰海宴清，法令明著，四表遵朝化，百司绝奸幸，固亦无惭于前代矣。
> ——《续资治通鉴长编》卷三十八

全能皇帝

五十一

宋太宗是典型的"拼命三郎",勤政辛劳,是其生活的主导色彩,同时,在理政之余,宋太宗会采取不同的方式来调节紧张的生活节奏。他爱好诗书,工于书法,改造琴法,沉迷围棋,精于射箭,擅长蹴鞠,是一位多才多艺、风流倜傥的全能皇帝。那么,宋太宗的这些爱好与特长,具体有哪些表现?他是如何处理工作与爱好的关系的呢?

诗文

读书可以知历史兴替，读书也可以培养创作激情。宋太宗喜好读书，在理政之余，创作了一系列诗文。

宋太宗的创作，有三个特点：

第一，数量颇多。

根据文献记载，宋太宗的文集共有一百二十卷《宋史·艺文志七》，共五千一百一十五卷轴册，还有数十个御书纨扇，藏于龙图阁中《玉海》卷二十七。

第二，文体丰富。

宋太宗诗文兼工，涉猎各种文体，流传下来的作品涉及诗、赋、铭、碑、箴、序、记、诏、敕、赞等《全宋文》卷七十八。

第三，创作缘由多样。

宋太宗流传下来的诗文，有政治需要，有自我消遣，有君臣唱和，只要有机会，宋太宗就会展示一下自己的文学才艺。

宋太宗经常在宫中举行赏花宴、钓鱼宴，被邀请的多是朝廷重臣以及翰林院学士，这些人大都精通诗文，温文儒雅。在优雅的环境中，在月美味鲜的宴会氛围中，宋太宗君臣总是能激发出创作的激情，文如泉涌。这种文人性质的集会活动，也由此演化成为惯例。

雍熙元年（984）三月，太宗召集宰相、近臣在后苑赏花。宋太宗说：春风暖洋洋的，万物蓬勃，天下太平，朕以天下之乐为乐，百姓高兴了，朕就高兴。这种境况，太适合创作诗赋了。因此，宋太宗令侍从词臣都赋诗助兴。宋朝赏花赋诗的制度自此开始。第二年的春天，太宗将赏花赋诗的参与人员范围扩大，召宰相、参知政事、枢密使、三司使、翰林枢密直学士、尚书省四品、两省五品以上、三馆学士，再次宴于后苑，赏花钓鱼，张乐赐饮，命群臣赋诗习射。当然，在这种场合中，宋太宗总会有作品问世，并乐此不疲。

宋太宗的诗赋水平虽不很高，但还算中规中矩。除固定的文人性质的集会外，他还时不时地吟诗作对，赐给臣下，以此表示对臣子的褒奖。张齐贤为相之时，就获得过这种荣耀。张齐贤是宋太宗朝第一次开科取中的进士。宋太宗对其甚为重视，经常将张齐贤八十多岁的老母亲召至宫中，待老人如同亲人一般。宋太宗感叹老人高寿并且养育了一个好儿子，感慨之余，便写了不少诗来赞叹。其中有一首是："往日贫儒母，年高寿太平。齐贤行孝侍，神理甚分明。"《石林燕语》卷三诗歌虽然没多少艺术价值，纯粹是在说理，但是作为一国之君，可能会更加关注其诗赋的政治性与教化性功能。这首诗对张齐贤母亲的慈爱与张齐贤的孝敬、才能都赞赏有加，倡导母慈子孝。

当然，宋太宗赐给大臣的诗书，有的还带有规劝意味。如礼部侍郎苏易简特别喜欢喝酒，经常沉溺其中，不能自已。对此，宋太宗曾经亲自召见，告诫良久。为

> 春风暄和，万物畅茂，四方无事，朕以天下之乐为乐，宜令侍从词臣各赋诗。——《续资治通鉴长编》卷二十五

> 齐贤在相位时，母入谒禁中，上叹其寿考有令子，多赐手诏存问。——《续资治通鉴长编》卷三十四

了进一步督促苏易简戒掉酒瘾，宋太宗还亲自用草书写了《劝酒》《戒酒》两首诗，让苏易简时常在母亲面前读诗忏悔。从此以后，每次入直，苏易简都不敢再饮酒了。

从整体上看，宋太宗的诗文创作有数量，没质量。尽管他的作品在其生前就已经编纂成集，但真正流传下来的并不是很多。时间是最公正的、最无情的裁判，历史的筛汰最能说明作品的优劣，因为它不需要向权力倾斜，不需要向权力投降。与诗文相比，宋太宗的书法造诣在历史上的地位更高，那么，宋太宗的书法到底如何呢？

> 礼部侍郎苏易简性嗜酒，初入翰林，告谢日，饮已半酣，其后沉湎不已。上尝因接见，诚约深切。——《续资治通鉴长编》卷四十

> 又草书《劝酒》《戒酒》二诗赐易简，令对其母读之。自是每入直，不敢饮。——《续资治通鉴长编》卷四十

书法

宋太宗诗兴大发之时，经常挥毫泼墨，留住灵感大发的一刻。相对于诗文创作，他的书法成就似乎更高一些。宋太宗诸体兼工，草、隶、行、八分、篆、飞白六体，皆极其妙《杨文公谈苑》卷四（《全宋笔记》第8编第9册，大象出版社2017年版），他的书法造诣在中国书法史上有一定地位，这对于一代帝王已属不易。

第一，尤善小草。

宋太宗书法各体皆善，最为擅长的是草书，而这一技艺的渐趋佳境与宋太宗骨子里的勤奋有很

大关系。

宋太宗处理完朝政之后,除了读书,最喜欢的便是练习书法。他经常在听政之余,仔细观察书法作品中的笔法及结构,揣摩不同字体的妙处,书法技艺也增进不少。

> 上听政之暇,每以观书及笔法为意,诸家字体洞臻其妙。——《续资治通鉴长编》卷二十三

练习书法需要有个好老师,宋太宗感觉自己揣摩的字尚不够完美,于是便在朝中寻求可以帮助自己改进技法的老师,有人推荐了王著。王著素有家学,书法很好,犹擅长正书、行草。宋太宗让人将自己感觉写得很好的字拿给王著看,王著看后说:还差把火。王著的意见反馈过来后,宋太宗更加勤奋地临帖练习。等到技艺又进一步时,宋太宗又派人拿给王著看,王著还是回答:不够完美。王著两次否定宋太宗的书法技艺,让前去送字的王仁睿有点接受不了,这也太不给皇帝面子了吧,便询问王著其中缘故。王著很淡然地说:皇帝刚开始学习书法,便骤然称颂他的书法完善到位,那他以后就不会很认真了。王著的再次否定并没有激怒宋太宗,反而进一步激发了他不服输的性格,从此他更加勤奋用心地临帖练习。过了很久之后,宋太宗才派人把作品拿给王著看,王著这次终于松口了,公开称颂宋太宗的书法功力已经很高了,不是他所能企及的。

> 朕退朝未尝虚度光阴,读书外尝留意于真草,近又学飞白。——《续资治通鉴长编》卷二十七

> 遣中使王仁睿持御札示著,著曰:『未尽善也。』上临学益勤,又以示著,著答如前。仁睿诘其故,著曰:『帝王始学书,或骤称善,则不复留心矣。』久之,复以示著,著曰:『功至矣,非臣所能及。』——《续资治通鉴长编》卷二十三

王著最后的称颂之词，或许有些拔高，但是，通过这三次往返，确实可以看出宋太宗在书法方面的勤奋与用心。

第二，喜欢飞白。

飞白体也称"飞白书"，是一种特殊的书体。相传东汉灵帝时，蔡邕看到修饰鸿都门学外墙的匠人用笤帚刷白粉，受到启发，创造了"飞白体"。这种书体，笔画中丝丝露白，立体感、画面感很强，很受文人墨客推崇。

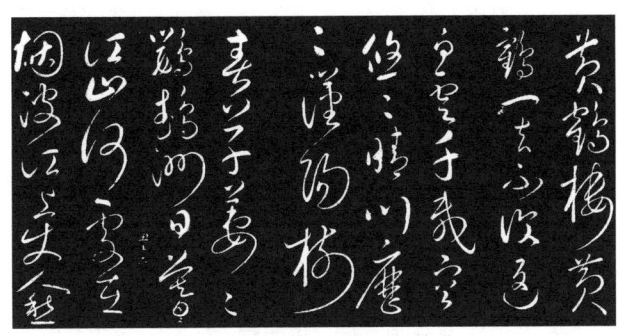

宋太宗草书崔颢《黄鹤楼》局部

宋太宗也很喜欢飞白体，经常用这种书体写大字，一个字有数尺大。擅长书法、懂行的人，对宋太宗的飞白体也由衷地赞叹。翰林院的匾额"玉堂之署"四个大字就是宋太宗用飞白体书写的。宋太宗对飞白体情有独钟，曾经多次将飞白书作品赏赐给朝中重臣。

宋太宗喜欢的草书与飞白体之间有着一定的关联

太宗善飞白，其字大者方数尺，善书者皆伏其妙。——《杨文公谈苑》卷四和相通性，联系起来可以共同提高。同时，宋太宗对书体的选择，还有一定的危机意识。江浙人素来有擅长写小草的声名，但是宋太宗在召见了诸多江浙名士后发现：这些人徒有其名，连运笔造势中的"向背"都不太清楚，只知道一味地随心硬写、装裱成帙罢了。正是因为自己的喜好，正是因为不忍见自己喜好的书体在世间废弃，所以他要用自己的影响力来对书法尤其是草书加以推广。

宋太宗的书法作品很多，在很多地方都留下了墨宝。淳化二年(991)，秘书监李至献上新校的宋太宗墨宝三百八十卷《续资治通鉴长编》卷三十二。宋真宗的时候，又将宋太宗的书法作品进行收录编次，编订为三十余卷，从数量上也可以看出宋太宗对书法的喜爱程度。

第三，编纂《淳化阁帖》。

大宋统一全国之后，将西蜀、后唐所藏的名家书法作品全部运到开封，后来还在全国范围内开展过进献名帖的活动，共同藏于秘阁当中。

淳化三年，宋太宗拿出秘阁所藏历代名家法书，令翰林侍读王著负责编纂成集，世称《淳化秘阁法帖》，简称《淳化阁帖》。被称为《淳化秘阁法帖》有三个原因，一是编纂于淳化年间；二是编纂的是秘阁藏品；三是这次活动是将书法名家的墨迹经过双钩

飞白依小草书体，与隶书不同。——《续资治通鉴长编》卷四十

向来有江浙人号能小草书，因召问之，殊未知向背，但务填行塞白，装成卷帙而已。小草书字极难工，亦恐此书遂成废绝矣。——《续资治通鉴长编》卷四十

太宗留意字书。淳化中，尝出内府及士大夫家所藏汉、晋以下古帖，集为十卷，刻石于秘阁，世传为『阁帖』是也。——《石林燕语》卷三

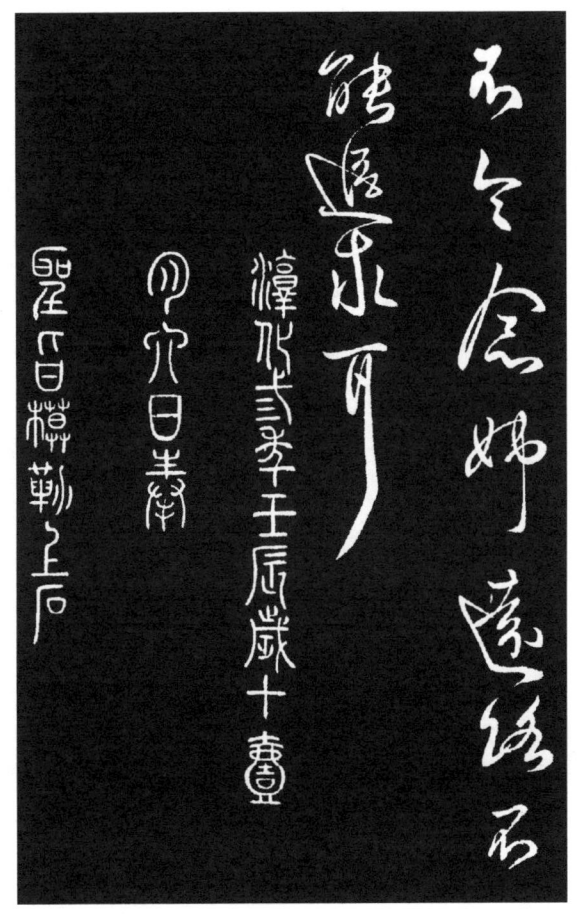

《淳化阁帖》

描摹，刻在枣木板上，然后拓印装订成册。

《淳化阁帖》共十卷，收录的是自先秦至隋唐一千多年的书法名家的作品，共四百二十篇，被称为"丛帖始祖""法帖之祖"，在中国书法史上具有重要地位。

《淳化阁帖》的编纂与刊刻，促进了大宋书法事业的发展，这与宋太宗的提倡与身体力行是分不开的。宋太宗在这件事上确实做得很好，做了一件惠泽万世的大好事，这同样也需要气度。同样是喜好书法，同样是一国之君的唐太宗，在这方面则要大大逊色于宋太宗。唐太宗对书法的喜好，更多是一种个人爱好，而且这种爱好因为帝王的地位而显得有些自私。相传唐太宗生前要求将王羲之《兰亭集序》的真品陪葬于他的陵墓之中。一个是将历代名帖公之于天下，一个是将名家名帖据为私有，其中情怀，不辨自明。

琴法

乐在古代社会具有重要的作用，不仅有怡情之用，而且在国家的礼仪场合以及宴饮场合都要有乐相伴。宋太宗对音乐，尤其是琴道，表现出了极大的热情。他的这种热情不是在乐曲演奏方面，而是在乐器改造与乐谱创新等方面。

第一，乐器改造。

中国的琴，相传是帝舜制作，是五根弦，后来周文王、周武王分别加了一根弦，于是琴便有了七根弦，也就是后来比较通行的"七弦古琴"。

宋太宗认为古琴是古人的发明，代表的是古人的审美，时日已久，今人的审美与古代已经有所不同，古琴也有很多不尽如人意的地方。为了使古琴弹奏出更好的声音，必须进行改革，必须进行创新。

经过一番研究之后，宋太宗决定将五弦古琴再增加四根弦，制成九弦琴，以表达人们丰富的情感变化。但他的改革最初遭到了朝中大臣的反对。其中一位名叫朱文济的大臣，平时专以弹琴自娱自乐，技艺不错。他认为五弦琴现在尚有不绝之余音，七弦琴更不用说了，它们能够流传久远，说明符合乐律，已经足以表达人的情感了，因此，根本没有必要进行乐器改革。

朱文济的反对让宋太宗很生气，但是从他生气、不解的话语中可以看出，宋太宗的乐器改革主张不是那么简单，他有自己的意图在里面，那便是要与古代圣王比肩：古琴本为五弦，为何文、武二王可以增加两弦，我就不能增加呢？其中的自负是很明显的，他就是要和古代圣王比赛，你增我也增，并且要比你多。

当然，宋太宗对自己的乐器改革是有充分的理由的。他解释说，将古琴改为九弦，是为了更好地达于治道。九弦分别代表的是君、臣、文、武、礼、乐、正、民、心。只有这样才能使音律和谐，社会大治。同时，宋太宗还将本有四根弦的阮琴（相传为阮咸所制，形似月

> 古人之意，或有未尽。——《续资治通鉴长编》卷三十八

> 古琴五弦，而文武增之，今何不可增也？——《续资治通鉴长编》卷三十八

> 琴七弦，今增为九弦，曰君、臣、文、武、礼、乐、正、民、心，则九奏克谐而不乱矣。——《续资治通鉴长编》卷三十八

增加为五根弦，以应和五行说，金、木、水、火、土，五材并用，则天下之道不会悖乱。

九弦琴、五弦阮琴制成之后，宋太宗召集朝中大臣来共同验证效果，负责弹琴的是朱文济与蔡裔，经过这一番验证，确实验证出了某些东西。

首先是朱文济的坚守与宋太宗的胸怀。

宋太宗令朱文济用新琴弹奏新曲，但朱文济推辞说不会，拒不演奏。宋太宗对此极为恼怒，这是在群臣面前打他的耳光，公开与他叫板，他怎能忍受这种态度。于是当即赐蔡裔绯衣，赐朱文济绿衣，朱文济的班爵在蔡裔之前，却只有他一个人穿着绿色的官服，宋太宗希望用"激将法"让朱文济屈服。

后来宋太宗又不断地用蔡裔来与朱文济形成鲜明对比，给予蔡裔一定的职位，赐予大量的钱财，但是朱文济并不以此为念，始终不改变自己的立场。后来宋太宗直接命人将朱文济押送到中书，塞给他一张九弦琴，无奈之下，朱文济只得抚琴弹奏。虽然是抚琴弹奏，但是朱文济也仅是抚七弦弹奏，剩余两弦，一直没有碰触，弹奏的乐曲依然是古乐《风入松》。

对于如此坚持的朱文济，宋太宗也没有办法，反而对其称赞有加，最终也赐给了朱文济绯衣。

阮四弦，今增为五，曰金、木、水、火、土，则五材并用而不悖矣。——《续资治通鉴长编》卷三十八

及新增琴阮成，召文济抚之，辞以不能。——《续资治通鉴长编》卷三十八

上怒而赐蔡裔绯衣，文济班裔前，独衣绿，欲以此激文济。——《续资治通鉴长编》卷三十八

及遣中使押送中书，文济不得已，取琴中七弦抚之。宰相问曰：'此新曲何名？'文济曰：'古曲《风入松》也。'"——《续资治通鉴长编》卷三十八

其次是新琴的妙处。

朱文济的坚持，有他的理由，但是这并不妨碍九弦琴的妙处。朱文济不弹奏，还有蔡裔，蔡裔用新琴弹奏之后，朝中精通音乐的大臣听出了新琴与古琴的差异。

阮琴在宫弦中加入了二十丝，称为大宫；武弦中则减去了二十丝，称为小武；由大弦下宫徵的一徵定其声，小弦上宫徵的一徵来定其声。《续湘山野录》

新发明的九弦琴、五弦阮琴，增加了琴弦，琴音肯定比之前丰富细腻了不少，因此得到了众多大臣的一致好评，朝野上下纷纷上书献诗，称颂宋太宗的功绩。

第二，创制新曲。

为了配合新琴，宋太宗又创作了不少新曲，编成《新谱》三十七卷，并让乐工用新琴反复练习，希望能用动听的乐曲来印证自己乐器改革的成功。

第三，重命名宫调。

宋太宗酷爱宫词中的十小调子。十小调子相传是隋朝贺若弼所作，其声音、意义、用手指取声的方法，古今无人能够超越。十小调子分别是：不博金、不换玉、夹泛、越溪吟、越江吟、孤猿吟、清夜吟、叶下闻蝉、三清、贺若。

贺若弼的十小调子的名字，历来没有人做过改变，即便第十个调子的名称早已失传，为方便起见，弹琴者也一般是用贺若弼的姓来指称，称为"贺若"。但是

乃增作九弦琴，五弦阮，别造新谱三十七卷，俾太常乐工肄习之以备登荐。——《续资治通鉴长编》卷三十八

宋太宗认为不博金、不换玉作为调名太俗气，便将"不博金"改名为"楚泽涵秋"，将"不换玉"改名为"塞门积雪"。同时，为了探得十小调子的内蕴，宋太宗命令手下十名大臣各自为一调子撰写一辞，以概括其风格与演奏效果。《续湘山野录》

围棋

弈棋，是中国传统的文人活动，也是带有智力角逐意味的游戏，宋太宗对弈棋几乎到了酷爱的程度。

第一，过招高手。

围棋是智力型的两人棋类游戏，一个人玩不成，必须跟对手斗智斗勇方有意思。宋太宗的棋艺不错，所以与他对弈之人的水平也很高，正所谓高手过招，其乐无穷。

当时陪着宋太宗下棋的人，有贾玄、杨希紫、蒋元吉、李应昌、朱怀璧，都足以称为大国手。在这些人中，以贾玄的棋艺最高，臻于妙境，但贾玄后来因嗜酒病死，之后有个叫李仲玄的年轻人，可以与贾玄媲美，但侍棋一年多也死掉了。

在与诸多高手的切磋之中，宋太宗也找到了迥异于朝政治理的别样成就感，当时有"太宗棋品第一"的美称。即使贾玄等人与他过招，也要甘拜下风，宋太宗与他们下棋之时，每次都要让棋。

这一记载的真实性不得而知，或许朝中大臣有故意做作的可能，但是多种文献都记载了这一故事，或许有一定的真实性，即便宋太宗不是棋品第一，他的棋艺也一定不俗。

第二，发明新招势。

宋太宗喜欢动脑筋，绞尽脑汁地钻研古代的棋谱，从中受益颇多。在此基础之上，宋太宗还有了自己的发明，钻研出了"弈棋三势"。这三势分别是"独飞天鹅势"、"对面千里势"与"大海取明珠势"。宋太宗钻研出新的招势之后，让内侍裴愈拿着棋谱给诸位馆阁学士看，但是没有一个人能够洞晓其中奥妙。于是，宋太宗亲自传授讲解，诸位学士才最终看懂，待了解其中奥妙之后，他们纷纷感叹弈棋三势的神妙无穷。

> 太宗作弈棋三势，使内侍裴愈持以示馆阁学士，莫能晓者。——《杨文公谈苑》卷二

第三，制作图谱。

宋太宗的记忆力也很好，与臣下对弈之后能复盘绝大多数棋局。为了不让精彩的对决成为历史，宋太宗就根据记忆将棋局画下来，制成图谱，放置在秘阁当中。

> 前后待诏等众对弈，多能覆局，为图藏于秘阁。——《杨文公谈苑》卷二

射箭蹴鞠　样样在行

诗文、书法、琴棋之外，宋太宗还有两项绝技：射箭、蹴鞠。

射，乃古代六艺之一，宋太宗对此亦颇在行。宴、射常常不分家，每次春天赏花赋诗之后，往往会有射箭的活动。

比如雍熙元年（984），宋太宗在含芳苑举行宴射，太宗表演结束后，宰相宋琪说：陛下拉弓射箭，一如十五年前在晋邸时那样，百发百中。宋太宗说：我也觉得力气没有衰减，只是那时喜欢在马上射箭，现在很少这样了。当时的北汉降王刘继元、夏州的李继捧都在场，一起称颂太宗神武。宴射是宋太宗经常举行的活动，如果技术很烂，他是不会拿出来显摆的。

蹴鞠就是中国古代的足球运动。蹴鞠在战国时期就已经在民间普及了。据说，宋太宗也踢得一脚好球。

宋代蹴鞠除了带球门的竞技形式，还有一种是"白打"。"白打"是踢出花样，可以一个人，也可以多人一块儿踢，以技巧性为主，相当于现代足球运动当中的颠球。流传至今的一幅《蹴鞠图》反映了宋太宗的球技。这幅画表现了宋太祖赵匡胤、赵光义以及大臣赵普等进行"白打"蹴鞠的情景。这幅画曾被作为2008年北京奥运会主新闻中心内的壁画，展示了当代国人对中国足球的殷切期待。

> 宰相宋琪曰：『陛下控弦发矢，一如十五年前在晋邸时。』上曰：『朕比曩时筋力诚未觉衰，然少喜马射，今不复为矣。』——《续资治通鉴长编》卷二十五

蹴鞠图（赵匡胤、赵光义、赵普以及大臣内侍蹴鞠的场面，藏于天津历史博物馆）
（选自《中国人物名画鉴赏》第四卷，九州出版社2002年版）

双重身份　双重心理

在才艺喜好方面，宋太宗具有双重身份，一种身份是普通的才艺喜好者，出于个人喜好与需求；另一种身份则是一国之君，具有治理国事的权力与义务。

宋太宗的双重身份，决定了他的多才多艺不是那么简单，他的心理很复杂，当然，他的影响也很突出。

第一，喜好与顾忌共存。

宋太宗虽然有自己的喜好，并对此甚为自豪，但是他有时也会心虚，多次借机表白，以免遭到朝中大臣的批评。

宋太宗的表白主要从两个方面进行：

首先，他的爱好无害于国家治理。

雍熙三年(986)十月，宋太宗将自己的飞白书法作品赐给宰相李昉等人，并借机对他们说：我退朝之后没有虚度光阴，除了读书，便是练习一下书法。书法虽然无涉于国家朝政，也不是帝王必要的活动，但是与沉溺于田猎、声色相比，自然是要好很多的。

> 此虽非帝王事业，然不犹愈于畋游声色乎！——《续资治通鉴长编》卷二十七

淳化五年(994)，宋太宗赐给近臣各一轴飞白书，并补赐给出使在外的参知政事寇准十八轴飞白草书。借此机会，宋太宗又对宰相吕蒙正等人说：书法之事并非帝王所必需，我之所以书写，只是在听政之余的闲暇时间自娱自乐一下罢了。

宋太宗这两次表白，明确地表示自己虽有喜好，但是时间控制得很好，是在工作之余放松一下紧张的神经，不会对国家政事造成危害。

> 书札者，六艺之一也，固非帝王之能事，朕听政之暇，聊以自娱尔。——《续资治通鉴长编》卷三十六

其次，他的爱好有利于国家治理。

在表白自己爱好无害于国政的基础上，宋太宗进一步提出，他的爱好不仅无害，而且对国家大大有利。

淳化二年，秘书监李至进新校御书三百八十卷，宋太宗很高兴，说了一番冠冕堂皇的大道理："人之嗜好，不可不戒""人君当澹然无欲"《续资治通鉴长编》卷三十二。作为一国之君，最大的责任便是将国家治理好，其他的嗜好则要戒除。一来如果将精力过多地投入嗜好方面，势必

会占用治国理政的时间。二来一旦有嗜好，奸佞之人便会趁机讨好，致使国君昏乱，国家不安。但是，在这一番大道理之后，宋太宗又说自己没有其他的爱好，就是喜欢看书，从书中可以得知古今成败之事、之理，以求为治理国家服务。

宋太宗说的君主应当戒除嗜好的理由是很正确的，这不仅来自历史的教训，而且有自己的切身体会。他喜欢弈棋，朝中便有大臣投其所好，进献与棋艺相关的《棋说》。在遇到自己喜欢的物品之时，宋太宗总会找到很好的说辞，当然，最好的说辞莫过于此物与国家治道有关。

宋太宗多次借机表白，说明他心里发虚，他心中有担忧。一朝天子有点个人爱好，难道也不行吗？至于这么大费周折吗？

事实证明，宋太宗的担忧不是毫无道理的。

前面我们已经提到过，宋太宗经常与贾玄一起下棋，贾玄棋艺不错，而且能够不断地给宋太宗提供新的棋谱和招势，喜欢突破难题的宋太宗，有时便被吸引住了，沉浸在棋局中出不来。在这样的情况下，朝中谏官就不愿意了，认为贾玄蛊惑君主，占用了宋太宗治国理政的时间，长此以往，会对朝政不利，因此，建议将贾玄杀掉，以塞恶源。

其实，谏官是"醉翁之意不在酒"，他们的矛头是

> 朕年长，他无所爱，但喜读书，多见古今成败，善者从之，不善者改之，斯已矣。——《续资治通鉴长编》卷三十二

> 又作《棋说》千余言以献，上喜叹之，皆涉治道。——《杨文公谈苑》卷六

冲着宋太宗去的，是对宋太宗沉迷于弈棋的批评，贾玄只不过是个替罪羊、批评的由头罢了。

通过这个故事可以看出，作为一国之君的宋太宗有自己喜好的自由，但是他的爱好是有一定的限度的，在不耽误国事处理的前提下，有不同的爱好是多才多艺，是文人雅事，一旦影响了国事，哪怕是有点儿苗头，都会被朝中的谏官抓住，大做文章。看来，君主也有无可奈何之时呀！同时，太宗朝谏官对皇帝个人爱好的干预也反映出宋代官员对朝政的关心与当时较为宽松的时政环境。

第二，个人与国家齐飞。

其实，宋太宗的喜好大多数时候是控制在合理的范围之内的，他的多才多艺不仅没有败坏朝政，而且还促使他做了不少惠及后世的好事，他的喜好不仅仅局限于个人的小圈子，而是具备利于国家层面的意义。

一方面，这些事情是宋太宗文德盛治的重要组成部分。宋太宗与诸位大臣之间的唱和、赠送诗篇、飞白书法作品等，都是沟通君臣关系的重要手段；科举考试中亲自考核诗文，提升了大臣的整体文化品位；搜集、整理儒家典籍，并赐予书院学生，进行主流思想控制。宋太宗把自己的喜好推广到整个国家，便进一步推动了崇文政策，稳固了统治。

另一方面，利用手中权力做大文化事业。宋太宗将自己的喜好加以推广，通过自己一国之君的力量推动文化事业的发展。在宋太宗时代，大宋的文化事业进一步繁荣。宋初崇文抑武、从武到文的转变，宋太祖时就开始了，而真正全面地实现应该是在太宗朝。

通过以上的介绍，我们清楚，宋太宗是一个多才多艺的全能皇帝，这也为大宋文化的全面兴盛奠定了基础。通览宋太宗的一生，除却他即位的不明不白饱受后人非议外，还有一个方面也屡屡遭受后人的诟詈，这就是女色。事实到底如何呢？

寡人无疾

《五十二》

战国时期的思想家孟子进谏齐宣王要施行仁政的时候,齐宣王找借口说:"寡人有疾,寡人好色。""寡人有疾"这个词遂成为"好色"的委婉用语。大宋王朝的第二位皇帝宋太宗,在后人的非议中,"好色"也成为被批判的重要证据。他坐拥六宫粉黛自不必说,而且还有不少绯闻女友。然而宋太宗本人却并不承认此点,他认为自己清心寡欲,认为自己安之若素。事实到底如何呢?是宋太宗真的非常喜爱女色,还是后人给他泼脏水呢?

历史的争议

"食色，性也。"《孟子·告子上》饮食男女之事出于人的本性，本无可厚非。但是，男女之事放到帝王身上，却有可能影响国家大事，有可能给帝王招来数以万计的"口水""唾沫"。纵是一代明君，也难逃舆论讨伐，历史上的唐明皇就是最典型的例子，大宋的第二位皇帝宋太宗也没能逃脱。

宋太宗是否好色，存在着两种截然相反的说法：

第一，不好色。

最先提出宋太宗不好色的，而且一直力主此观点的，不是别人，正是宋太宗本人。宋太宗有两段比较有代表性的言论：

一段言论见于雍熙元年(984)。

宋太宗对侍奉他的近臣说了一番话，表达了他本人对待后宫妃嫔的态度。宋太宗说自己读了《晋史》之后，发现晋武帝在平定吴国之后，沉溺于与宫廷妃嫔的男欢女爱之中，后宫人数至数千人之多。对此，宋太宗认为一来耗费巨大，二来失却君王之道，因此常常引以为戒。宋太宗以史为鉴的直接结果是，后宫之中，上到后宫主管，下到干粗活儿的杂役，不过三百人，而且他还感觉有点多。

宋太宗的话说得很有水平，将自己与晋武帝做对比，

> 朕读晋史，见武帝平吴之后，溺于内宠，后宫所蓄殆数千人，深为烦费，殊失帝王之道，朕常以此为深戒。今宫中自职掌至于粗使，不过三百人，朕犹以此为多矣。——《续资治通鉴长编》卷二十五

将三百宫人与数千宫人做对比，数据很直观，如此说来，宋太宗确实不是沉溺于女色的皇帝。

另一段言论见于淳化四年(993)。

宋太宗再次表明了态度：自己平素最关心的是怎样济世安民，而不是追求妻妾成群；一直以来以羡门、王乔等清心寡欲之人为榜样，以妃嫔众多的秦始皇、汉武帝为戒，以免惹来后世的非议。

宋太宗的这段言论与雍熙元年(984)的言论相互照应，可以看出宋太宗在女色问题上，有着清醒的洁身自好意识，有着很深的忧患意识：不能让女色摧毁了自己的万世功业，也不能让女色为自己引来后世的唾骂。

第二，好色。

宋太宗自己说得很好，在男女问题上的表态也很坚决，但是，事与愿违，历史上对于他的评价，却总少不了"好色"。"好色"成为宋太宗头上挥之不去的标签，也成为后代人质疑其人格的理由之一。

那么，宋太宗是在说假话吗？这是否可以列为宋太宗人品不佳的表现呢？

六宫粉黛

为了回答这一问题，我们先来看一下宋太宗后宫的情况，以此验证宋太宗两番表白的真假。

朕以济世为心，视妻妾似脱屣尔，恨未能离世绝俗，追踪羡门、王乔，必不学秦皇、汉武，作离宫别馆，取良家子以充其中，贻万代讥议。——《续资治通鉴长编》卷三十四第一，妃嫔设置。

根据《宋会要辑稿》的记载，宋朝承续旧制，其后宫设置，自皇后以下，有贵妃、淑妃、德妃、贤妃、昭仪、昭容、昭媛、修仪、修容、修媛、充仪、充容、充媛、婕妤、美人、才人。而宋太宗的后宫妃嫔可考的有：

皇后：淑德皇后尹氏、懿德皇后符氏、明德皇后李氏、元德皇后李氏。

贵妃孙氏，太平兴国三年(978)曾经为才人。

贵妃臧氏，端拱二年(989)封为美人，至道三年(997)进封昭容。

贵妃方氏。

淑妃王氏。

贤妃高氏。

贤妃邵氏。

淑仪李氏，淳化四年(993)为昭仪。

淑仪吴氏，太平兴国五年为美人。

才人朱氏，淳化四年为才人。

以上所列，赵元佐与赵恒的生母李氏、赵元偁生母王氏，都不在其中。李氏被封为陇西郡夫人，王氏被封为金城郡君。另外还有其他不可考的，如赵元僖、赵元份、赵元杰、赵元偓的生母等，都未有记载。

从以上妃嫔的列举可以看出，宋太宗朝后宫可考的职位设置就已经占据了宋朝后宫设置的绝大部分，另外还有宋太宗的贵妃在宋真宗朝相继有昭媛、淑仪、顺容等称谓，宋真宗朝距离宋太宗最近，当时的妃嫔设置应该与宋太宗朝区别不是太大,所以,可以推断《宋会要辑稿》中所提到的名目众多的后宫设置,在宋太宗朝应该都有了。

第二,妃嫔数量。

根据宋太宗后宫妃嫔设置的级别,可以看出宋太宗后宫的规模也不小。那么,具体数量应该有多少呢?

宋太宗自己说过后宫中的服务人员,总共不过三百人。但是,他的这种说法遭到了两种挑战。

挑战一:武程的上书引起怀疑。

根据《续资治通鉴长编》与《随手杂录》的记载,淳化四年(993),有个叫武程的人上书,乞请宋太宗释放后宫宫女三百人,这三百人正是宋太宗所说的后宫宫人总数。如果后宫真如宋太宗所说仅有三百人,那么放走了这三百人,后宫诸种事务如何打理?此后宋太宗讲了一番自我表白的话,而且也没对这个雍丘县尉予以治罪,认为武程对于宫中之事不太了解。宋太宗的表白是真实的吗?似乎不是。后来宋真宗的一些做法泄露了真相。

挑战二:宋真宗的做法泄露真相。

至道三年(997),宋太宗驾崩之后,宋真宗即位。宋真宗即位不久,就做了一个决定:外放宋太宗朝某些年纪大的宫人。宋真宗之所以做出如此决定,有一

> 太宗朝,武程乞放宫人三百人,帝喻执政:"宫中无此数。"——王巩《随手杂录》(中华书局2017年版)

> 程疏远小臣,不知宫闱中事。——《续资治通鉴长编》卷三十四

个关键问题，便是后宫之中的妃嫔与宫女太多，整日幽闭宫中，甚为可怜。

宋真宗的这一决定与武程上书，仅仅相隔四年，而且这四年是宋太宗临近死亡的四年，宋太宗再大量招纳妃嫔的可能性不大，所以，当初武程上书并非不了解宫闱之事的虚妄之言，而是宋太宗刻意的掩饰。不过，令宋太宗没有想到的是，自己苦心经营的后宫轻简的形象，被他儿子的仁政之举给彻底毁了，谎言终究还原为谎言。

第三，妃嫔来源。

宋太宗的妃嫔至少有三个来源：

一是从民间选取。

《续资治通鉴长编》中记载了这样一件事，宋太宗登基后不久，在常州一带普遍流传着朝廷要遴选良家女子以充后宫的消息，民间大为惊恐，纷纷嫁女，也不管什么媒妁之言了，也不用走一般的嫁娶程序了。虽然后来有官方出来辟谣，不过这也说明民间选秀的确是充实后宫的一条重要途径。

二是买卖抢夺。

《默记》记载了宋太宗为开封尹时，有一个青州人带着十多岁的女儿到开封府诉讼财产之事。宋太宗一见面就喜欢上了这个青州人的小女儿，派人用钱去买，青州人没有同意。后来他手下的官员偷偷用手段将此

> 甲申，上谓辅臣曰："宫中嫔御颇多，幽闭可闵，朕已令择给事岁深者放出之。"——《续资治通鉴长编》卷四十一

> 不俟媒妁而嫁者甚众。——《续资治通鉴长编》卷十八

女子弄到了赵光义府中。根据《默记》的记载，对照宋太宗的诸位妃嫔，这位青州女子与宋太宗的贤妃邵氏比较接近。

为了一个心仪的女人，不惜动用下三烂的手段，而且还敢于为此与宋太祖斗心眼，可见，宋太宗也曾为了女人而不惜一切。

三是接手战败国妃嫔。

宋太宗收归己有的战败国妃嫔，主要有两个来源：

一是来自北汉。宋太宗亲征北汉之时，大败北汉守军之后，将北汉降王的后宫妃嫔尽数收纳。

二是来自南唐、后蜀等地。宋太祖还活着的时候，收复后蜀、南唐，顺便将这两地的宫人一块儿收了。宋太宗自然接收了这些佳丽。南唐后主李煜的宫人被宋太宗收入宫中的有臧氏、乔氏等，其中臧氏后来被封为贵妃，是赵元偁的生母。

第四，妃嫔随侍军中。

宋太宗的妃嫔除了在后宫侍奉之外，在宋太宗外出之时也要随侍。一般的外出倒也可以理解，如果是出兵打仗带着女人，则是行军之大忌，一来影响将士的军心，二来一旦被擒，就会成为敌人要挟的工具。

宋太宗御驾亲征之时，不管这种忌讳，依然一

> 太宗判南衙时，青州人携一小女十许岁，诣阙理产业事。太宗悦之，使买之，不可得……（安）习刀截银一二两少块子，不数日，窃至南衙……其青州女子，终为贤妃者是也。——《默记》卷下

> 乘胜北征契丹，时所得北汉妃嫔皆随御。——《烬余录》甲编

路从开封带着自己的妃嫔。有两处记载可以证实这一点：

证据一：《默记》的记载。根据《默记》卷中的记载，高粱河一战，宋太宗自己逃脱，而"从人宫嫔尽陷没"。

证据二：《万历野获编》的记载。《万历野获编》记载了宋太宗北征辽国之时，有个叫李芳仪的妃嫔，随侍于宋太宗左右。

通过以上所列几点，可以看出宋太宗的妃嫔设置种类繁多，数量不少，来源丰富，随侍左右，他对于女色确实是欣然好之。

> 唐中主女号李芳仪者，备太宗后宫，北征契丹，侍驾以行。——沈德符《万历野获编》卷二十八（中华书局1959年版）

绯闻女友

或许有人会说了，古代哪个皇帝不是妃嫔众多，仅以此就说宋太宗好色，似乎有点牵强。其实，后人批评宋太宗好色，除了他不择手段掠取女子以及行军也要妃嫔随侍外，更重要的是因为他的几个绯闻女友。

第一，花蕊夫人。

花蕊夫人本是后蜀孟昶的宠妃，因国破家亡，随孟昶一起到了开封，孟昶暴卒后，宋太祖便将花蕊夫人留侍宫中，宠爱万分。

根据《烬余录》的记载,对于花蕊夫人这样一个令无数男人心动的女子,赵光义自然也动了心思。在宋太祖重病期间,赵光义前去侍疾,恰好花蕊夫人也在旁边。到了半夜,赵光义看着身旁貌美如花的花蕊夫人,心中不觉一动,之前一直没有机会与花蕊夫人独处,现在岂不是上天赐予的好机会。于是,赵光义轻声呼叫了一下宋太祖,或许是因为病情严重,宋太祖并没有回应他的呼叫,这无异于给了赵光义更大的勇气,趁着这一时机去调戏花蕊夫人。花蕊夫人没料到赵光义在宋太祖病重之时当着宋太祖的面会有如此举动,因此一时有些慌乱,反抗动作有些大,发出了较大的声响,将重病之中的宋太祖也吵醒了。被吵醒之后的宋太祖大怒,一时之间没有更好的发泄途径,拿起玉斧就向赵光义砍去,不料力气不够大,玉斧掉到地上。但这一怒一扔,最后竟要了宋太祖的性命。

> 太祖寝疾,中夜,太宗呼之不应,乘间挑费氏。太祖觉,遽以玉斧斫地。皇后、太子至,太祖气属缕,太宗惶窘归邸。——《烬余录》甲编

徐大焯《烬余录》的记载,将宋太祖的死与宋太宗的花心联系到一起,这与宋太祖死亡的真相不符,我们在《宋太祖赵匡胤》中已经有所提及。但为什么笔记小说会有如此的附会?或许与当时的传闻有关。从宋太宗的行事风格来看,即使他对花蕊夫人早就垂涎已久,也多半不会因为一个女人而弃其政治大业于不顾,更不会因为一个女人而行篡弑之举。不过,他被一个女人吸引而花心应该不是多么意料之

外的事。

第二，小周后。

小周后是李煜的爱妻，后来被宋太宗封为郑国夫人。关于宋太宗与小周后之间的关系，有两个流传较广的故事。

故事一：宋太宗召幸小周后。

此故事见于王铚的《默记》。南唐灭亡之后，小周后随从李煜归顺大宋。按照当时大宋的规定，小周后经常要跟其他朝廷命妇入宫请安。但是与其他命妇不同的是，请安完毕之后，其他人可以回到自己家中，小周后却要留在宫中，几乎每次都要在宫中待上数日才能回到李煜身边。小周后在宫中的活动，《默记》没有明说，但是通过小周后回到李煜府中之后的表现，可以推测出一二。小周后每次回去之后，毫无例外地上演两出戏：一是哭，二是骂，哭骂之声很大，外面的人都能听到。被留宫中数日，哭泣，责骂，三者结合到一起，可以形成一个故事：小周后被宋太宗留在了后宫之中侍奉，在强权之下，小周后只能强颜欢笑，不敢抵抗。但是，遭受凌辱，小周后还是内心不甘，强忍多日的委屈只能是回到李煜身边之后，一下子集中爆发了。

对于小周后的这种表现，李煜则是忍辱负重，不敢应对。有什么情况可以让一个男人在妻子多次的

> 李国主小周后，随后主归朝，封郑国夫人。例随命妇入宫，每一入辄数日而出，必大泣骂后主，声闻于外，多宛转避之。——《默记》卷下

责骂与哭泣声中，还能委曲求全，不加追究？那必定是强权之下的无奈。对于李煜来说，作为亡国之君，寄人篱下，时时处于危险之中，面对宋太宗欺凌小周后的现实，他只能打掉了牙往肚子里咽。但是，对于小周后来说，不仅不能得到丈夫的保护，而且还需要她一介弱女子通过出卖色相维持他们的生存，她能不恼吗？

故事二：《熙陵幸小周后图》。

此故事见于沈德符的《万历野获编》卷二十八、王士禛《带经堂集》卷九十二、姚士麟《见只编》等。熙陵，是宋太宗死后的陵墓名，后人以此代指宋太宗。

此画据说是宫廷画师赵元廷等人所画，当时宋太宗事先让画师在一旁等候，然后召小周后侍寝，小周后不太情愿，宋太宗便让几个宫女摁住小周后，遂得偿愿。整个过程被画师用画笔留存下来。

根据《万历野获编》的记载，《熙陵幸小周后图》被绘制的时间，正是小周后经常被召进宫数日不出之时。这个记载可以弥补《默记》留存下来的历史空白，至此，小周后每次回去之后必定哭泣责骂的原因就更加清晰了。

从这两个故事可以看出，宋太宗仗着自己的权力凌辱小周后的可能性是很大的。

> 偶于友人处，见宋人画《熙陵幸小周后图》，太宗头戴幞头，面黔色而体肥；器具甚伟；周后肢体纤弱，数宫人抱持之，周作蹙额不能胜之状⋯⋯盖后为周宗幼女，即野史所云：每从诸夫人入禁中，辄留数日不出，其出时必詈辱后主，后主宛转避之。即其事也。——《万历野获编》卷二十八

第三，宋皇后。

宋皇后是宋太祖的皇后，历史上也有宋太宗与宋皇后的绯闻，认为宋太宗在宋太祖死后，将他的嫂子也收纳为己有。此种观点的由来，与两处记载有关：

记载一：宋太祖死后，宋皇后便对时为晋王的宋太宗说："吾母子之命，皆托于官家。"而宋太宗也没有推辞，说："共保富贵，勿忧也！"宋皇后与宋太宗的这段对话，可以理解为宋皇后在当时政治争斗背景之下无奈的妥协，自然也可以理解为不正当关系的起端。后一种理解也不全是想当然，宋太祖死后，宋太宗立即册封宋皇后为开宝皇后，允许她不出后宫，自己竟然也不立皇后，这种做法与当时的制度大相违背，难免让人猜疑二人之间是否达成了某种妥协。

记载二：至道元年(995)四月，宋皇后死了。按照旧制，应该给予宋皇后厚葬，群臣要为其穿丧服，但是宋太宗将这些都取消了，而且还不允许将宋皇后葬入宋太祖的皇陵。差不多在两年以后的至道三年正月，才将其葬于永昌陵北。这种不同寻常的做法，使得后人猜测很多，那便是宋太宗因为对宋皇后有意，所以，不希望宋皇后与太祖合葬，而是要跟他合葬。

持此观点的人提出的两条证据，都可以进行另

开宝皇后之丧，群臣不成服，禹偁与宾友言："后尝母天下，当遵用旧礼。"——《续资治通鉴长编》卷三十七

外一番解释，在无其他证据的情况下，都不足以成立。记载一中宋皇后的托付，是形势逼迫之下的无奈举动。记载二中宋太宗不准为宋皇后服丧的原因，虽然史书未予记载，但完全可以理解为宋太宗对她当初派人请赵德芳即位的恼怒。事实到底如何，已经没有办法复原，不过，宋太宗的这种态度实在看不出有多少温情，即使是想死后与宋皇后葬于一处，那也没有必要在人死之后如此绝情。如果真是有绯闻，又做得如此绝情，那么，宋太宗不是心狠之人，便是一位优秀的影帝。所以，宋太宗与宋皇后之间有不正当关系的可能性不大。

虽然笔记中的记载或许道听途说的成分居多，但是如此多的材料指向同一个人、同一个主题，那么，宋太宗喜爱美色，并且为了达成所愿，不惜采用卑劣手段，这应当是可以成立的。

真相何在

一方面，宋太宗标榜自己不喜女色；另一方面，不少的文献记载又显示宋太宗是好色之徒。那么，事实究竟为何？

第一，好女色是事实。

六宫粉黛与绯闻女友，都不是空穴来风，都是宋太宗好色的重要证据，任谁都否认不了。

第二，寡情欲也是事实。

这话与第一条似乎存在矛盾，好色与寡情欲是不能兼容的，但在宋太宗的生活中，好色与寡情欲确实都是存在的，这主要有个时间段的问题。在人生的绝大部分时间里，他对于女色是欣慕的，但在人生的后半段，他对于女色，与之前相比，可能有所收敛。

宋太宗前后的变化，与他人生中的关键事件——中箭受伤有关。从太平兴国四年(979)高梁河一战中箭开始，宋太宗生命的最后十八年，都在与箭伤作斗争，当然因为有名医为其治疗，并非每天都在承受箭伤的痛楚。自从中箭受伤之后，宋太宗非常注重养生之道，饮食起居都非常在意，其中就有对于情欲声色的态度。有几则材料可以说明宋太宗在受箭伤之后对于女色情欲的改变。

第一，咨询长寿者养生之道。

《渑水燕谈录》记载了一个故事：端拱初，宋太宗下诏遍访天下高寿之人，前青州录事参军麻希梦，当时已经九十多岁。宋太宗将麻希梦召至皇宫，询问养生之道，麻希梦给出的高寿秘方有三：寡情欲、节声色、薄滋味。三条秘方中，除却薄滋味一条，其他两条都是要求节制情欲，远离女色。麻希梦的这个建议，宋太宗欣然接受，还提高了麻希梦的退休级别，并且在日后的生活中也是以高寿的麻希梦为榜样，恪行节欲。

第二，采取其他手段转移对女色的注意力。

宋太宗喜欢下棋，棋艺也不错，经常找一个叫

> 它日，访以养生之理，对曰：『臣无他术，惟少寡情欲，节声色，薄滋味，故得至此。』——《渑水燕谈录》卷三

> 诏以为尚书工部郎中致仕。——《渑水燕谈录》卷三

贾玄的大臣陪着他下棋，时间一长，朝中的谏官就开始劝谏。对于谏官的谏言，宋太宗一句话道破了内心真实的想法，也说出了他的无奈：我之所以如此，只不过是为了躲开六宫的诱惑罢了！原来，宋太宗哪里是喜好下棋到废寝忘食的地步，而是宫中妃嫔的诱惑太大，容易让他迷失，为了自己的健康，还是能躲就躲吧！

年轻的宋太宗好色，年纪大了的宋太宗也好色，但是，为了活命，中箭之后的宋太宗毫不犹豫地选择减少情欲的侵扰。好色是其本性，不好色是迫于无奈的保命之举。

"不好色"是宋太宗自我标榜的重要由头，除了前面我们提到的两处之外，还有一条比较常用的材料：

端拱元年(988)，宋太宗下了一道手诏告诫赵元僖等皇子。在手诏中，宋太宗以自己作为例子来进行教育，说自己自即位以来，艰苦朴素，对外禁绝田猎之乐，对内则不喜欢声色之娱。这一番言论，宋太宗以"真实之言，故无虚饰"《续资治通鉴长编》卷二十九来概括，是宋太宗在女色问题上对自己的总结。

自然，联系前面的材料，宋太宗的自我标榜是有夸饰成分在里面的，至少即位初期他对女色是没有节制的，甚至是中箭之后也并非完全不近女色。

> 朕非不知，聊避六宫之惑耳。——孔平仲《孔氏谈苑》卷四（中华书局2012年版）

> 即位以来，十三年矣。朕持俭素，外绝畋游之乐，内却声色之娱。——《续资治通鉴长编》卷二十九

那么,他三番两次地标榜自己的原因何在呢?他有什么意图呢?

第一,打造圣君明主形象。

宋太宗几次标榜自己不近女色,宣讲的对象是他的朝臣、他的儿子,一个皇帝要维持自己的正面形象,才能统摄住群臣,才能引导好儿子。同时,宋太宗总喜欢以圣君明主的形象出现,他经常将自己与历史上的明君比肩而立,来喻指自己的赫赫功业。

圣君明主有很多标准,也有很多禁忌,其中,好色就绝非圣君明主的表现,这是"殊失帝王之道"《续资治通鉴长编》卷二十五的事情。因此,不管自己是否真的好色,宋太宗都要将自己打造成一个少私寡欲、生活清简的君主,也就是不管内里是如何不堪,面子工程一定要做好,做强。

第二,与宋太祖的比对意识。

前代圣君明主很多,能够进行比对的人也不少,但是,这些人对于大宋百姓来说,还是有些遥远,影响相对要小一些。在当时,无论是从大宋百姓,还是从宋太宗本身来说,有一个直接而又绕不过去的对照,便是宋太祖。

根据《隆平集》的记载,宋太祖之时,后宫人数有二百八十余人,后来又因为水灾,减少至二百三十人。有宋太祖作参照,宋太宗即使好色,即使想增加

> 建隆初,后宫止及二百八十余人;开宝五年水灾,太祖遍谕之曰:"愿归者,以情言!"得五十余人,赐白金、帷帐遣之。——《隆平集校证》卷一

后宫妃嫔数量，他也不敢过度张扬，不敢大胆承认，这就是宋太宗两次咬定一共"三百人"的理由所在。三百人，跟宋太祖的二百八十余人，相差不大，大宋百姓与满朝文武还是可以接受的。一旦两者的距离拉大了，那么，宋太宗面对的讨伐声就会多起来。

所以说，生性好色的宋太宗，很可能因为箭伤而不得不疏远女色，因为面子工程，又不得不在不同场合标榜自己的清简生活，但宋太宗所言并非都是事实，因此一些笔记里面便有了与此相关甚至添油加醋的记载，便有了后人对其好色的批评与指责。不管怎么说，宋太宗的好色，毕竟是"私生活"，是他的私德。除此以外，对其一生，尤其是在位的二十二年，后人如何评价呢？

历代评说

五十三

至道三年（997），宋太宗带着无限的眷恋离开了他付出无数心血的大宋王朝，留下了他辛辛苦苦打造的江山社稷，当然也留下了后人评说的众多谈资。从宋代开始，历经元明清，世人学者对宋太宗的一生功过从不同方面进行了评价，或言及其赫赫功业，或提及其治国不当，或论及其诸多美德，或涉及其人性缺点。不同时代的功过评说，与评论之人所处的时代、个人的情感趋向有直接的关联。那么，宋元明清四个朝代的人们对于宋太宗有着怎样的评说？我们从中又可以看到宋太宗哪些不曾提及的事迹呢？

宋人评宋太宗：风景这边独好

宋太宗死后，首先出现的自然是宋朝人的评价。因为宋太宗死后大宋的江山社稷掌握在赵氏家族手中，所以，社会舆论对宋太宗的评价在整体上是赞声一片。宋朝人对宋太宗的赞颂主要集中于以下几个方面：

第一，辅佐太祖打江山。

这一方面以《东都事略》为代表。《东都事略》的作者是南宋初年的王称，他对宋太宗的一生做了比较详尽的评述。王氏认为，在大宋江山的建立与稳定过程中，宋太宗起到了重要作用，辅佐宋太祖打江山，定江山，功业卓著。对于宋太宗的努力与成绩，宋太祖看在眼里，记在心里，所以最后决定将大宋的江山传给宋太宗。

《东都事略》认为由宋太宗即位出于宋太祖的本意，是宋太宗自身能力的体现，是宋太宗通过努力换来的。

与此相应，苏门六君子之一的李廌（zhi）也为宋太宗即位正名，认为是宋太祖行禅让之美德，将皇位主动传给了宋太宗。

对于宋太宗来说，他一生最为在意的就是即位的合法性问题，他一生中最大的污点也在即位问题

> 太宗以英睿之姿，佐太祖定天下，开子孙帝王万世之业。故太祖勤勤于传袭，非特以昭宪顾命而已。——《东都事略笺证》卷三

> 帝以神武圣文左右太祖自布衣取天下，以汤武拯济之功全尧舜揖禅之美。——《苏门六君子文粹》卷四十八（景印文渊阁四库全书本）

上，他一生中许多事情都是从证明即位的合法性出发的。宋代人将宋太宗的即位视为宋太祖的禅让行为，而且是明智之举，很明显，这是出于对宋太宗的维护，也是出于对大宋王朝的维护：第二位君主若是杀兄篡权之人，那么大宋之后的皇帝便是无德之人的后代，宋代的子民也是无德之人的子民，自身的面子定然也挂不住。

第二，开创统一大业。

宋太宗统一了全国，结束了混战局面，这不仅在当时是大宋军民颇感自豪的事情，在宋太宗死后也是极为重要的可供炫耀的大事，为大宋文人所津津乐道。《东都事略》对此大加赞赏，认为这是大宋威德鼎盛的体现，并且认为宋太宗之所以能成就如此功业，主要在于宋太宗英明果敢，德行深厚。

> 宋之威德，斯为盛矣。——《东都事略笺证》卷三

第三，推动文化事业发展。

宋太宗年轻时就喜欢读书，后来将自己的爱好推之于世，成就了大宋崇文政策，建立了煌煌功业。

宋代人对于宋太宗的评价很高，认为他一生功勋卓著，是后代帝王的榜样。他为人睿智有文德，为政盛美有准则，可以与唐太宗比肩而立，争雄天下。

> 及绍大统遂集大勋，巍巍成宪，为宋太宗，则其德业睿智煌煌然，与唐文皇争雄矣。——《苏门六君子文粹》卷四十八

> 太宗以明继圣而能广文之声。——《东都事略笺证》卷三

宋代人对宋太宗的赞美，有心存顾忌的成分，也有长期形成的自豪感在起作用。大宋建立，结束了五代纷争，统一了南北疆土，拯救百姓于水火之中，社会趋于稳定发展，这确实是大宋前两位皇帝不可磨灭的贡献，也是宋太宗一生中最大的贡献。应当说，宋人对宋太宗的态度，有私心在里面，但也是事实。只不过，以王称、李焘为代表的宋人在宋太宗即位问题上为其做了不够客观的袒护。

元人评宋太宗：功大于过

元代人没有宋代人的顾忌与私心，以旁观者的眼光来看待北宋建国初期的历史，他们对宋太宗的评价要相对客观一些。元代人对宋太宗的评价，比较有代表性地集中在《宋史》中。《宋史》是以元人脱脱领衔编修的，对于宋太宗的评价，基本上概括了宋太宗一生的功过。

《宋史》将宋太宗定位为一位"贤君"，对于大宋王朝有着彪炳史册的赫赫功绩。《宋史》总结的宋太宗一生的功德，主要表现在：

第一，削平天下之志。

《宋史》认为，宋太宗一生志向高远，立志要平定天下，统一全国。为了实现这一目标，宋太宗

帝之功德，炳焕史牒，号称贤君。——《宋史·太宗本纪二》

帝沉谋英断，慨然有削平天下之志。——《宋史·太宗本纪二》

分阶段分步骤地使用了怀柔政策与战争手段：陈洪进、钱俶相继纳土，平北汉，伐辽国，后来又有与交州、党项李继迁旷日持久的战争。

战争必定会对社会生产生活造成破坏，但是在《宋史》的作者看来，宋太宗发动的一系列战争，虽然引起了各种各样的问题，但大宋的百姓对此并没有感觉到痛苦，也没有发生祸乱，而是一如既往地支持宋太宗。

> 干戈不息，天灾方行，浮赋日至，而民不知兵；水旱螟蝗，殆遍天下，而民不思乱。——《宋史·太宗本纪二》

《宋史》对宋太宗发动战争的看法，显然不是很客观，旷日持久的战争到了后期，引发了百姓的不满，这一苗头在雍熙北伐之中、之后都有大臣相继指出。《宋史》之所以会有如此的评价，是因为在元人看来，宋太宗有着独特的人格魅力与独到的治国方法。

第二，洁身自好。

宋太宗之所以能够笼住百姓之心，一个很重要的原因是他在日常生活中严格要求自己，为人节俭，不爱奇珍异玩，不近女色，不沉迷田猎之事。

宋太宗不近女色之事，我们在前面已经做过说明，他前期好色，后期则对女色有着主动的排斥。《宋史》在评价时有着一定的选择性。但宋太宗为人节俭则是事实，并不是《宋史》的偏袒之辞。

> 帝以慈俭为宝，服浣濯之衣，毁奇巧之器，却女乐之献，悟畋游之非。——《宋史·太宗本纪二》

宋太宗虽然贵为天子，却是处处俭约自持，不敢奢侈浮华。

宋太宗退朝之后，换下龙袍，他的穿着打扮是这样的：头戴华阳巾，穿着粗布衣服，系着缯制成的带子，完全平民化的打扮。估计放到百姓堆里，谁也不会想到他就是当今圣上。如果要微服私访，宋太宗可以从后宫立即出发，根本无须"化装"。

外衣是别人看得见的，装装样子也有可能，但是贴身穿的内衣是一般人看不到的，那么，宋太宗的穿着是不是表里不一呢？

宋太宗的简朴穿着不是表面工作，不是迷惑别人的举动。宋太宗的内衣是由一般的绢布做的，没有经过特别定做、加工，并且内衣经多次洗涤之后仍舍不得扔掉。除此之外，宋太宗日常必备的生活用品以及乘舆等，也没有增添。

生活中如此节俭的宋太宗，在治国理政当中将节俭进行到底，史书中记载的宋太宗躬行节俭的事例有很多。

事例一：变废为宝。

淳化四年（993），有关部门上报说油衣帐幕损坏的有数万段，准备将其毁弃，换成新的。宋太宗则认为这样处置有些浪费，便想了一个"变废为宝"的方法，将这些帐幕煮洗之后，染上各种不同的颜色，制作了数千面旗帜。

> 上性节俭，退朝常着华阳巾，布褐、绅缘。——《续资治通鉴长编》卷三十一

> 内服惟绅绢，咸屡经浣濯。——《续资治通鉴长编》卷三十一

> 乘舆给用之物，无所增益焉。——《续资治通鉴长编》卷三十一

> 戊子，有司言油衣帟幕破损者数万段，欲毁弃之。上令煮浣，染以杂色，刺为旗帜数千。——《续资治通鉴长编》卷三十四

事例二：毁掉奇珍异玩。

淳化元年（990），宋太宗下令将左藏库所掌管的金银器皿尽数销毁。掌管此事的官员上言说这些器皿当中不乏精工之作，希望可以将某些精品留存下来，给宋太宗把玩欣赏。对于这一好心，宋太宗并不领情：我用不着这些东西！你们以奇珍异宝为贵，我则是以节俭为宝。自然，这一批珍奇异玩就被毁掉了。

或许有人认为宋太宗的做法有些极端，你不用也不一定要毁掉呀，如果不毁掉，留存到现在，那是多珍贵的宝贝呀！但恰恰是这一极端的例子，与前面的例子一起，从正反两个方面，共同折射出宋太宗力倡节俭的原因。

首先，俭以立国。

中国老百姓有句俗语："不当家，不知柴米贵。"作为一国之主，宋太宗是大家庭的当家人，需要照顾的人太多，需要面对的事情也太多，为了把这个大当家的当好，他必须处处仔细计算，时时小心对待。

其次，俭以养德。

如果过分喜爱、把玩奇珍异玩，势必会玩物丧志，对国家政治有害。为了避免此种恶果出现，宋太宗坚决将恶端扼杀在萌芽之中，力倡节俭，杜绝歪门邪道的出现，力求在群臣中间树立敦厚风尚。

> 乙巳，令左藏库籍所掌金银器皿之属，悉毁之。有司言中有制作精巧者，欲留以备进御。上曰："将焉用此？汝以奇巧为贵，我以慈俭为宝。"卒皆毁之。——《续资治通鉴长编》卷三十一

第三，勤政爱民。

以"拼命三郎"著称的宋太宗，对于国家政务勤勤恳恳，不敢懈怠。在治国理政过程中，宋太宗体恤百姓，以百姓之心为心，故而赢得了百姓的拥护与支持。

勤政爱民确实是宋太宗为政过程中比较为人称道的一点。

一方面，宋太宗以切实的措施维护百姓的利益。雍熙元年(984)，天气干旱，因天灾受到影响的澶州百姓诉请免除赋税。此次请求免税的人员众多，受灾二十亩以下的百姓也参与其中，免税的人数过多，因此澶州官员请求宋太宗不要听从百姓的要求。但是，宋太宗却认为朝廷的恩泽不仅要施及大户，也要施及贫民百姓，不能以土地的多少而区别对待，并亲下诏书告知各地，检查旱灾情况，确定免税数量。这一事例便是被《宋史》津津称道的"欲尽除天下之赋以纾民力"。

另一方面，整顿吏治，打造勤政爱民、廉洁自律的官员队伍。官员是国家各层级事务的直接负责人与舆论引导者，他们的一言一行势必会对国家、百姓产生直接影响：官员称职，百姓受益；官员渎职，百姓遭殃。宋太宗采取了严格

勤以自励，日晏忘食。——《宋史·太宗本纪二》

澶州言民诉水旱二十亩以下求蠲税者，所需孔多，请勿受其诉。——《续资治通鉴长编》卷二十五

上曰：『若此，贫民田少者，恩常不及矣。灾沴蠲税，政为穷困，岂以多少为限耶？』犹虑诸道不晓此意，辛未，诏自今民诉水旱，勿择田之多少，悉与检视。——《续资治通鉴长编》卷二十五

的选拔制度，从源头上保证官员的素质，同时还在监督、考核方面加强对官员的控制，推行廉政政策。宋太宗时期优待文人，不杀文人，但是贪赃枉法的官员例外，一经发现，必定加以严惩，或是发配边远地区，或是削职为民，或是直接诛杀。

第四，广开言路。

《宋史》认为宋太宗为政的另一大优点就是勇于纳谏。

雍熙元年（984），宋太宗对宰相宋琪说的一番话，比较典型地代表了宋太宗广开言路的心理。他说：你们所呈奏的奏章，如果我有处置不当的地方，你们可以直接进言，无须隐瞒，我会根据你们的意见再次斟酌裁定。即使你们说的有不当之处，我也不会加以责罚，但说无妨。正是由于这种鼓励，在宋太宗朝出现了很多直言敢谏的诤臣，如田锡、谢泌、张齐贤、寇准、李昉、吕蒙正等。

宋太宗的广开言路，确实取得了一定的成效，并且也为他自己营造出了虚怀若谷的"贤君"形象。但实际上，宋太宗的虚怀若谷是看对象的，看进谏内容的，并非人人都不责怪、事事都能接受。在一些关系国家命运走势的大事上，宋太宗多是坚持己见，对于大臣的进谏置若罔闻，雍熙北伐就是一个典型的例证。所以，对于宋太宗广开言路纳谏之事还需要一分

> 讲学以求多闻，不罪狂悖以劝谏士。——《宋史·太宗本纪二》

> 卿等所奏簿书，乃是常事。惟时务不便，尤须极言其失，无有所隐，朕当裁酌，从长而行。苟言不当，亦不责也。——《续资治通鉴长编》卷二十五

为二地看待。

　　以上四个方面是《宋史》对于宋太宗功德的评价。通过具体的分析可以看出，《宋史》对宋太宗的正面评价都是从他为政治国的具体措施中得出的，总体上比较符合宋太宗的实际，但也存在着拔高、夸饰的成分。

　　当然，《宋史》在对宋太宗的功德进行说明之后，也没放过他的缺点：不逾年而改元、赵廷美冤死、赵德昭自杀、宋皇后葬礼等。这些问题都是着眼于宋太宗的人伦缺陷来说的，确实是宋太宗身上永远抹不去的污点。

　　综合考量宋太宗的功德与污点，《宋史》认为宋太宗的功大于过，如果没有那些污点的话，宋太宗就不仅仅是一位贤君，绝对可以称得上是完美君主，后世之人也就没有什么可以批评宋太宗的说辞了。

　　《宋史》对于宋太宗的评价，总体客观，部分夸饰，这一特点应该与《宋史》的编写者有关。《宋史》是由元人脱脱牵头，吸收一批汉人知识分子来编纂的。在这一过程中，由脱脱确立的编纂原则规定了对宋太宗评价的客观性，但具体负责编写的汉人知识分子在评价汉民族领导人时或许就不自觉地增添了一定的美化成分，当然这只是原因之一。

明人评宋太宗：抓主要问题

　　明代人对宋太宗的评价，在某些方面承袭了宋人、元人的观点，如评价宋太宗的优点：统一；勤政；笃好文籍；惩治贪官等。

对其人伦之失的评价也主要是围绕赵廷美、赵德昭、宋皇后之事来展开。

在继承前代人观点的基础之上，明代人对宋太宗的评价也取得了一些突破，与前代相比有了一定的变化，主要表现为：在同一问题上，歌颂与质疑并存，针锋相对。

宋人、元人对宋太宗虽有功过两方面的评价，但总体来说是以歌颂为主，并没有形成意见不统一的交锋状况，但是进入明代之后，文人学者对宋太宗却有了针锋相对的观点。

第一，宋太宗有功于大宋还是有罪于大宋？

观点一：宋太宗有功于大宋。

这一观点以张溥为代表。张溥在《宋史论》中将宋太宗的功绩提升到无以复加的程度，认为宋太宗的功业得到了全国上下的拥戴，以至于百姓纷纷上京请求宋太宗到泰山封禅。张溥认为，如果换成赵德昭来做皇帝，是不可能达到宋太

虎步龙行亢厥宗，指拱一定下河东。——黄荣祖《咏宋十八帝》，见陈全之《蓬窗日录》卷七《诗谈一》

宋太宗亲录囚徒，洞察微隐，断决庶事，日旰忘食。——彭大翼《山堂肆考》卷三十三（景印文渊阁四库全书本）

宋太宗年老犹喜读书。——林俊《请勤学疏》见《御选明臣奏议》卷十八（景印文渊阁四库全书本）

宋太宗注意刑辟，哀矜无辜，开宝以来犯大辟，非情理深害者多从宽恤。自三年至八年诏所贷死罪凡四千一百八十人，独严贪墨之罪赃吏必诛。——徐三重《采芹录》卷三（景印文渊阁四库全书本）

涪陵贬死，武功自杀，开宝宋后，崩不成丧，议者不能为晋王恕也。——张溥《宋史论》卷一（清光绪十一年粤东文升阁刊本）

宗这一高度的。

张溥对于宋太宗功业的拔高，是建立在假设基础之上的。我们之前一再强调，历史不能假设，也无法假设。赵德昭没有做皇帝，而且还早早地去世了，所以张溥的这一比较是缺乏历史支撑的。如果赵德昭做了皇帝，他有可能真赶不上宋太宗，但也可能做出比宋太宗更大的事业来。

明末清初的王夫之从宋太宗抑制赵普这一角度出发，认为宋太宗有益于大宋的发展。王夫之极度鄙视赵普的为人，并认定赵普有篡夺皇位之野心，多亏宋太宗明察秋毫、审时度势，压制赵普，将赵普的阴谋扼杀在摇篮之中，使得大宋社稷得以安定发展。如果不是宋太宗，或许大宋江山早就易手于赵普，大宋也就重蹈五代的覆辙了。

观点二：宋太宗有罪于大宋。

主张这一观点的以孙承泽为代表。孙承泽也是明末清初人，他从雍熙北伐失败之后宋太宗的战略决策入手，认为宋太宗停止与辽国的战争，实行和平相处的政策，为后来宋朝的被动挨打局面埋下了祸根，宋朝衰弱局面的形成肇基于此。

孙承泽的批评是从宋朝后来与北方少数民族政权斗争的失利着眼。对于这一问题，我们在前面已经多次提及，宋太宗的罢兵之举是在当时形势下迫不

若青齐父老，咏歌神圣，愿率子弟清路，封禅泰山，设武功南面，又安能致此一统？——《宋史论》卷一

太宗觉之矣，酬赏虽隆，而终寄腹心于崛起之李昉，吕端，罢普以使死于牖下，故宗社以安。——《宋论》卷二

向非太宗驱进儒臣以荡涤其痼疾，宋且与五季同其速亡。——《宋论》卷二

遂罢进取之兵，而宋之弱实基于此。——孙承泽《春明梦余录》卷一（北京出版社2018年版）

得已的选择，或许不是最好的选择，但一定不是最差的选择。

第二，宋太宗即位是否合理合适？

一种观点认为宋太宗做皇帝不合理但是合适。

这一观点以张溥为代表。他的观点，在一定程度上反映了明代人对宋太宗即位问题的质疑，这是明代人的一大改变。在此之前，对于宋太宗的即位，宋人避而不谈，元人仅就其"即位当年改元"之事提出批评，但没有涉及问题的实质，没有讨论宋太宗即位合不合适的问题。

张溥指出宋太宗承继宋太祖登上帝位，虽然不符合古代比较稳定的父子相传的继承原则，但一来宋太祖与宋太宗两人兄弟情深，贤德圣明，二来宋太宗即位之后功绩卓著，所以张溥认为宋太宗即位是一件好事。

张溥对于宋太宗即位问题的解释，是用客观效果来否定原始动机，是出于对宋太宗的维护。但明代人并不全都维护宋太宗，有人就对宋太宗的即位大放异词，质疑声很大。

另一种观点认为宋太宗做皇帝不合理。

这一观点以吴与弼为代表。吴与弼对"斧声烛影"之事深表惋惜，认为这是宋太宗人生的一大污点。他指出宋太宗的即位是在利益驱使之下做出的不法举动，怀揣着不良动机的宋太宗是不可能做成尧舜圣王的事

> 艺祖受禅虽不正，幸兄弟有爱，贤圣序及，人伦极盛。——《宋史论》卷一

业的。吴与弼没有明说，但在一定程度上暗示了"斧声烛影"事件是宋太宗杀害了宋太祖，进而夺得帝位的。

吴与弼是将宋太宗作为批判的靶子，由此来说明为人处世之道，只有去除利欲之心，方能成就一番功业，方能称得上是顶天立地一男子。

明代人对宋太宗的评价，从其具体功过表现出发，上升到整体层面的把握，触及宋太宗最忌讳的即位问题，涉及宋太宗最在意的圣君明主追求方面，是一大突破。当然，囿于个人眼光与情感倾向，他们做出的某些评价我们还需进一步思考。

清人评宋太宗：批评渐多

历经宋、元、明三个朝代，至清代，对于宋太宗已经有了很多的功过评价，因此，清人的评价起点很高。要想有所突破，必须有新的创见。当然，这种突破与时代的呼声、主导舆论相关联。

第一，强化对宋太宗人伦品德的批评。

关于宋太宗人伦品德的缺失，在前人那里已经有了比较集中的鞭挞，清人的评价也没有

> 夜枕思宋太宗烛影事，深为太宗惜之。人须有行一不义，杀一不辜而得天下不为之心，方做得尧舜事业，不然，鲜有不为外物所移者。——《康斋文集》卷十一（景印文渊阁四库全书本）

> 学者须当随事痛惩此心，划割尽利欲根苗，纯乎天理，方可语王道。果如此，心中几多脱洒伶俐，可谓出世奇男子矣。——《康斋文集》卷十一

绕出赵廷美、赵德昭以及宋皇后事件，但在单纯的事件提及之外，清人以官方姿态强化了对宋太宗的批评力度。

官方态度以《御制文集》与《御制诗集》为代表。《御制文集》所录之文据称均为乾隆皇帝自作，《御制诗集》收录的是乾隆皇帝所有的诗作，在这两部重要的集子里面，乾隆皇帝表达了对宋太宗的不认可。

乾隆皇帝认为国之天子应当有自己效法的前代帝王，他自己虽然不能以唐尧虞舜为师，但也要以周成王这样的君主为榜样，前代的帝王很多，但宋太宗是不包括在这些取法对象里的，具体原因便是宋太宗为人、为政皆有不当之处。

若宋太宗始终家国之间惭德多矣，吾所不取。——《御制文二集》卷十二（景印文渊阁四库全书本）

除此之外，乾隆皇帝对于宋太宗颇为自豪的三部大书的编修，也提出了自己的看法。他说宋太宗之所以要编修这三部大书，主要是其即位有违人伦常理，为了堵住悠悠之口，宋太宗便集合天下文人来编书，让文人有事可干，以此消除众人对他的议论。对于这样借修书来掩饰自己污点的做法，乾隆皇帝很不认同，认为这种做法是难以骗过后人的，怀着此种私心而编成的书也是难以流传的。

即位急改元，已失厚道大。德昭及庭美，忌去不留个。惭德莫斯甚，赵普时犹佐……集儒辑三书，深意别有那。——《御制诗四集》卷四十九（景印文渊阁四库全书本）

乾隆皇帝对于宋太宗编书的评价是为其《四

彼各有所图，难欺后人谱。——《御制诗四集》卷四十九库全书》的编纂造势的,他要编纂的《四库全书》是要嘉惠后学,是出于公心,而非为私计权术,所以,对宋太宗编修的三部大书做出了不太恰当的评价。事实是,这三部书今日还在流传,还是诸多学人的必备书籍。

乾隆皇帝在自己的作品中对宋太宗做出了如此评价,清代的文人又岂能越过这一标准!于是清人对宋太宗的评价以批评为主。

第二,治国缺失的批评增多。

宋、元、明三代对于宋太宗的评价,功绩主要集中在统一及文治方面,过失主要集中在人伦缺失方面,至明末清初始有对其理政缺失的评价。清人沿着明末清初出现的这一方向,对宋太宗的评价有所倾斜,批评其治国理政缺失的声音渐渐增多。

批评一:法令不严,标准不一。

赵翼在其《廿二史札记》中指出,宋太宗时代虽然法令还没有到松弛的地步,但在具体执行过程中,已经出现了标准不一的情况。当时,有两个人同样犯了受贿罪,但其中一个人受贿数额小而被处以死刑,另一个受贿数额很大却仅被施以杖刑。这种不公平情况的出现,只是因为后者的哥哥是参知政事。通过这个实例可以看出,宋太宗时代虽然严惩贪污,但执行过程中枉法现象已经出现。

赵翼的论说客观叙述的成分多一些,王士禛则直

> 寇准谓祖吉、王淮皆侮法受赃,吉赃少乃伏诛,淮以参政王沔之弟,盗主守财至千万,止杖,岂非不平耶?则是时已有徇法曲纵者。——《廿二史札记校证》卷二十四(中华书局1984年版)

接表明了对宋太宗执法不一情况的批评态度，认为宋太宗毒杀李煜，而赦免刘铢，实在是有失法律之公平公正原则，其错误程度无人可及。

批评二：驭将无法。

赵翼认为宋太宗承袭宋太祖忠厚待人的原则，对将领过于宽松，以致驭将无法。宋太祖对将帅宽松是因为打天下需要用人，而当天下稳定之后，仍然采取这种宽松甚至纵容的政策，对于军队建设是极为不利的。

赵翼以君子馆之战为例，说明宋太宗在驭将方面的失误。雍熙四年(987)，宋军刘廷让部与辽军战于君子馆，刘廷让部几近全军覆没。作战之前，刘廷让与李继隆约定相互支援，但在战争发生之后，李继隆失约，援兵不至，最后导致刘廷让大败。李继隆在战争中的失约之举，应当按军法从事，但是，宋太宗却没有处罚李继隆。在赵翼看来，这是对将帅违反军纪行为的纵容，是导致战争一次次失败的原因之一，危害极大。

第三，宋太宗不如宋太祖。

在宋人那里，宋太宗经常与宋太祖被一起提及，认为宋太宗与宋太祖同样是为大宋江山的统一做出巨大贡献的帝王。到清人那里，他们开始拿宋太祖来比照宋太宗，认为宋太宗不

宋太宗忌李后主，赐牵机药，必置诸死，而赦穷凶极恶之刘铢，古今刑章之失，未有如是之甚者。——《古夫于亭杂录》卷四（中华书局1998年版）

是继隆之罪，必宜以军法从事，而太宗反下诏自悔，而释继隆不问。——《廿二史札记校证》卷二十五

宋太祖以忠厚开国，未尝戮一大将。然正当兴王之运，所至成功，固无事诛杀。乃太宗、真宗以后，遂相沿为固然，不复有驭将纪律。——《廿二史札记校证》卷二十五

如宋太祖。

这一观点以《宋史筌》为代表。《宋史筌》是朝鲜王朝正祖李祘编纂的一部有关中国宋代的史书，于公元1791年颁行，当时正是清乾隆五十六年，因此放在这里一块儿讨论。

《宋史筌》认为宋太宗治国理政的能力与贡献要大大逊色于宋太祖。《宋史筌》之所以做出这样的评价，是因为宋太宗与辽国作战大败，过于迷信道教，为宋真宗、宋神宗、宋徽宗时期的诸多弊端埋下了种子，宋代的诸多政治问题都是从宋太宗时期肇始的。

宋、元、明、清四个朝代对于宋太宗的评价，比较集中地展现了宋太宗一生的主要功绩及不足，这些评价虽然侧重点不同，其中也有需要商榷的地方，但却建构起了古人视野中的宋太宗功过史、形象图。那么，我们对于宋太宗又应该怎样评价呢？

> 世称太宗之治不让太祖，由今见之，不若远甚矣。——《宋史筌·太宗本纪》（高丽尊贤阁编奎章阁藏本）

> 然构衅契丹，崇信道教，凡真、神、徽三帝之失，皆太宗启之。——《宋史筌·太宗本纪》

千秋功过

五十四

至道三年（997），宋太宗离世。从宋代开始，历经元明清，对宋太宗的评价众说纷纭，不绝于耳，赞扬与批评兼而有之。那么，对于大宋王朝的第二位皇帝，我们应该给出一个怎样的评价呢？

至道元年十一月，宋太宗曾经做过一次个人总结。在总结中，他很自豪地说：朕即位二十年来，意志坚定，突破重重阻力，革故鼎新，夙兴夜寐，勤勤恳恳。如今国家安定，四海繁盛，制度完善，远方纷纷尊崇我大宋王朝，政府各级机构清正廉明。所以，朕虽不敢与上古三皇相比，但与其他朝代比起来，可谓毫不逊色，朕毫无愧心。字里行间，处处是自信与满足。个人总结无非存在两种情况，要么相当符合实情，因为一个人只有他自己最清楚自己；要么过分夸张，添油加醋，这当然是别有用心。那么，宋太宗的个人总结符合实情吗？他的一生，尤其是成为大宋王朝至高无上的统治者以后，他到底干了哪些事情呢？

从大的方面讲，宋太宗的一生，总共干了两件事：一是挖空心思造假，二是不遗余力超越。

> 虽未能上比三皇，至于寰海宴清，法令明著，四表遵朝化，百司绝奸幸，固亦无惭于前代矣。——《续资治通鉴长编》卷三十八

造假

宋太宗是大宋王朝的皇帝，他还会造假吗？不但会，而且不止一次。

宋太宗的大肆造假是从他坐上大宋王朝的头把交椅之后开始的。

第一，重构过去。

宋太宗早年的事迹乏善可陈，他登上帝位以后，

对其早年事迹进行了重构，一个崭新的天命神授、智勇双全的形象诞生了。要而言之，宋太宗的早年，至少在三个关键细节上被重新改编：一是神奇的出生异象，二是后周时期南征(淮南)、北伐的神勇经历，三是陈桥兵变中的关键角色。这些造假，有的是史官按照史书书写惯例的迎合，有的是宋太宗个人的信口开河、有意杜撰，有的是史官在宋太宗启发与命令下的篡改。不管属于何种情况，既然是造假，那么就与真实存在距离。宋太宗为什么这样做呢？

出生之神奇，是为了证明自己的天命神授；早年的勇武经历无非想说明自己年轻时就武艺高强，在宋朝建立之前就战功累累；陈桥兵变中的叩马进谏的关键细节，意图证明他在大宋开国中的关键地位。

第二，伪造天命。

宋太宗是在疑云重重的"斧声烛影"后成为皇帝的，所以，登基之后，他必须迅速证明太祖之死与己无关、自己登基是百分之百地合法。

一是证明宋太祖之死是天命。

宋太祖的离世，很突然，很蹊跷，所以，围绕宋太祖之死，流传着一些神异的传说。最为经典的一个版本是这样描述的：太祖在当上皇帝之前，曾经与一个道士有过交往。有一次，这位道士喝醉了酒，手舞足蹈地唱起了歌，歌词大意是预言太祖是真龙天子。开宝九年(976)，太祖巡幸洛阳之时，又与这位道士偶遇。太祖大喜，将其迎入宫中，抵掌痛饮。酒酣之际，太祖对道士讲：我很早就想见你，想知道一件事，就是我还能活多久？这位道士也不隐讳，直截了当地说：今年十月二十日夜晚，天气晴朗的话，您还能活十二年；如果天气不好，还请早作打算。太祖将这个日期牢记在心。到了十月二十日夜晚，太祖登楼望天，满天星斗，内心高兴。谁知，一会儿天气骤变，阴云密布，大雪与冰雹齐下。太祖心知不好，赶紧下楼。这天夜里，太祖就驾崩了。这个版本载于文莹的《湘山野录》，相似的记载亦载于蔡惇的《夔州直笔》《续资治通鉴长编》卷十七李焘小字注亦引用了这两则故事)，只不过其中的道士有名有姓，是陈抟。

老实讲，这样的故事实在经不起推敲，其真实性也不值得一辨。但是，有理由相信，类似的故事在宋太宗登基伊始就开始在民间传播了。文莹生活在仁宗朝，距太宗朝尚不远，而蔡惇生活在两宋之交，正是因为民间的传播，才导致文莹或者蔡惇的记载中存在许多矛盾之处。李焘说，这则故事在正史、实录中并没有记载，但并不妨碍其在民间的传播。可以肯定，这些故事必然源自宋太宗，是他本人或者他授意某人流传于民间的。按照宋太宗后来的回忆，宋太祖暴死、他登基之时，不仅朝廷，民间也有许多议论。对于缺乏足够科学知识的百姓而言，此类故事反倒更容易使其信服。如果宋太祖之死是天命，自然就与宋太宗无关了。

当然，这类故事并非仅见于宋人笔记之中，在官方史书中也有。按照李焘的注释，当时的《国史·符瑞志》中就记录了类似的内容。说今陕西周至县有个叫张守真的道士，能够与神交通。宋太祖生病的时候，将其请来，设坛祈祷。神借张守真之口说："天上宫阙已成，玉锁开。"《续资治通鉴长编》卷十七意思是，上天已经给太祖建好了宫殿，大门大开,等着太祖呢。这么来看,太祖之死,是天意使然。宋太宗谋杀太祖的嫌疑就可以彻底撇清了。

二是证明自己即位是天命。

宋太祖死了,即位的不是他的儿子,而是他的弟弟宋太宗。所以,宋太宗必须从多个方面给出合理的解释。借助天命说,是他采用的重要手段。

对出生进行神异改造属于其中之一。另外,在上述张守真设坛作法、讲了天上大门已开等候太祖入住之后,接着还说了一句话:"晋王有仁心。"意思很明白,那就是太祖上天以后,神指定的继承人是晋王赵光义。

除此之外,《续资治通鉴长编》中在宋太宗登基以后,还补叙了一件事。说晋王的一个亲信到边境去买马,在回来的路上,宿于一个祠堂,夜里梦见神仙对他说:晋王已经即位,你要快马加鞭赶回京都。事实果然如此。

第三,炮制证据。

上天的旨意,的确能够糊弄一部分人,尤其是各种民间信仰笼罩下的普通民众,但是,光有这种子虚乌有的所谓上天的旨意,还远远不够,尤其是对掌握一定知识、头脑清醒的民众,这些人中有一部分供职于大宋王朝的各个系统,是社会的精英,必须有让他们信服的证据。为此,造假的工作须臾不能停步。

一是搬出他们已经离世的母亲——杜太后。

这就是宋代历史上迷雾重重的金匮之盟。对于金匮之盟,无非存在三种认识:一是真实的,二是伪造的,三是在半真半假之间。这些内容，我们在《宋太祖赵匡胤》中已经讲过。笔者认为，半真半假。杜太后在病床之上很可能提出了一个口头性质的约定，要求太祖百年之后传位给太宗，然后是赵廷美，然后再传给太祖的儿子赵德昭。但是，一些研究宋史的学者（如邓广铭）经过详细考证，指出杜太后在病床之上的这个口头约定转化为文字以后，有好几种不同的版本。这说明一个问题，不管金匮之盟是不是真实的，在后来的岁月中，一定有人对其动了手脚，这个人不是宋太宗就是深谙宋太宗心理的赵普。

金匮之盟在一定程度上解决了宋太宗即位的合法性问题，但这剂药太毒，从而引发了一些后遗症。宋初皇位继承问题上的几个重大事件，如赵德昭之死、赵廷美冤案等，都是由此引发的。

其实，不妨将这个问题简单化，金匮之盟这样重要的事件变成了一笔糊涂账，根本原因在于有人动了手脚。当然，将宋太宗即位说成杜太后的意思，很有力度，没人敢质疑。不过，当皇帝的是宋太祖，将帝位传给谁，由他决定，在涉嫌造假的金匮之盟中，宋太祖同意了他母亲的想法，但仅有这些还远远不够。所以，接下来还要继续造假。

二是搬出已经驾崩的宋太祖。

在宋太祖驾崩前的一段时间内，史书中关于宋太祖对赵光义的评价很突兀地出现了。说宋太祖曾对身边的近臣讲：晋王走起路来"龙行虎步"《续资治通鉴长编》卷十七，一定能成为太平天子，我的福气也不及啊。

蔡惇《夔州直笔》中记载得更具体，说赵光义在宫中宴饮之后，太祖敕令将赵光义的马牵过来，让他在御马台上马。赵光义惶恐不安，太祖则悄悄地对他说：他日你一定在此上下马，不用推辞。

宋代甚至有文献记载说，陈桥兵变之时，赵光义拦马进谏之后，宋太祖就有意将帝位传给他了。试想一下，宋太祖当时能否登上帝位尚未可知，怎么会考虑将帝位传给谁的问题呢，这也考虑得太长远了吧！

正史也罢，笔记也罢，文人的文集也罢，都旗帜鲜明地指出宋太祖决定将帝位传给赵光义。其实，这些材料的来源只有一个，那就是宋太宗有意制造的谎言。

第四，装。

宋太宗是个心机很深的人。为了登上帝位，为了巩固统治，他经常使用一些非正常的手段，也就是"阴招"，毛泽东评点说是"不择手段，急于登台"。但是，在使用阴招之后，宋太宗往往又很会表演，表现出一副心胸坦荡、没做任何亏心事、与此毫不相关的样子。这也是造假。

《续资治通鉴长编》中记载了宋太宗的三次"从容"，都颇具意味。

第一次"从容"。

赵光义担任开封尹期间，实力不断积聚，这让宋太祖内心不安、不满。所以，宋太祖在西幸洛阳时，忽然提出迁都的打算，这显然有摆脱赵光义开封势力牵绊

传位之意，始于此。——《隆平集校证》卷一

的意图。在晋王帮的几个人进谏无效后,赵光义亲自出面。赵光义的内心世界我们很难推测清楚,但他一出场的表现很有意思,他"从容"地对太祖说:"迁都未便。"迁都之事竟因此不了了之。

第二次"从容"。

前面讲过,赵廷美之死是宋太宗与赵普联合设的局,赵廷美死后,宋太宗彻底放心了。但是,宋太宗逼死自己弟弟的嫌疑很难消除,所以,他又炮制了一个谎言:廷美不是我的亲弟弟,不是我娘亲生的。宋太宗的这番话是对宰相李昉等人说的,表现得很"从容"。

第三次"从容"。

宋太宗对枢密使曹彬在边地士卒中的影响力心存疑虑,晋邸成员之一弭德超趁机告发曹彬,宋太宗借此将曹彬的枢密使罢免。弭德超原以为替太宗干了一件大事,会理所当然地取代曹彬的位子,谁知结果并没有令其满意。于是,他心怀不满,到处乱说,结果被宋太宗流放。

弭德超被流放后,宋太宗上朝的时候一直表现得不高兴,"从容"地对赵普等人说:朕听信谗言,判断不准,差点坏了大事,朕反省了一夜,觉得内心有愧。

从宋太宗的三次"从容"中,可以摸索到太宗皇帝一贯的套路:先处心积虑地设计,再挖空心思地重

朕以听断不明,几败大事,夙夜循省,内愧于心。——《续资治通鉴长编》卷二十四

塑形象，用的方法就是一个字——装，故作从容状态。

宋太宗获得帝位，绝非通过正常途径，他即位之后很长一段时间，甚至是他的一生，都在努力掩盖，都在努力证明。而掩盖真相、证明合法的主要途径就是造假。他在位二十二年，先是明目张胆地成立编修班子，修改、篡改史书，将自己一生的前半段从无到有地完成重构，继而张冠李戴地把宋太祖的许多功劳安在自己头上，炮制、篡改金匮之盟，证明他即位的合法性。

宋太宗的造假，虽然与国家大事有关，但主要反映了他人品丑陋的一面，主要目的在于摆脱宋太祖的影响。这也是引发后人批评的主要内容。除此之外，宋太宗一生努力追求的另外一件事，就是超越宋太祖的功绩。那么，他到底能不能超越宋太祖呢？

超越

武功方面。

第一，基本完成了统一大业。

中原王朝的统一大业，始于周世宗时期。大宋王朝建立以后，宋太祖继续周世宗的未竟事业，先后将荆南、湖南、后蜀、南汉、南唐等割据、半割据政权纳入大宋版图。就在他集中兵力讨伐北汉的时候，突然离世，宋太宗成功上位，所以宋太祖有可能完成的统一大业只能由宋太宗来完成了。

宋太宗即位以后，先后迫使漳泉、吴越这两个半割据性质的政权主动献土；太平兴国四年(979)，亲征北汉，将宋太祖数次出兵而未能征服的北汉给灭了，而且将太原古城从地球上彻底抹去。除燕云地区外，中原王朝基本实现了统一，而这个统一，是在宋太宗朝完成的。这是宋太宗的一大功绩。

第二，宋代的军事危局由此肇基。

宋太宗清楚，宋太祖驾崩之前，大宋征伐北汉的军队已经在战场上了，正是因为太祖的暴毙，宋太宗才将这次军事行动终止；宋太宗更清楚，如果宋太祖不死，灭亡北汉也是为时不远、顺理成章的事情。所以，从根本上讲，平定北汉，并不意味着宋太宗的武功超越了他的兄长。宋太宗很清楚这一点，所以，在平定北汉之后，他马不停蹄，立即进伐幽州，企图收复燕云地区，从而在根本上实现对宋太祖的超越。

太平兴国四年 (979)、雍熙三年 (986)，宋太宗先后两次大规模北伐，先后有高梁河、瓦桥关、岐沟关、陈家谷、君子馆等多次大败，丧师辱国。从后周世宗开始养精蓄锐培养起来的精兵强将，几乎损失殆尽。如果说宋代在军事上真的存在所谓的"积弱"局面，那首先应该归咎于宋太宗。

在西北夏州，由于宋太宗对李氏兄弟心存幻想、缺乏一个一以贯之的策略，导致李继捧降而复叛，李继迁屡败屡起，实力愈加强大，终成西北大患。

河朔无宁日，西北不平安，这就是宋太宗在军事上取得的"重大成果"。就宋太宗个人而言，造成这种状况的原因主要有三点：

第一，不知兵，却自以为知兵。

正如毛泽东对《宋史·太宗本纪》中"帝沉谋英断，慨然有削平天下之志"的评点："但无能。"在军事方面，宋太宗无法与太祖相比。不懂军事，这不要紧，毕竟大宋王朝熟稔军事的人有很多。不懂却自以为很懂，这就很要命了。对于宋太宗在与辽国的战争中屡战屡败，毛泽东批注说："此人不知兵，非契丹敌手。尔后屡败，契丹均以诱敌深入、聚而歼之的办法，宋人终不省。"不是宋人不省，是宋太宗不省。宋太宗在军事上自以为是、自以为能的心态终于导致了太宗朝军事上的节节失利。

第二，不会用将，却自以为高明。

宋太祖朝，对边防将领非常尊崇，并授予他们"回图"的特权，因此边将有足够的财力加强边防，收买间谍，打探消息，重赏士卒，士卒无不尽力而战。宋太宗上台之后，取消了边将的这种特权，对边防将领又心存疑忌，"将从中御"，派遣监军，干预军事。宋太宗的这种做法，自以为很高明，事实上也的确加强了集权，但是，毫无疑问，极大地挫伤了边将的积极性，边将动辄得咎，战战兢兢，自保不及，谁敢违反圣上旨令、出奇制胜？

或许，在将从中御、将权不专的情况下，胜负成败责任的归属很难判断。而宋太宗更是将战败归咎于将帅不遵成算，不据方略。但太平兴国四年(979)的满城之捷、端拱元年(988)的定州之胜，都是主将冒着违抗圣旨的大罪，随机应变才得来的。

第三，急于超越，却恶性循环。

说到底，宋太宗在军事上的重大过失，源于他的超越心理，源于他即位的沉重包袱，源于他的不自信，源于他的猜忌。要摆脱嫌疑，要实现超越，难免急功近利。这种心态直接影响了他对军事大局的客观分析，导致他战败之后不加反省。对边将控御没有足够的自信、猜忌心理的存在，直接影响了边将的主观能动性，从而无法根据瞬息万变的战场形势做出及时反应。由此，战争屡败，边防不稳，加重了宋太宗的统治危机，这种危机又会影响到他对军事的准确判断，这是一种恶性循环。

宋太宗的一生，是努力摆脱兄长太祖阴影却又无法摆脱的一生。他在军事上的急于建功，这不仅仅是国家统一的意图，更有借此证明自己的赫赫武功的深层心理。等这一切被辽国的铁骑彻底踏碎以后，他开始了以战略防御为主的转移，将主要精力放在国内，努力营造他的盛世。

文治方面。

从宋太祖开始就提倡读书，强调宰相须用读书人，号召武臣读书，呈现出从唐末五代以来重武轻文向文武兼备的转变。这种趋向，在太宗朝继续发展，逐渐演变为崇文抑武的国策，由此，太宗朝的文化事业得到空前发展。在这一方面，宋太宗的确超越了他的兄长。

第一，开科取士。

宋太宗登上帝位两个来月，就举行了第一次科举考试。这次考试总共录取了五百人左右，这预示着宋太宗朝科举录取人数的井喷。这种规模在以后的科考中没有丝毫的收敛。据统计，从太平兴国二年 (977) 至淳化三年 (992) 的十六年间，太宗共举行科举考试八次，共录取六千六百九十二人。太宗朝的科举考试不仅录取人数激增，而且待遇优厚，擢升速度惊人。

在太祖朝考中进士者无人位至宰执，而太宗朝考中进士者，不少人在太宗朝已经位至宰执。例如，太宗朝首次开科选中的状元吕蒙正，在十二年后的端拱元年(988)出任宰相，并于淳化四年(993)第二次出任宰相。吕蒙正同年进士张齐贤，在七年之后出任签书枢密院事，到淳化二年出任宰相。太平兴国三年(978)进士赵昌言，在十年后的雍熙四年(987)官至枢密副使。太平兴国五年进士寇准，在十二年后的淳化二年官至枢密副使，同榜进士李至出任参知政事，同榜进士苏易简到淳化四年出任参知政事。

太宗朝扩大科举取士人数，至少在两个层面对大宋王朝产生了深远的影响。

一是从根本上确立了文官政治的基础。

宋代的科举考试，其诱人之处在于士人及第后国家会为其安排一份待遇丰厚的工作。宋太宗通过科举考试大量选拔人才，对大宋王朝的行政阶层实施大换血，使得文职人员成为大宋朝廷中最有实力的阶层，文人统治基本代替了五代以来的武人统治，由此确立了两宋三百年文官政治的基础。最能说明这个问题的是大宋负责军事的枢密院，科举出身的文人在这样的机构中竟然掌握了话语权。

二是在全社会形成了重视文化的共识。

以国家科举考试为导向，进而影响整个社会对文化的重视程度，其影响的广度与深度都是难以想象的。

当时的社会形成了这样的风气：作为家长，如果孩子不读书；作为兄长，如果弟弟不读书；作为妻子，如果丈夫不读书，那就会为此深为自责,在别人面前都抬不起头来。据说出自宋真宗赵恒的那首《劝学诗》:"书中自有千钟粟""书中自有黄金屋""书中车马多如簇""书中自有颜如玉""男儿欲遂平生志,六经勤向窗前读",反映的就是这种社会导向。全社会读书的风气在宋代诗歌中多有反映。如大宋建隆元年(960)出生的魏野有一首名为《晨兴》的诗歌,其中有这样两句:"烧叶炉中无宿火,读书窗下有残灯"《东观集》卷四(宋绍定元年严陵郡斋刻本),写的就是一个读书人熬夜苦读的场景。

第二,文化建设。

宋太宗朝的文化建设可谓成果甚多,最值得注意者当为馆阁的重建。

馆指三馆,三馆指昭文馆、集贤院、史馆,是国家藏书、修史的重要文化机构。三馆始建于五代后梁贞明年间,宋太宗即位的时候,已存在了半个世纪。半个世纪中,代表国家文化的这数十间小破屋一直默默无闻,三馆是当时朝廷文化政策的一个缩影。太平兴国二年(977),宋太宗下令选择新址,重建三馆。由于宋太宗亲自规划、过问,三馆一年时间即竣工,赐名"崇文院"。于是,将旧址的全部图书八万卷移入,以类相从,用青绫帕包裹,置于雕木架上《职官分纪》卷十五(中华书局1988年版)。

阁指秘阁,端拱元年(988)五月,宋太宗下诏就崇文院中堂建造秘阁,淳化三年(992),又下诏增修,八月完

为父兄者,以其子与弟不文为咎;为母妻者,以其子与夫不学为辱。——《容斋随笔·四笔》卷五(中华书局2005年版)

成。三馆、秘阁，合称馆阁，或称四馆。这是大宋朝廷最重要的文化机构。在当时的所有建筑中，这是建设得最好的，体现了宋太宗对文化的重视。

第三，图书事业。

一是搜求图书。

太祖时期，每吞并一个割据政权，就下令将其书籍运抵京都开封，置于三馆。太宗即位以后，更是下诏搜求图书，广开献书之路。献书三百卷以上者，据其个人意愿、才能与实际情况，或赐官，或赏钱，由此大大丰富了国家的藏书。

二是校订图书。

在搜访图书的同时，宋太宗还组织专业学者，加强对图书的校订，提高藏书的质量。

宋太宗留意字学，太平兴国二年(977)，诏太子中舍陈鄂等校订《玉篇》《切韵》。《玉篇》是南朝时期编纂的一部字书，《切韵》是隋朝时编纂的一部韵书。太平兴国七年，又令著作郎王著删订字书。还令徐铉等人详校《说文》，于雍熙三年(986)校毕，这是《说文》史上非常重要的一个本子。

端拱元年(988)，宋太宗令孔维等分校唐孔颖达《五经正义》。至道二年(996)，太宗又令国子监李至等人校定《周礼》《仪礼》《公羊传》《穀梁传》《孝经》《论语》《尔雅》等七经旧疏。淳化五年(994)，太宗还下令选官分校《史记》

> 自是，四方之书往往间出矣。——《续资治通鉴长编》卷二十五

《汉书》《后汉书》等史书。

三是编纂图书。

宋代的四部大书:《太平御览》《太平广记》《文苑英华》《册府元龟》,前三部都是宋太宗下令编纂完成的,《册府元龟》虽成于真宗时,但太宗朝已有编纂之意。另外,比较著名的还有编纂医书《太平圣惠方》,编订《淳化阁帖》等。

四是刊刻图书。

经过编纂及校订的图书,自然要刊刻,以实现更大范围的传播,如上面提到的这些书籍,编纂或校订完成后,宋太宗就下令模印颁行。

宋太宗的搜求、编纂、校刻图书,对图书文献的保存与传承、对宋代文化的兴盛都起了至关重要的作用。但是,宋太宗的着眼点并非仅在于此,他曾不止一次地讲:图书是教化之本、治乱之源,千古治乱之道,并在其中。可见,太宗的图书事业,也有很强的实用目的,是为治理天下、实现文治服务的。

宋太宗的文治事业还有很多,本章仅择其大者要者论述。总之,宋太宗即位以后,在文治与武功方面双管齐下,都很尽力,都想超越他的兄长宋太祖。但后来的历史证明,他在军事上超越太祖的可能性几乎没有,进而转向"守内虚外",大兴文化事业,从而最终确立了文官政治的基础。陈寅恪所言"华夏民族之文化,造

夫教化之本,治乱之源,苟无书籍,何以取法?千古治乱之道,并在其中矣。——《麟台故事校证》卷一(中华书局2000年版)《续资治通鉴长编》卷二十五

极于赵宋之世",这与宋太宗的超越心理和现实努力是分不开的。

总之,宋太宗一生最大的历史功绩就是基本实现统一、重视文化事业两项。这两项大业,对于当时乃至此后的社会发展,产生了积极有利的影响。但是,宋太宗因即位问题而急于建功立业,汲汲于皇位的稳固与传授,所以在军事上举措失当,不仅贸然北征,屡遭大败,丧失了军事优势,造成了财政危机,引发了农民起义,而且由此确立了守内虚外的国策,对此后的中国历史发展造成了很大影响。所以,从比较长的历史时段而言,宋太宗一生可谓功过参半。

对历史人物的评价,很难三言两语彻底说清楚,也很难简单地用是非对错来判断。不过,可以肯定的是,无论从哪一个方面看,宋太宗朝都称得上一个重要的转折时期。宋太宗朝的很多国策,不仅是对五代以来风习的重大改变,而且对宋代甚至宋代以后的历史都产生了相当深远的影响,它有理由、有资格成为一个重要的历史拐点。这正是:

超越

一杯酒世事难料,
三传约几人知晓,
费苦心觊望大宝,
文治隆超越前朝。

最得意,太原城上飘降旗;
不承想,高梁河畔尝败绩。

一心要一统江山垂青史,
也难说身后骂名千夫指。

超越,是你一生永远的梦想;
燕云,是你心中抚不平的伤。
沧海桑田古战场,
谁记得,
铁马嘶风边城霜,
只留下,
一尊铁塔、几座荒冢,
坐看秋月与春风。

图书在版编目（CIP）数据

宋太宗赵光义 / 王立群著. -- 北京：东方出版社，2025.1. -- ISBN 978-7-5207-3980-1

Ⅰ.K827=441

中国国家版本馆CIP数据核字第2024VB6305号

宋太宗赵光义
SONGTAIZONG ZHAO GUANGYI

作　　者：	王立群
策 划 人：	王莉莉
责任编辑：	李　森
书籍设计：	潘振宇
出　　版：	东方出版社
发　　行：	人民东方出版传媒有限公司
地　　址：	北京市东城区朝阳门内大街166号
邮政编码：	100010
印　　刷：	北京汇瑞嘉合文化发展有限公司
版　　次：	2025年1月第1版
印　　次：	2025年1月第1次印刷
印　　数：	1—10000套
开　　本：	880毫米×1230毫米　1/32
印　　张：	28.375
字　　数：	627千字
书　　号：	ISBN 978-7-5207-3980-1
定　　价：	129.00元（全两册）
发行电话：	(010)85924663　85924644　85924641

版权所有，违者必究

如有印装质量问题，我社负责调换，请拨打电话：(010)85924602　85924603